U0110466

古代歷史文化研究輯刊

十一編

王明蓀 主編

第22冊

唐代宮廷樂器組合研究（下）

劉洋 著

國家圖書館出版品預行編目資料

唐代宮廷樂器組合研究（下）／劉洋 著 — 初版 — 新北市：
花木蘭文化出版社，2014〔民 103〕
目 8+218 面；19×26 公分
（古代歷史文化研究輯刊 十一編；第 22 冊）
SBN：978-986-322-584-3（精裝）
1. 宮廷樂舞 2. 樂器 3. 唐代
618 103000963

ISBN-978-986-322-584-3

古代歷史文化研究輯刊
十一編 第二二冊 ISBN：978-986-322-584-3

唐代宮廷樂器組合研究（下）

作　　者 劉 洋
主　　編 王明蓀
總 編 輯 杜潔祥
副總編輯 楊嘉樂
編　　輯 許郁翎
出　　版 花木蘭文化出版社
社　　長 高小娟
聯絡地址 235 新北市中和區中安街七二號十三樓
電話：02-2923-1455／傳真：02-2923-1452
網　　址 http://www.huamulan.tw 信箱 hml 810518@gmail.com
印　　刷 普羅文化出版廣告事業
初　　版 2014 年 3 月
定　　價 十一編 24 冊（精裝）新台幣 46,000 元

唐代宮廷樂器組合研究（下）

劉　洋　著

目次

上冊

表格目錄

圖片目錄

第三章　唐代宮廷鼓吹樂之樂器組合形式

鼓吹樂，如其稱謂所示，其樂隊編配最顯著的特點，就是以擊奏樂器（鼓類樂器）和吹奏樂器爲主。自漢以來，歷朝都有鼓吹樂制度。西漢鼓吹樂屬少府黃門，其時鼓吹樂主要包括以北狄輸入以胡角爲中心之軍樂和鹵簿樂。東漢置黃門鼓吹，掌管宮廷殿庭鼓吹與鹵簿鼓吹；有承華令，典黃門鼓吹，隸屬於少府管轄。衛宏《漢舊儀》:「黃門令，領黃門、謁者、騎吹。」《後漢書》卷二五《安帝紀》云永初元年（107 年）九月「壬午，詔太僕、少府減黃門鼓吹，以補羽林士。」繼注引《漢官儀》:「黃門鼓吹百四十五人。」西晉時置鼓吹令，隸屬太常。《晉書》卷二五《輿服志》「中朝大駕鹵簿」部分，詳細記載了西晉大駕鹵簿的儀仗隊伍，其中鼓吹樂隊，包括「鼓吹一部」、「黃門前、後部鼓吹」兩種樂隊形式，有 134 人。〔註 1〕晉時有以馴象之車載黃門鼓吹樂人的記載，且《宋書》卷十八《禮志》亦記述南朝宋有「黃門鼓吹」及「黃門鼓吹史主事」之職，說明晉、宋之時，仍有黃門鼓吹，並隸於太常之下。南朝梁天監七年（508 年），太常寺統鼓吹署。陳承梁制。北齊太常寺設有鼓吹令，掌管鼓吹樂人以及百戲諸事。隋亦置有鼓吹令。

《通典》卷二五《諸卿》「鼓吹署」條簡要記述了鼓吹樂制度於漢以降各朝之沿革：「鼓吹署：周禮有鼓人，掌六鼓四金之音。後漢有承華令，典黃門鼓吹，屬少府。晉置鼓吹令、丞，屬太常。元帝省太樂並鼓吹，哀帝復省鼓

〔註 1〕張金龍：《「中朝大駕鹵簿」所反映的西晉禁衛武官制度》，《中華文史論叢》，第 59 輯，上海古籍出版社，1999 年 9 月版，第 77～81 頁。

吹而存太樂。梁有鼓吹令、丞，又有清商署。北齊鼓吹令、丞及清商部並屬太常。隋有鼓吹、清商二令、丞，至煬帝，罷清商署。大唐鼓吹署令、丞各一人，所掌頗與太樂同。」

唐時，專設鼓吹署，掌管鼓吹樂，與太樂署並立，隸屬太常寺管轄。

鼓吹樂按其表演場合不同，可分爲殿庭鼓吹和鹵簿鼓吹。晉孫毓《東宮鼓吹議》（《北堂書鈔》卷一〇八引）言及鼓吹樂時云：「鼓吹者，蓋古人之軍聲，振旅獻捷之樂也。後稍用之朝會，用之道路焉。」〔註 2〕從音樂特點而言，鼓吹有橫吹、騎吹等不同種類。《宋書・樂志》在言及鼓吹樂時又有鼓吹、騎吹之別。

唐之鼓吹樂亦有殿庭鼓吹和鹵簿鼓吹之分。

殿庭鼓吹以「鼓吹十二案」爲代表，是配合殿庭樂懸的鼓吹，屬於朝會宴饗儀式雅正之樂的組成部分。

鹵簿鼓吹屬道路鼓吹，即帝王、王公貴族及各級官員出行的車駕儀仗音樂，也用於葬制。鹵簿鼓吹有嚴格的等級制度，不同等級不同場合鼓吹所用人數、樂器種類、樂曲、服飾等，均有嚴格規定，是顯示等級差別的重要標誌。文獻中詳述官品鼓吹等級制度具體用樂情況最早爲南朝之陳朝。隋時，三品以上可享鼓吹，唐則四品以上即可享鼓吹。

隋引橫吹入鹵簿鼓吹。隋鹵簿鼓吹分爲四部：㭎鼓部、羽葆部、大橫吹部、小橫吹部。至唐時，鼓吹增爲五部：㭎鼓部、羽葆部、鐃鼓部、大橫吹部、小橫吹部。唐代的鼓吹五部，是在隋鼓吹四部基礎上改制而成的。

第一節　唐代鼓吹各部類之樂器組合

《樂府詩集》卷二十一《橫吹曲辭》題解云：

> 自隋已後，始以橫吹用之。鹵簿與鼓吹列爲四部，總謂之鼓吹，並以供大駕及皇太子王公等。
>
> 一曰㭎鼓部，其樂器有㭎鼓、金鉦、大鼓、小鼓、長鳴角、次鳴角、大角七種……
>
> 二曰鐃鼓部，其樂器有歌、鼓、簫、笳四種……

〔註 2〕〔晉〕孫毓：《東宮鼓吹議》，《北堂書鈔》卷一〇八引。《北堂書鈔》卷一三〇亦引之。

三曰大橫吹部，其樂器有角、節鼓、笛、簫、篳篥、笳、桃皮篳篥七種……

四曰小橫吹部，其樂器有角、笛、簫、篳篥、笳、桃皮篳篥六種……

唐制，太常鼓吹，令掌鼓吹。施用調習之，節以備鹵簿之儀，而分五部。

一曰鼓吹部，其樂器如隋㭎鼓部而無大角……

二曰羽葆部，其樂器如隋鐃鼓部而加錞于……

三曰鐃吹部，其樂器與隋鐃鼓部同……

四曰大橫吹部，其樂器與隋同……

五曰小橫吹部，其樂器與隋同……

表 44　《樂府詩集・橫吹曲辭》載隋、唐鼓吹樂各部類及所用樂器表

《樂府詩集》卷二十一《橫吹曲辭》題解述隋、唐鼓吹樂各部類及所用樂器					
隋代鼓吹樂各部類			唐代鼓吹樂各部類		
鼓吹部類	各部類所用樂器	所用樂曲	鼓吹部類	各部類所用樂器	所用樂曲
㭎鼓部	其樂器有㭎鼓、金鉦、大鼓、小鼓、長鳴、角、次鳴角、大角七種	㭎鼓金鉦一曲夜警用之。大鼓十五曲，小鼓九曲，大角七曲，其辭並本之鮮卑。	鼓吹部	其樂器如隋㭎鼓部而無大角，即其樂器有㭎鼓、金鉦、大鼓、小鼓、長鳴、角、次鳴角。	㭎鼓一曲十疊，大鼓十五曲，嚴用三曲，警用十二曲，金鉦無曲以爲鼓節。小鼓九曲，上馬用一曲，嚴警用八曲。長鳴一曲三聲，上馬、嚴警用之。
			羽葆部	其樂器如隋鐃鼓部而加錞于，即其樂器有歌、鼓（羽葆鼓）、簫、笳、錞于。	凡十八曲
鐃鼓部	其樂器有歌、鼓、簫、笳四種	凡十二曲	鐃吹部	其樂器與隋鐃鼓部同，即其樂器有歌、鼓（鐃鼓）、簫、笳、鐃。	凡七曲

大橫吹部	其樂器有角、節鼓、笛、簫、篳篥、笳、桃皮篳篥七種	凡二十九曲	大橫吹部	其樂器與隋同，即其樂器有角、節鼓、笛、簫、篳篥、笳、桃皮篳篥。	凡二十四曲：黃鍾角八曲、中呂宮二曲、中呂徵一曲、中呂商三曲、中呂羽四曲、中呂角四曲、無射二曲。
小橫吹部	其樂器有角、笛、簫、篳篥、笳、桃皮篳篥六種	凡十二曲，夜警亦用之	小橫吹部	其樂器與隋同，即其樂器有角、笛、簫、篳篥、笳、桃皮篳篥。	其曲不見，疑同用大橫吹曲也。凡大駕行幸，則夜警晨嚴，大駕夜驚十二曲中，警七曲、晨嚴三通、皇太子夜警九曲、公卿已下夜警七曲、晨嚴並三通、夜警眾一曲，轉次而振也，漢鐃吹曲。

《新唐書》卷二三下《儀衛志》述曰：「凡鼓吹五部：一鼓吹，二羽葆，三鐃吹，四大橫吹，五小橫吹，總七十五曲。」〔註3〕書中僅對五部類中「鼓吹部」、「小橫吹部」所用樂器有所記述：「鼓吹部有扛鼓、大鼓、金鉦、小鼓、長鳴、中鳴。扛鼓十曲：……大鼓十五曲，嚴用三曲：……警用十二曲：……小鼓九曲：……長鳴一曲三聲：……中鳴一曲三聲：……大橫吹部有節鼓二十四曲……小橫吹部有角、笛、簫、笳、觱篥、桃皮觱篥六種，曲名失傳。」其所述內容見下表：

表45 《新唐書・儀衛志》載鼓吹五部樂器編配及樂曲詳表

	樂器編配	樂　曲
鼓吹部	有扛鼓、大鼓、金鉦、小鼓、長鳴、中鳴。	扛鼓十曲：一《警雷震》，二《猛獸駭》，三《鷙鳥擊》，四《龍媒蹀》，五《靈夔吼》，六《雕鶚爭》，七《壯士怒》，八《熊羆吼》，九《石墜崖》，十《波蕩壑》。 大鼓十五曲，嚴用三曲：一《元驎合邏》，二《元驎他固夜》、三《元驎跋至慮》。 警用十二曲：一《元咳大至遊》，二《阿列乾》，三《破達析利純》，四《賀羽眞》，五《鳴都路跋》，六《他勃鳴路跋》，七《相雷析追》，八《元咳赤賴》，九《赤咳赤賴》，十《吐咳乞物眞》，十一《貪大訐》，十二《賀粟胡眞》。 小鼓九曲：一《漁陽》，二《雞子》，三《警鼓》，四《三鳴》，五《合節》，六《覆參》，七《步鼓》，八《南陽會星》，九《單

〔註3〕〔宋〕歐陽修：《新唐書》，北京，中華書局1975年版，第508頁。

		搖》。皆以爲嚴、警，其一上馬用之。 長鳴一曲三聲：一《龍吟聲》，二《彪吼聲》，三《河聲》。 中鳴一曲三聲：一《蕩聲》，二《牙聲》，三《送聲》。
羽葆部		十八曲：一《太和》，二《休和》，三《七德》，四《騶虞》，五《基王化》，六《纂唐風》，七《厭炎精》，八《肇皇運》，九《躍龍飛》，十《殄馬邑》，十一《興晉陽》，十二《濟渭險》，十三《應聖期》，十四《御宸極》，十五《寧兆庶》，十六《服遐荒》，十七《龍池》，十八《破陣樂》。
鐃吹部		七曲：一《破陣樂》，二《上車》，三《行車》，四《向城》，五《平安》，六《歡樂》，七《太平》。
大橫吹部	有節鼓等樂器	節鼓二十四曲：一《悲風》，二《遊弦》，三《間弦明君》，四《吳明君》，五《古明君》，六《長樂聲》，七《五調聲》，作《烏夜啼》，九《望鄉》，十《跨鞍》，十一《間君》，十二《瑟調》，十三《止息》，十四《天女怨》，十五《楚客》，十六《楚妃歎》，十七《霜鴻引》。十八《楚歌》，十九《胡笳聲》，二十《辭漢》，二十一《對月》，二十二《胡笳明君》，二十三《湘妃怨》，二十四《沈湘》。
小橫吹部	有角、笛、簫、笳、觱篥、桃皮觱篥六種，曲名失傳。	

陳暘《樂書》卷一三〇亦有上述鼓吹之分類。〔註4〕且《樂書》卷一三〇明載：「大橫吹、小橫吹並以竹爲之笛之類也。……《唐樂圖》所載：大橫吹部有節鼓、角、笛、簫、笳、觱篥七色〔註5〕；小橫吹部有角、笛、簫、笳、觱篥、桃皮觱篥六色。」

以下將《樂府詩集》卷二十一《橫吹曲辭》題解述隋、唐鼓吹樂各部類所用樂器與《新唐書》卷二三下《儀衛志》及《唐樂圖》（陳暘《樂書》卷一

〔註 4〕《樂書》卷一三〇云：「古者更鹵簿作鼓吹之樂。在魏晉則輕，在江左則重。至隋，始分爲四等：一□鼓，二鐃鼓，三大橫吹，四小橫吹。唐又別爲五部：一鼓吹，二羽葆，三鐃吹，四大橫吹，五小橫吹，大駕則晨嚴夜警施之，鹵簿爲前後部，皇后、皇太子以下，咸有等差。迨於聖朝，摠號「鼓吹」云。（〔宋〕陳暘：《樂書》，文淵閣四庫全書本。）

〔註 5〕《樂圖論》（陳暘《樂書》引）所言「大橫吹部有……七色。」然，所錄樂器僅有「節鼓、角、笛、簫、笳、觱篥」六種，與《樂府詩集》所述大橫吹部所用樂器進行他校，可知，《樂圖論》（陳暘《樂書》引）中所云樂器中少記「桃皮觱篥」一樂器，此應爲漏刻謄誤所致。

三〇引）所言唐鼓吹樂各部類所用樂器，列表進行比照：

表 46 《新唐書・儀衛志》及《唐樂圖》所言唐鼓吹樂各部類所用樂器比照表

<table>
<tr><td rowspan="2">鼓吹各部</td><td colspan="2">唐</td><td>鼓吹部</td><td>羽葆部</td><td>鐃吹部</td><td>大橫吹部</td><td>小橫吹部</td></tr>
<tr><td colspan="2">隋</td><td>棡鼓部</td><td></td><td>鐃鼓部</td><td>大橫吹部</td><td>小橫吹部</td></tr>
<tr><td rowspan="4">樂器</td><td rowspan="2">《樂府詩集》</td><td>隋</td><td>棡鼓、金鉦、大鼓、小鼓、長鳴、角、次鳴角、大角七種</td><td></td><td>歌、鼓、簫、笳四種</td><td>角、節鼓、笛、簫、篳篥、笳、桃皮篳篥七種</td><td>角、笛、簫、篳篥、笳、桃皮篳篥六種</td></tr>
<tr><td rowspan="3">唐</td><td>棡鼓、金鉦、大鼓、小鼓、長鳴、角、次鳴角</td><td>歌、鼓、簫、笳、錞于</td><td>歌、鼓、簫、笳</td><td>角、節鼓、笛、簫、篳篥、笳、桃皮篳篥</td><td>角、笛、簫、篳篥、笳、桃皮篳篥</td></tr>
<tr><td>《新唐書》</td><td>扛鼓、金鉦、大鼓、小鼓、長鳴、中鳴</td><td></td><td></td><td></td><td>角、笛、簫、笳、觱篥、桃皮觱篥六種</td></tr>
<tr><td>《唐樂圖》</td><td></td><td></td><td></td><td>節鼓、角、笛、簫、笳、觱篥、桃皮觱篥七色</td><td>角、笛、簫、笳、觱篥、桃皮觱篥六色</td></tr>
</table>

唐代的鼓吹五部，是在隋鼓吹四部基礎上改制而成的。由以上文獻記載，可大致推測唐時鼓吹各部所用樂器的具體情況：

（一）鼓吹部，「其樂器如隋棡鼓部而無大角」，即其樂器有棡鼓、金鉦、大鼓、小鼓、長鳴、角、次鳴角。

（二）羽葆部，「其樂器如隋鐃鼓部而加錞于」，即其樂器有歌、鼓（應爲亦或應有羽葆鼓）、簫、笳、錞于。

（三）鐃吹部，「其樂器與隋鐃鼓部同」，即其樂器有歌、鼓（應爲亦或應有鐃鼓）、簫、笳、鐃。

（四）大橫吹部，「其樂器與隋同」，即其樂器有大橫吹、角、節鼓、笛（應爲亦或應有大橫吹）、簫、篳篥、笳、桃皮篳篥。

（五）小橫吹部，「其樂器與隋同」，即其樂器有小橫吹、角、笛（應爲亦或應有小橫吹）、簫、篳篥、笳、桃皮篳篥。

唐鼓吹之五部類所用樂器，有幾件需加討論：

1、「鐃」

《樂府詩集》云「隋唐羽葆部」中未有「鐃」，筆者認爲應有。《隋書》卷十五《音樂志》云：

> 羽葆鼓、鐃鼓、節鼓，皆五採重蓋，其羽葆鼓，仍飾以羽葆。……羽葆鼓、鐃及歌、簫、笳工人服，並武弁，朱褠衣，革帶。〔註6〕

《大唐開元禮》卷二：

> （大駕鹵簿）鐃鼓十二面，歌、簫、笳各二十四，……（皇太子鹵簿）鐃吹一部：鐃鼓二面……（第一品）鐃吹一部：鐃、簫、笳各四……（第二品）鐃吹一部：鐃一，簫、笳各二……（第三品）鐃吹一部：鐃一，簫、笳各二……（第四品）鐃吹一部：鐃一，簫、笳各一……

《通典》卷一〇七載大駕鹵簿前後部均有鐃鼓十二面，並云皇太子鹵簿用「鐃吹一部，鐃鼓二面，各一騎執，二人騎夾」；親王鹵簿用「鐃吹一部（原注：鐃鼓一面，簫笳各四騎，横行）」；群官鹵簿用「鐃吹一部，鐃簫笳各四。（原注：二品各三，三品各二，四品各一）」；據《唐六典》卷十四《太常寺》，大駕鹵簿前後部均有「鐃鼓十二面」，皇太子鹵簿鼓吹「鐃吹一部：鐃鼓二，夾簫、笳各六……」，親王鼓吹「後部，鐃吹一部：鐃鼓一，夾簫、笳各四……（第一品鼓吹）鐃吹一部：鐃一，簫、笳各四……（二品鼓吹）鐃吹一部：鐃一，簫，笳各二……一品已下、三品已上鼓吹並朱漆；鐃及節鼓、長鳴、大橫吹五彩衣幡，緋掌，畫蹲豹五彩腳；大角幡亦如之。……四品鐃鼓及簫、笳工人衣服同三品，餘鼓皆綠沈……」。

由上引文可見，「鐃吹部」的樂器，既有「鐃鼓」，同時亦有「鐃」，此兩種樂器均爲其他四個部類所無，可謂「鐃吹部」之特色樂器。或許隋之「鐃鼓部」及唐之「鐃吹部」，即此部前後兩種稱謂，其得名與這兩種樂器的使用有很大關係。

《文獻通考》卷一三六《樂九》詳述鐃鼓特點云：

> 鐃鼓（原注：五採重蓋）：《唐六典》曰凡軍鼓之制有三：一曰

〔註6〕〔唐〕魏徵、房玄齡、長孫無忌等：《隋書》，北京，中華書局1973年版，第382頁。

銅鼓，二曰戰鼓，三曰鐃鼓。其制皆五採爲蓋。究《觀樂圖》鐃鼓，鼓吹部用之。唐朝特設爲儀而不擊爾。……觀漢鼓吹鐃歌十八曲，晉有鼓吹鐃歌古辭十六篇，宋有鼓吹鐃歌十篇，然則鐃鼓豈非鼓吹鐃歌之鼓邪？（原注：唐自鐃鼓以下，屬鐃鼓部，《律書樂圖》云：鐃，軍樂也，其部四也，七曲：一曰《破陣樂》；二曰《上車》；三曰《行車》；四曰《向城》；五曰《平安》；六曰《歡樂》；七曰《太平》。各有記也。）

2、大、小橫吹

《新唐書》卷二三下《儀衛志》載大駕鹵簿用「大橫吹百二十，節鼓二，笛、簫、觱篥、茄、桃皮觱篥次之……小橫吹百二十，笛、蕭、觱篥、笳、桃皮觱篥次之……」

文中所提「大橫吹」「小橫吹」，應該是同類吹管樂器而有大、小的不同，而且它們與後文提到的「笛」也有所不同。《樂書》一三〇在《胡部・八音》「竹之屬」分別有「大橫吹」、「小橫吹」條，文中對其有較爲詳細的記述：「大橫吹、小橫吹，並以竹爲之，笛之類也。」並繪有其形制。（如圖）《文獻通考》卷一三八亦云：「大橫吹、小橫吹：並以竹爲之，笛之類也。」

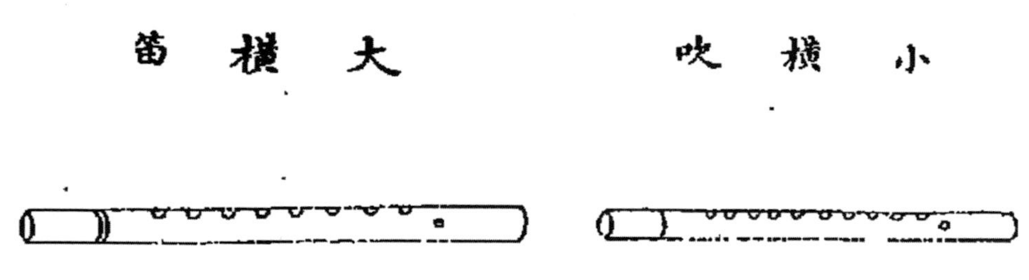

圖 28 《樂書》所繪「大橫吹」、「小橫吹」

由文獻所載可知，「大橫吹」、「小橫吹」，均爲笛類樂器，或者說是兩種特殊之笛。

唐代文獻中又有大橫吹部與小橫吹部，則指的是兩個不同的樂部（即兩類不同的樂器組合）。推測這兩個樂部分別以大橫吹或小橫吹爲其主奏樂器。

《唐樂圖》（《樂書》卷一三〇引）記小橫吹部樂器時僅云：「小橫吹部有角、笛、簫、笳、觱篥、桃皮觱篥六種。」《新唐書》卷二三下《儀衛志》也說「小橫吹有角、笛、簫、笳、觱篥、桃皮觱篥六種。」另陳暘《樂書》、《樂府詩集》等書記寫「大橫吹部」、「小橫吹部」具體的樂器種類時，也沒有再列出大、小橫吹，看來，是把「大橫吹」、「小橫吹」它們全都歸爲「笛」（笛類），籠統記之。

唐時鼓吹樂隊中，各種樂器演奏樂曲的難易程度是不同的。《唐六典》卷十四《太常寺》「協律郎」條云：

> 鼓吹署：棡鼓一曲十二日三十日；大鼓一曲十日；長鳴三聲十日；鐃鼓一曲五十日，歌、簫、笳一曲各三十日；大橫吹一曲六十日，節鼓一曲二十日，笛、簫、篳篥、笳、桃皮篳篥一曲各二十日；小鼓一曲十日；中鳴三聲十日；羽葆鼓一曲三十日，錞于一曲五日，歌、簫、笳一曲各三十日；小橫吹一曲六十日，簫、笛、篳篥、笳、桃皮篳篥一曲各三十日成。

文中明確規定，鼓吹署中各種樂器演奏樂曲所需要的練習時間，是不相等的，多的如大、小橫吹，習得一曲竟需六十日，少的像大鼓（一曲）、長鳴（三聲）等則僅需十日，另則有需五十日、三十日、二十日不等的三種習練過程。看來，教習時間的長短，是綜合考慮演奏不同樂器所需技巧的難易，以及樂曲大小、長短的不同而規定的。據此文獻記載，可對鼓吹樂隊中各種樂器的演奏技巧及所奏樂曲的難易程度有一個相對的比較判斷。

綜上，鼓吹各部中樂器及習得樂曲所需時間，大致如下表所示：

表 47　《唐六典・太常寺》載鼓吹各部樂器及樂曲習得所需時間表

鼓吹部	樂器有棡鼓、金鉦、大鼓、小鼓、長鳴、角、次鳴角。
	棡鼓一曲十二日三十日；大鼓一曲十日；長鳴三聲十日；小鼓一曲十日；中鳴三聲十日。
鐃吹部	樂器有歌、鼓（鐃鼓）、簫、笳、鐃。
	鐃鼓一曲五十日，歌、簫、笳一曲各三十日。
羽葆鼓	樂器有歌、鼓（羽葆鼓）、簫、笳、錞于。
	羽葆鼓一曲三十日，錞于一曲五日，歌、簫、笳一曲各三十日。
大橫吹	樂器有大橫吹、角、節鼓、笛（大橫吹）、簫、篳篥、笳、桃皮篳篥。
	大橫吹一曲六十日，節鼓一曲二十日，笛、簫、篳篥、笳、桃皮篳篥一曲各二十日。
小橫吹	樂器有小橫吹、角、笛（小橫吹）、簫、篳篥、笳、桃皮篳篥。
	小橫吹一曲六十日，簫、笛、篳篥、笳、桃皮篳篥一曲各三十日成。

第二節　唐代鼓吹十二案之樂器組合

鼓吹十二案，是配合殿庭樂懸演奏的鼓吹。

由文獻記載可知，鼓吹十二案梁時已有，北周時，其主要的作用便已是與「正樂」合奏用之於宮廷朝會。《隋書》卷一四《音樂志》載：「武帝以梁鼓吹熊羆十二案，每元正大會，列於懸間，與正樂合奏。」〔註7〕可見，熊羆十二案於梁時已出現在鼓吹樂的演奏活動中。《通典》卷一四二云：「後周文帝霸政，平江陵，大獲梁氏樂器。」故北周時期所用鼓吹十二案，應來自江陵梁朝的鼓吹熊羆十二案。

段安節《樂府雜錄》「熊羆部」條述曰：「其熊羆者有十二，皆有木雕之，悉高丈餘，其上安版床，復施寶幰，皆金彩裝之，於其上奏雅樂。含元殿方奏此樂也，奏唐《十二時》、《萬宇清》、《月重輪》三曲。亦謂之『十二案』」。陳暘《樂書》卷一八八「熊羆部」條亦有類似記述。〔註8〕《樂書》卷一五〇「熊羆案」條則云：「熊羆案十二，悉高丈餘，用木雕之，其上安板床焉。梁武帝始設十二案鼓吹在樂縣之外以施，殿庭宴饗用之，圖熊羆以爲飾，故也。隋煬帝更於案下爲熊羆貙豹騰倚之狀，象百獸之舞。又施寶幰於上，用金彩飾之。奏《萬宇清》、《月重輪》等三曲，亦謂之十二案樂，非古人樸素之意也。」《樂書》中繪有其圖。《文獻通考》卷一三九《樂考》「熊羆架」條亦有相同記載。〔註9〕由以上文獻所述可知，「熊羆十

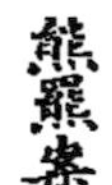

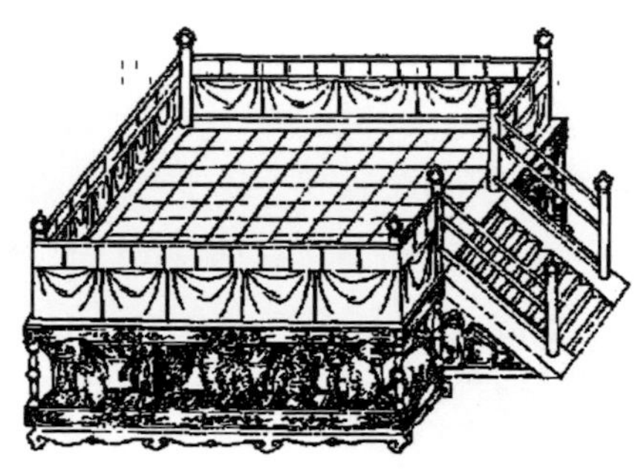

圖29　《樂書》所繪「熊羆案」

〔註7〕〔唐〕魏徵、房玄齡、長孫無忌等：《隋書》，北京，中華書局1973年版，第342頁。

〔註8〕《樂書》卷一八八「熊羆部」條亦云：「其十二案用木雕之，悉高丈餘，其上安板床，後施寶幰，皆用金彩飾。其上凡奏雅樂，御含元殿方用此，故奏《十三時》、《萬宇清》、《月重輪》三曲，亦謂之『十二案樂』也。」（〔宋〕陳暘：《樂書》，文淵閣四庫全書本。）

〔註9〕《文獻通考》卷一三九《樂考》「熊羆架」條述曰：「熊羆架十二，悉高丈餘，用木雕之，其狀如床。上安版，四旁爲欄，其中以登。梁武帝始設十二案鼓吹在樂縣之外，以施殿庭，宴饗用之，圖熊羆以爲飾，故也。隋煬帝更於案

二案」就是在樂懸之外另設十二座熊羆架，「悉高丈餘，用木雕之，其狀如床。上安版（通『板』）」，並「復施寶幰，皆金彩裝之」，四旁爲欄杆，中間平臺用以表演，且有上下登臺之口，「於其上奏雅樂」。可以想見，所謂「熊羆架十二」，實爲於樂縣之外設立的十二個小型的演奏臺。《樂府詩集》卷十六《鼓吹曲辭》解題中云：「鼓吹樓者，昔簫史吹簫於秦，秦人爲之筑鳳臺。故鼓吹陸則樓車，水則樓船，其在庭則以簨虡爲樓也。梁又有鼓吹熊羆十二案，其樂器有龍頭大棡鼓、中鼓、獨揭小鼓，亦隨品秩給賜焉。周武帝每元正大會，以梁案架列於懸間，與正樂合奏。隋又於案下設熊羆貙豹，騰倚承之，以象百獸之舞。唐因之。」

有關鼓吹十二案的表演方式及樂器組合形式，《隋書》卷十五《音樂志》亦有述及：「至大業中，煬帝制宴饗設鼓吹，依梁爲十二案。案別有錞于、鉦、鐸、軍樂鼓吹等一部。案下皆熊罷貙豹，騰倚承之，以象百獸之舞。」

《唐六典》卷十四《太常寺》在詳述宮懸之樂的樂隊編配與各樂器的排列方式時，曰：「其在殿庭前，則加鼓吹十二按（案）於建鼓之外，羽葆之鼓、大鼓、金錞、歌、簫、笳置於其上焉」。《通典》卷一四四《樂典》在記述「開元中太樂曲制」時，亦云：「其在殿庭前，則加鼓吹十二案於建鼓之外，羽葆之鼓、大鼓、金錞、歌、簫、笳置於其上焉。」〔註10〕《舊唐書》卷四四《職官志》云：「其在殿廷前，則加鼓吹十二案於建鼓之外，羽葆之鼓、大鼓、金錞、歌、簫、笳置於其上。」三書中清楚地記錄了組成十二案之各案的樂器，然，於各案中每種樂器使用的具體數目，則見於《新唐書》。《新唐書》卷二一《禮樂志》云及樂懸之制時，述曰：「若朝會，則加鍾磬十二虡，設鼓吹十二案於建鼓之外。案設羽葆鼓一，大鼓一，金錞一，歌、簫、笳皆二。」

由此可見，熊羆十二案可視爲十二個小型鼓吹樂小組，隋時各組樂隊各有「錞于、鉦、鐸、軍樂鼓吹等一部」；比照《唐六典》、《通典》、《舊唐書》及《新唐書》三本典籍中所錄組成十二案各案之樂器，種類一致，並無出入，故可以較爲確定的是，唐時熊羆十二案中各組樂隊分別由「羽葆鼓一，大鼓一，金錞一，歌、簫、笳皆二」〔註11〕組成。又見《文獻通考》卷一三六《樂考》

下爲熊羆貙豹騰倚之狀，象百獸之舞，又施寶幰於上，用金彩飾之，奏《萬宇清》、《月重輪》等三曲，亦謂之十二案樂，非古人樸素之意也。」（〔宋〕馬端臨：《文獻通考》，北京，中華書局 1986 年版，第 1233 頁。）

〔註10〕〔唐〕杜佑：《通典》，北京，中華書局 1984 年版，第 755 頁。

〔註11〕〔宋〕歐陽修：《新唐書》，北京，中華書局 1975 年版，第 470 頁。

「熊羆鼓」條釋曰：「熊羆鼓，其形制小而有架，具羽葆流蘇之飾。《唐樂圖》所傳：羽葆部，熊羆十二案用之。」由此條文獻知唐之熊羆十二案各案樂隊主要由羽葆部組成。《樂府詩集》卷二十一《橫吹曲辭》題解云：唐鼓吹樂五部類之一的「羽葆部，其樂器如隋鐃鼓部，而加錞于」，而記隋代鐃鼓部「其樂器有歌、鼓、簫、笳四種」，故由此可推知唐時羽葆部樂隊中，有歌、鼓（羽葆鼓）、簫、笳、錞于。較之《新唐書》卷二一《禮樂志》所言十二案各案使用樂器「羽葆鼓一，大鼓一，金錞一，歌、簫、笳皆二」，〔註 12〕可知《唐樂圖》（《文獻通考》卷一三六《樂考》引）中云「羽葆部，熊羆十二案用之」一說，是較爲可信的。且云「熊羆鼓，其形制小而有架，具羽葆流蘇之飾。」可見，熊羆十二案各案所用熊羆鼓，「具羽葆流蘇之飾」，爲羽葆鼓的一種，云其「有架」，筆者推測當是以架來固定支撐其鼓，放置於熊羆案上進行演奏。

熊羆十二案是爲配合殿庭樂懸而設立的鼓吹樂隊，它由十二個小型鼓吹樂隊組成，在搭製而成的十二個熊羆架，即十二個小型演奏舞臺上演奏。每案即每個小型鼓吹樂隊主要由鼓吹五部中之羽葆部樂器組成，其樂器配置爲：「羽葆鼓一，大鼓一，金錞一，歌、簫、笳皆二」，即 3 件擊奏樂器，4 件吹奏樂器，2 名歌工，共由 7 件樂器組成的小型鼓吹樂隊。故，熊羆十二案即整個大型鼓吹樂隊編配主要爲：羽葆鼓十二，大鼓十二，金錞十二，歌、簫、笳皆二十四，即 36 件擊奏樂器，48 件吹奏樂器，24 名歌工，共由 84 件樂器組成的大型鼓吹樂隊。

以今人眼光，從樂隊排列方式及樂器編配看，熊羆十二案的樂隊組合方式，最主要的特點體現於，它不是將同種樂器組合爲一組並排列在一起演奏，而是將它們分開，並根據音響效果需要按一定比例再組合成數個完整的小型鼓吹樂隊。亦可視爲把一個小型鼓吹樂隊按簡單、重複的擴大。這樣的擴大方式，不僅其形制較爲整齊劃一，樂隊的音響融合度，亦應較好。

唐時，鼓吹十二案始設於太宗貞觀（627～649）初年。《舊唐書》卷二九《音樂志》云：樂懸「梁武始用二十六架。貞觀初增三十六架，加鼓吹熊羆案十二於四隅。」這種多爲配合宮廷樂懸演奏而使用的鼓吹十二案，主要用於嘉禮、賓禮、軍禮等多種宮廷重要禮儀活動中。據《大唐開元禮》，皇帝加元服、納后、皇帝正至受皇太子朝賀、皇帝正至受群臣朝賀、臨軒冊皇后、臨軒冊皇太子、皇太子加元服、番主奉見、皇帝宴番國主、皇帝

〔註 12〕〔宋〕歐陽修：《新唐書》，北京，中華書局 1975 年版，第 463 頁。

射於射宮等重要禮儀中，均要於殿庭之中置宮懸，並設十二案。《新唐書》中常將設置樂懸與十二案相組合的這種樂隊形式，簡稱為「展縣，設（置）案（桉）」。

嘉禮中，對樂懸與十二案鼓吹構成的樂隊形式，有如下記載：

「皇帝加元服」之禮：「前一日，……有司設次，展縣，設案，陣車輦。……其日，侍中版奏「請中嚴」。太樂令、鼓吹令帥工人入就位。」〔註 13〕

「皇太子加元服」之禮：「前一日，尚舍設御幄於太極殿，有司設群官之次位，展縣，設案，陳車輿，皆如皇帝之冠。」〔註 14〕

「皇帝納皇后」之禮：「前一日，有司展縣、設桉、陳車輿於太極殿廷，如元日。」〔註 15〕

「皇帝元正、冬至受群臣朝賀而會」：「前一日，尚舍設御幄於太極殿，有司設群官客使等次於東西朝堂，展縣，置桉，陳車輿，又設解劍席於縣西北橫街之南。」〔註 16〕

「臨軒冊皇太子」之禮：「又設版位於大橫街之南，展縣，設桉，陳車輿，及文武群官、朝集、蕃客之次位，皆如加元服之日。」〔註 17〕

賓禮中，由樂懸與十二案鼓吹構成的樂隊形式，主要用於「蕃主奉見」之禮中。《新唐書》卷十六《禮樂志》中云：「前一日，太樂令展宮縣，設舉麾位於上下。鼓吹令設十二案」。〔註 18〕

軍禮中，由樂懸與十二案鼓吹構成的樂隊形式，主要出現在皇帝「射於射宮」的儀式活動中。《通典》卷一三三《禮》對此儀有如下詳述：「前一日，太樂令設宮懸之樂，鼓吹令設十二案於射殿之庭，以當月之調，登歌各以其合；東懸在東階東，西面，西懸在西階西，東面；南北二懸，及登歌，廣開中央。（注：避箭位也。）」

陳暘《樂書》卷一八八在記述唐時各種樂部時，將「熊羆部」單獨列為一條，與「鼓吹部 騎吹樂」之條並列。這樣一種分類方式，說明在唐代，或至少於晚唐時期，宮廷中將熊羆十二案專設為鼓吹樂中單獨一部加以管理，

〔註 13〕〔宋〕歐陽修：《新唐書》，北京，中華書局 1975 年版，第 395～396 頁。
〔註 14〕〔宋〕歐陽修：《新唐書》，北京，中華書局 1975 年版，第 397 頁。
〔註 15〕〔宋〕歐陽修：《新唐書》，北京，中華書局 1975 年版，第 407 頁。
〔註 16〕〔宋〕歐陽修：《新唐書》，北京，中華書局 1975 年版，第 425 頁。
〔註 17〕〔宋〕歐陽修：《新唐書》，北京，中華書局 1975 年版，第 430 頁。
〔註 18〕〔宋〕歐陽修：《新唐書》，北京，中華書局 1975 年版，第 382 頁。

並爲其置有專門的樂庫。《樂書》「熊羆部」條述曰：「唐熊羆部，其庫在望仙門內之東壁。」

第三節　隋唐鹵簿鼓吹之樂器組合

一、隋代鹵簿鼓吹樂隊

隋時，鹵簿鼓吹之等級制度的記述，可見於《隋書》卷十五《音樂志》：

> 大駕鼓吹、小鼓加金鐲、羽葆鼓、鐃鼓、節鼓，皆五採重蓋，其羽葆鼓，仍飾以羽葆。長鳴、中鳴、大小橫吹，五採衣幡，緋掌，畫交龍，五採腳。大角幡亦如之。大鼓、長鳴、大橫吹、節鼓及橫吹後笛、簫、篳篥、笳、桃皮篳篥等工人服，皆緋地苣文爲袍袴及帽。金鉦、棡鼓，其鉦鼓皆加八角紫傘。小鼓、中鳴、小橫吹及橫吹後笛、簫、篳篥、笳、桃皮篳篥等工人服，並青地苣文袍袴及帽。羽葆鼓、鐃及歌、簫、笳工人服，並武弁，朱褠衣，革帶。大角工人，平巾幘，緋衫，白布大口袴。其鼓吹督帥服，與大角同。以下準督帥服，亦如之。棡鼓一曲，十二變，與金鉦同。夜警用一曲俱盡。次奏大鼓。……〔註 19〕

《隋書》卷十五《音樂志》載隋時，鹵簿鼓吹之等級制度：

表 48　隋代鹵簿鼓吹等級制度表

等級	鼓吹部類	具數、曲數	各部所用樂器及樂曲說明
皇帝大駕	大鼓	15 曲	
	小鼓	9 曲	
	長鳴色角	120 具	
	次鳴色角	120 具	
	大角	7 曲	第一曲起捉馬，第二曲被馬，第三曲騎馬，第四曲行，第五曲入陣，第六曲收軍，第七曲下營。皆以三通爲一曲。其辭並本之鮮卑。
	鐃鼓	12 曲	其樂器有鼓，並歌、簫、笳。

〔註 19〕〔唐〕魏徵、房玄齡、長孫無忌等：《隋書》，北京，中華書局 1973 年版，第 382 頁。

	大橫吹	29 曲	其樂器有角、節鼓、笛、簫、篳篥、笳、桃皮篳篥。
	小橫吹	12 曲	夜警則十二曲俱用。 其樂器有角、笛、簫、篳篥、笳、桃皮篳篥。
皇太子	大鼓	12 曲	
	小鼓	3 曲	
	長鳴色角	36 具	
	次鳴色角	12 具	
	大角	？	第一曲起捉馬，第二曲被馬，第三曲騎馬，第四曲行，第五曲入陣，第六曲收軍，第七曲下營。皆以三通爲一曲。其辭並本之鮮卑。
	鐃鼓	6 曲	其樂器有鼓，並歌簫、笳。
	大橫吹	9 曲	其樂器有角、節鼓、笛、簫、篳篥、笳、桃皮篳篥。
王公	大鼓	10 曲	
	小鼓	3 曲	
	長鳴色角	18 具	
	次鳴色角	10 具	
	大角	？	第一曲起捉馬，第二曲被馬，第三曲騎馬，第四曲行，第五曲入陣，第六曲收軍，第七曲下營。皆以三通爲一曲。其辭並本之鮮卑。
	鐃鼓	3 曲	其樂器有鼓，並歌簫、笳。
	大橫吹	7 曲	其樂器有角、節鼓、笛、簫、篳篥、笳、桃皮篳篥。

由《隋書・音樂志》中對樂器、樂工的描述及鹵簿鼓吹等級制度及所用樂器的描述可知，隋代（大駕）鹵簿鼓吹樂隊中樂器主要有：

擊奏樂器：大鼓、小鼓、羽葆鼓、鐃鼓、節鼓、棡鼓、金鉦、鐃

吹奏樂器：長鳴、中鳴、大角、大橫吹、小橫吹、笛、簫、篳篥、笳、桃皮篳篥等

二、唐代各等級鹵簿鼓吹樂隊

《新唐書》卷二三上《儀衛志》有云：「唐制，天子居曰『衙』，行曰『駕』，皆有衛有嚴。羽葆、華蓋、旌旗、罕畢、車馬之眾盛矣，皆安徐而不嘩。其人君舉動必以扇，出入則撞鍾，庭設樂宮，道路有鹵簿、鼓吹。」〔註 20〕

〔註 20〕〔宋〕歐陽修：《新唐書》，北京，中華書局 1975 年版，第 481 頁。

唐封演《封氏聞見記》卷五「鹵簿」條曰：

> 輿駕行幸，羽儀導從謂之鹵簿。自秦漢已來，始有其名。蔡邕《獨斷》載，鹵簿有大駕、小駕、法駕之異，而不詳鹵簿之儀。按字書：「鹵，大楯也。」字亦作樐，又作櫓，音義皆同。鹵以甲爲之，所以扞敵。賈誼《過秦論》云「伏屍百萬，流血漂鹵」是也。甲楯有先後部伍之次，皆著之簿籍，天子出入，則按次導從，故謂之鹵簿耳。儀衛具五兵，今不言他兵，但以甲楯爲名者，行道之時，甲楯居外，餘兵在內。但言鹵簿，是舉凡也。南朝御史中丞、建康令俱有鹵簿，人臣儀衛亦得同於君上，則鹵簿之名不容別有他義也。又百官從駕謂之扈從，蓋臣下侍從至尊，各供所職，猶僕御扈養以從上，故謂之扈從耳。《上林賦》云：「扈從横行。」顔監釋云：「謂跋扈縱恣而行也。」據顔此解，乃讀從爲放縱之縱，不取行從之義，所未詳也。〔註21〕

唐時，皇帝及皇室貴族、王公大臣之鹵簿，其勢甚爲壯大。《唐六典》卷一四《太常寺》：「凡大駕鹵簿一千八百三十八人，分爲二十四隊，列爲二百一十四行；小駕鹵簿一千五百人，分爲二十四隊，列爲一百二十行；東宮鹵簿六百二十四人，分爲九隊，列爲三十一行。」

《大唐開元禮》卷二、《唐六典》卷十四《太常寺》詳細記載了唐代鹵簿鼓吹樂的制度，《通典》卷一〇七亦著錄有各個等級使用鹵簿鼓吹規定的具體內容。《新唐書》卷二三上《儀衛志》中記述了大駕、法駕、小駕鹵簿的儀仗隊列，及鹵簿中的鼓吹隊列，並詳述其樂隊之具體樂器構成、排列方式及鼓吹各部所演奏之樂曲曲目，然其他等級的鹵簿鼓吹具體的用樂情況並未詳述，僅言皇太子鹵簿中「廂各有獨揭鼓六重，重二人，居儀仗外、殳仗內，皆赤綦襖、冒，行縢、鞋襪」；親王鹵簿中有「次大角、鼓吹」；一品鹵簿中「大角、鐃吹皆備」。其中，皇太子鹵簿鼓吹中有獨揭鼓的使用，此鼓應屬中鼓之類，《古今樂錄》（《初學記》卷十六引）對其有所述及：「鼓吹有龍頭大相，中鼓獨揭，小鼓（原注：皆有品秩，天子以賜臣下及軍旅用之）。」

此外，《白氏六帖事類集》卷十六亦載有關於大駕鹵簿鼓吹所使用之個別樂器：「《鹵簿令》：大駕長鳴、中鳴（各百二十具）。」另外，據仁井田陞編

〔註21〕〔唐〕封演撰，趙貞信校注：《封氏聞見記校注》卷五，北京，中華書局2005年版，第38頁。

寫的《唐令拾遺》〔註 22〕第二章節「唐令拾遺采擇資料」中「鹵簿令」記載：「《鹵簿令》第十九（復舊凡五條）」中曰：「一乙（開二五）：駕行導駕者，萬年縣令引，次京兆尹，總有六引，……大駕長鳴、中鳴各百二十具……」後池田溫等編集的《唐令拾遺補》一書，對鹵簿令進行了補訂〔註 23〕，書中所補開元七年詔示的「鹵簿令」，對各等級鹵簿鼓吹樂隊使用的規定，包括有「大駕鹵簿」、「皇太后皇后鹵簿」、「皇太子鹵簿」、「親王鹵簿」、「王公以下鹵簿」活動，文中補訂各等級鹵簿鼓吹樂隊中所用樂器種類、具數及樂隊組合、排列方式，均是依據《大唐開元禮》中內容對開元七年之「鹵簿令」加以補訂的，故筆者在下文將《大唐開元禮》、《唐六典》、《通典》所載鹵簿鼓吹用樂詳情及《新唐書》所述大駕鹵簿鼓吹用樂內容，均置於同一表格進行比照時，未將其納入表格。

在儀仗隊伍中使用鼓吹樂時，鼓吹樂一般分爲兩個樂隊，它們的位置分別處於整個鹵簿行列的前部及後部，文獻中言及「前後部鼓吹」、「後部鼓吹」等均是對鼓吹樂隊於整個儀仗隊伍中所處位置的描述，加以所謂的前後，則是相對於進行的儀仗隊伍所圍繞的核心部分（如大駕即皇帝的位置）而言的。

〔註 22〕〔日〕仁井田陞：《唐令拾遺》，日本東方文化學院東京研究所，1933 年版，第 514～524 頁。

〔註 23〕〔日〕仁井田陞著，池田溫 等編集：《唐令拾遺補》，東京大學出版會，1993 年版，第 665～700 頁。

《唐六典》卷十四《太常寺》、《大唐開元禮》卷二、《通典》卷一〇七及《新唐書》卷二三上《儀衛志》中所述唐代大駕鹵簿鼓吹等級制度：

表 49 唐代大駕鹵簿鼓吹等級制度表

鹵簿等級	排列位置		《大唐開元禮》卷二	《唐六典》卷十四《太常寺》	《通典》卷一〇七	《新唐書》卷二三下《儀衛志》所述唐鹵簿鼓吹等級
皇帝	大駕	前部	鼓吹令二人， 次棡鼓十二面，金鉦十二面， 次大鼓一百二十面， 次長鳴一百二十具， 次鐃鼓十二面，歌、簫、笳各二十四， 次大橫吹一百二十具，節鼓二面，笛、簫、篳篥、笳、桃皮篳篥各二十四， 次棡鼓十二面，金鉦十二面， 次小鼓一百二十面， 次中鳴一百二十具， 次羽葆鼓十二面，歌、簫、笳各二十四。自前棡鼓以下，二人皆自副並騎，分左右，橫行。每鼓皆二人夾。每隊皆有主帥五人已下統領。	扛鼓十二，夾金鉦十二； 次大鼓一百二十； 次長鳴一百二十； 次鐃鼓十二，夾歌、簫、笳各二十四； 次大橫吹一百二十，節鼓二，夾笛、簫、觱篥、笳、桃皮觱篥各二十四；次扛鼓十二，夾金鉦十二； 次小鼓一百二十；次中鳴一百二十； 次羽葆鼓十二，夾歌、簫、笳各二十四。	扛鼓十二，夾金鉦十二，大鼓、長鳴皆百二十，鐃鼓十二，歌、簫、笳次之； 大橫吹百二十，節鼓二，笛、簫、觱篥、茄、桃皮觱篥次之； 扛鼓、夾金鉦皆十二，小鼓、中鳴皆百二十，羽葆鼓十二，歌、簫、笳次之。 至相風輿，有扛鼓一，金鉦一，鼓左鉦右。 至黃麾，有左右金吾衛果毅都尉二人主大角百二十，橫行十重； 鼓吹丞二人，典事二人騎從。	扛鼓十二，夾金鉦十二； 次大鼓一百二十； 次長鳴一百二十； 次鐃鼓十二，夾歌、簫、笳各二十四； 次大橫吹一百二十，節鼓二，夾笛、簫、觱篥、笳、桃皮觱篥各二十四；次扛鼓十二，夾金鉦十二； 次小鼓一百二十；次中鳴一百二十； 次羽葆鼓十二，夾歌、簫、笳各二十四。

	後部	大角一百二十具，金吾果毅一人，領橫行十重。 次後部鼓吹，羽葆鼓十二面，工人十二，歌、簫、笳各工人二十四。 次鐃鼓十二面，工人各十二，歌、簫、笳各工人二十四。 次小橫吹一百二十具，工人一百二十，笛、簫、篳篥、笳、桃皮篳篥各工人二十四。	羽葆鼓十二，夾歌、簫、笳各二十四； 次鐃鼓十二，夾歌、簫、笳各二十四； 次小橫吹一百二十，夾笛、簫、觱篥、笳、桃皮觱篥各二十四。	羽葆鼓十二，歌、簫、笳次之； 鐃鼓十二，歌、簫、笳次之； 小橫吹百二十，笛、蕭、觱篥、笳、桃皮觱篥次之。 凡歌、簫、笳工各二十四人，主帥四人，笛、簫、觱篥、笳、桃皮觱篥工各二十四人。	羽葆鼓十二，夾歌、簫、笳各二十四； 次鐃鼓十二，夾歌、簫、笳各二十四； 次小橫吹一百二十，夾笛、簫、觱篥、笳、桃皮觱篥各二十四。
	法駕	若法駕，減太常卿……諸隊仗、鼓吹三分減一，餘同大駕。	法駕則三分減一。	若法駕，減大駕太常卿……諸隊、鼓吹三分減一，餘同大駕。	減太常卿，鼓吹減三之一。
	小駕	小駕……鼓吹各減大駕半，餘同法駕。	小駕則減大駕之半。	小駕……諸隊仗及鼓吹各減大駕半，餘同法駕。	諸隊及鼓吹減大駕之半。

《唐六典》卷十四《太常寺》、《大唐開元禮》卷二及《通典》卷一〇七中所述唐代鹵簿鼓吹等級制度（大駕鹵簿鼓吹未列入其中，詳見上表）：

表 50　唐代鹵簿鼓吹等級制度表

鹵簿等級	排列位置	《大唐開元禮》卷二	《唐六典》卷十四《太常寺》	《通典》卷一〇七
皇太后、皇后	前後部	前後部鼓吹：金鉦、棡鼓、大鼓、小鼓、長鳴、中鳴、鐃吹、羽葆鼓吹、橫吹、節鼓、御馬，並減大駕之半。	皇太后、皇后出，則如小駕之制。	前後部鼓吹：金鉦、㧾鼓、大鼓、小鼓、長鳴、中鳴、鐃吹、羽葆鼓吹、橫吹、節鼓、御馬，並減大駕之半。
皇太子	前部	率更丞一人，棡鼓、金鉦各二面，左鼓，右鉦。 次大鼓三十六面，騎，橫行正道。 次鐃吹一部：鐃鼓二面，各一騎執，二人騎夾。簫、笳各六。騎，並橫行。 次棡鼓、金鉦各二面，一騎執，左鼓，右鉦。 次小鼓三十六面，次中鳴三十六具。並騎，橫行正道。	扛鼓、金鉦各二； 次大鼓三十六； 次長鳴三十六，鐃鼓二、簫、笳各六； 次扛鼓、金鉦各二； 次小鼓三十六；次中鳴三十六。	率更丞一人，㧾鼓、金鉦各二面，左鼓，右鉦。 次大鼓三十六面，騎，橫行正道。 次長鳴三十六具。騎，橫行正道。 次鐃吹一部：鐃鼓二面，各一騎執，二人騎夾。簫、笳各六。騎，並橫行。 次橫吹一部：橫吹十具，節鼓二面，各一騎執，二人騎夾。笛簫篳篥笳各六。騎並橫行。 次㧾鼓金鉦各二面，一騎執，左鼓，右鉦。 次小鼓三十六面，次中鳴三十六具。並騎，橫行正道。

	後部	大角三十六具，橫行，六重。 次鐃吹一部：鼓二面，簫、笳各六，並騎橫行。 次橫吹一部：橫吹十具，節鼓一面，笛、簫、篳篥、笳各五，並騎橫行。 廂各獨揭鼓六重，重二人，皆儀仗外。	鐃吹一部：鐃鼓二，夾簫、笳各六；橫吹一部：橫吹十，節鼓一，夾笛、觱篥、簫、笳各五。	大角三十六具，橫行，六重。 次鐃吹一部：鼓二面，簫、笳各六，並騎橫行。 次橫吹一部：橫吹十具，節鼓二面，笛、簫、篳篥、笳各六，並騎橫行。 廂各獨揭鼓六重。重二人，皆儀仗外。
親王	前部	棡鼓、金鉦各一面，一騎執，二人騎夾。 次大鼓十八面，騎，橫行正道。 長鳴十八具，騎，橫行正道。 次棡鼓、金鉦各一面，各一騎執，二人騎夾。 次小鼓十面，中鳴十具，分左右，單行，中鳴在小鼓外。節一，夾稍二次唱。	扛鼓、金鉦各一， 次大鼓十八， 次長鳴十八， 次扛鼓、金鉦各一， 次小鼓十、中鳴十。	搁鼓、金鉦各一面。一騎執，二人騎夾。 次大鼓十八面，騎，橫行正道。 次長鳴十八具，騎，橫行正道。 次小鼓十面，中鳴十具，分左右，單行，中鳴在小鼓外。節一，夾槊二。
	後部	大角八騎，二重，橫行正道。 次鐃吹一部：鐃鼓一面，簫、笳各四騎，橫行。 橫吹一部：橫吹六騎，節鼓一騎，二人騎夾，笛、簫、篳篥、笳各四騎，橫行正道。	鐃吹一部：鐃鼓一，夾簫、笳各四；次橫吹一部：橫吹六，節鼓一，夾笛、簫、觱篥、笳各四。	大角八騎，二重，橫行正道。 次鐃吹一部：鐃鼓一面，簫、笳各四騎，橫行。 次橫吹一部：橫吹六騎，節鼓一騎，二人夾騎。笛、簫、篳篥、笳各四騎，橫行正道。

第一品	前部	棡鼓、金鉦各一，大鼓十六，長鳴十六，節一，夾稍二唱。	扛鼓、金鉦各一，大鼓十六，長鳴十六。	㧊鼓、金鉦各一，大鼓十六，二品十四，三品十，四品八。長鳴十六。二品以下闕之。節一，夾槊二。
	後部	大角八， 鐃吹一部：鐃、簫、笳各四， 橫吹一部：橫吹六， 節鼓一，笛、簫、篳篥、笳各四。	鐃吹一部：鐃一，簫、笳各四， 橫吹一部：橫吹六，節鼓一，笛、簫、觱篥、笳各四。	大角八，角自二品至四品各減二。 鐃吹一部：鐃、簫、笳各四。二品各三，三品各二，四品各一。 橫吹一部：橫吹六，二品、三品四，四品二。 節鼓一，二品以下並闕。 笛、簫、篳篥、笳各四。二品以下各一。
第二品	前部	棡鼓、金鉦各一，大鼓十四，節一，夾稍二唱。	扛鼓、金鉦各一，大鼓十四。	㧊鼓、金鉦各一，大鼓十四，節一，夾槊二。
	後部	大角六， 鐃吹一部：鐃一，簫、笳各二， 橫吹一部：橫吹四，笛、簫、篳篥、笳各一。	鐃吹一部：鐃一，簫，笳各二， 橫吹一部：橫吹四，笛、簫、觱篥、笳各一。	大角六， 鐃吹一部：鐃、簫、笳各三。 橫吹一部：橫吹四，笛、簫、篳篥、笳各一。
第三品	前部	棡鼓、金鉦各一，大鼓十，節一，夾稍二唱。	三品鼓吹減二品大鼓之四，橫吹之二。 即扛鼓、金鉦各一，大鼓十。	㧊鼓、金鉦各一，大鼓十，節一，夾槊二。
	後部	大角四， 鐃吹一部：鐃一，簫、笳各二， 橫吹一部：橫吹二，笛、簫、篳篥、笳各一。	鐃吹一部：鐃一，簫，笳各二， 橫吹一部：橫吹二，笛、簫、觱篥、笳各一。	大角四， 鐃吹一部：鐃、簫、笳各二。 橫吹一部：橫吹四。笛、簫、篳篥、笳各一。

第四品	前部	棡鼓、金鉦各一，大鼓八，節一，夾稍二唱。	四品鼓吹又減大鼓之二，而去其橫吹。 即扛鼓、金鉦各一，大鼓八。	㧓鼓、金鉦各一，大鼓八。節一，夾槊二。
	後部	大角二， 鐃吹一部：鐃一，簫、笳各一	鐃吹一部：鐃一，簫，笳各二。	大角二， 鐃吹一部：鐃簫笳各一。 橫吹一部：橫吹二。笛、簫、篳篥、笳各一。

據表所列，比對《唐六典》卷十四《太常寺》、《大唐開元禮》卷二及《通典》卷一〇七記述唐代鹵簿鼓吹等級制度之內容，可以發現此三本典籍中有關鹵簿鼓吹在使用樂器種類、數目及樂隊的組合排列方式等方面的記載，並非完全一致，而是有所出入的。三本官修令典成書年代不同，著書所參照的文本亦有所不同。所以，比照其中異同，可以認爲它們在一定程度上反映出唐代各等級鹵簿鼓吹樂隊規定的前後變化。

《大唐開元禮》爲唐開元中敕撰。唐初禮司無定制，遇事臨時議定禮儀。開元中從張說奏議，取《貞觀》、《顯慶》兩本禮書折衷異同，以爲定制。其事由徐堅等創始，蕭嵩等完成，開元二十年（732 年）正式頒行，名曰《大唐開元禮》，分吉、賓、嘉、軍、凶五禮，詳盡而完備地記載了以皇帝爲中心的國家典禮儀制，兼及地方政府的祭儀和官僚家庭的吉凶之禮義制度。《唐令拾遺補》以此爲本，補開元七年詔示之「鹵簿令」，其中各等級鹵簿鼓吹用樂具體規定，亦依《大唐開元禮》而補之。

《唐六典》，開元十年（722 年）唐玄宗李隆基召起居舍人陸堅開始修撰，成書於開元二十六年（738 年）。此書正文所敘諸官司的職掌，多直接取自當時頒行的令、式，均屬第一手資料。故書中所述開元時期各個等級的鹵簿鼓吹用樂制度，是較爲詳實可靠的。

從此兩本詔告令典中所述內容，可較爲清晰地了解開元時期各個等級使用鹵簿鼓吹樂情況及樂隊的具體排列方式。因《大唐開元禮》是折中《貞觀》、《顯慶》二禮所制，從中亦可窺見唐初至開元時期鹵簿鼓吹等級用樂制度之一斑。

《通典》的編撰，始於唐代宗大曆元年（766 年）左右，德宗貞元十七年（801 年），杜佑於淮南節度使任上完成，歷時 35 年。作者杜佑，曾任唐朝節度使和宰相等職，歷肅宗、代宗、德宗三代王朝，對中央及地方制度極爲熟悉。他採錄歷代典籍，溯尋制度的因革變遷，歷時 35 年才撰成此書。此典對初唐至中唐天寶末，間及肅宗、代宗、德宗三朝之典章制度，有較爲詳盡、系統的闡述。以之比照《大唐開元禮》、《唐六典》所述，從中可以了解開元以後肅宗、代宗、德宗三朝的鹵簿鼓吹等級制度用樂，及樂隊組合、排列之變化情況。

因此，上述表格可從一定程度上反映出唐初、開元及開元以後至德宗時期，有關各個等級鹵簿鼓吹樂隊規定的變化。

大駕鹵簿鼓吹主要是於皇帝出行及郊祀、巡狩、納后等儀式中使用。大駕將出，設樂懸擊鼓嚴警；大駕駕回，亦要擊鍾奏樂。《新唐書》卷二三上《儀衛志》言駕還之儀式：「入門，太樂令命擊蕤賓之鍾，左五鍾皆應。鼓柷，奏《採茨》之樂。至太極門，戛敔，樂止。既入，鼓柷，奏《太和》之樂。回路南向，侍中請降路，乘輿乃入，傘、扇，侍御，警蹕如初。至門，戛敔，樂止。皇帝入，侍中版奏『請解嚴』。叩鉦，將士皆休。」〔註 24〕

三、唐代晚期鼓吹部及鹵簿鼓吹樂隊

段安節《樂府雜錄》「鼓吹部」條述曰：「即有鹵簿、鉦、鼓及角。樂用弦鼗、笳、簫。又即用哀笳，以羊角爲管，蘆爲頭也。警鼓二人，執朱幡引樂，衣文，戴冠。已上樂人皆騎馬，樂即謂之『騎吹』。俗樂亦有騎吹也。」陳暘《樂書》卷一八八將「鼓吹部」與「騎吹樂」合置於一條，其條下亦著有相似之語〔註 25〕。筆者以爲陳暘此段內容皆抄錄自《樂府雜錄》。

由文中所述，可知至晚唐時期，鼓吹部所用樂器已與唐初、中唐時期有所不同，鼓吹所用樂器種類較開元時期有所減少。樂器種類僅言及鹵簿用鉦、鼓、角，「樂用弦鼗、笳、簫」，較爲不同的是，鼓吹樂隊中使用了「弦鼗」。

有關弦鼗的記述，文獻中未有詳載。《新唐書》卷二二《禮樂志》「琵琶」條云：「琵琶圓體修頸而小，號曰秦漢子，蓋弦鼗之遺制，出於胡中。」《樂書》卷一二八「奚琴」亦有關於弦鼗的描述：「奚琴本胡樂也，出於弦鼗而形亦類焉。」可見，弦鼗爲胡系樂器，其形制與琵琶、奚琴較爲接近，應爲弦類樂器。

段安節《樂府雜錄》「鼓吹部」條述曰：「天子鹵簿用『大全仗』，鼓一百二十面，金鉦七十面。郊天謁廟吉禮，即衣雲花黃衣，鼓四，鉦二下；山陵凶禮，即衣雲花白衣，鼓二，鉦二下。冊太后、皇后及太子，用鼓七十面，金鉦四十面，謂之『小全仗』。公主出降及冊三公並祔廟禮葬，並用『大半仗』，鼓四十面，鉦二十面。諸侯用『小半仗』。鼓三十面，鉦十四面，吉凶如上。自太子已下，冊禮及葬祔廟，並無警鼓。」 陳暘《樂書》卷一八八「鼓吹部

〔註 24〕〔宋〕歐陽修：《新唐書》，北京，中華書局 1975 年版，第 496 頁。

〔註 25〕《樂書》卷一八八「鼓吹部 騎吹樂」條云：「唐鼓吹部有鹵簿、鉦、鼓及角。樂用弦鼗、笳、簫。凶用哀笳，以羊骨爲管，蘆爲頭也。警鼓二人，執朱幡引樂，衣彩，衣戴冠。皆乘馬，謂之『騎吹樂』。俗樂亦有樂吹也。」(〔宋〕陳暘：《樂書》，文淵閣四庫全書本。)

騎吹樂」條，亦如此著錄。〔註 26〕

表 51 《樂府雜錄》載鹵簿鼓吹制度表

等級、儀禮		儀仗規格	鼓吹樂隊配置	
			鼓	鉦
皇帝	鹵簿	「大全仗」	鼓一百二十面	金鉦七十面
	郊天謁廟吉禮		鼓擊四下	鉦擊二下
	下山陵凶禮		鼓擊二下	鉦擊二下
下冊太后、皇后及太子		「小全仗」	鼓七十面	金鉦四十面
公主出降及冊三公並祔廟禮葬		「大半仗」	鼓四十面	鉦二十面
諸侯		「小半仗」	鼓三十面	鉦十四面

由《樂府雜錄》所述內容看，唐末不同等級的儀仗規格有「大全仗」、「小全仗」、「大半仗」、「小半仗」等區分。據該文所言，這些不同等級儀仗鼓吹樂隊之樂器配置，存在兩種可能性：一是這些儀仗鼓吹樂隊，僅有鼓和金鉦這兩種樂器；二是著者記述此段內容時，認爲不同等級儀仗、儀式中鼓吹樂使用規格的不同，主要體現於樂隊中鼓與金鉦使用數量的不同。當然，這亦說明在唐末，主要以鼓吹樂隊中鼓和鉦使用數目的不同，來標示不同等級中使用鼓吹樂的不同規格，即「鼓」、「鉦」在鼓吹樂隊中用器之多寡，是等級區別的明確標誌和象徵。《舊唐書》卷二九《音樂志》八音中「鉦」條釋曰：「鉦，如大銅疊，縣而擊之，節鼓。」若依第二種可能性而言，皇帝、皇室、諸侯等使用的「大全仗」、「小全仗」、「大半仗」、「小半仗」等鼓吹樂隊中，不是僅有鼓、鉦這兩種樂器，那麼，僅就段安節及陳暘所言大駕鹵簿鼓吹中這兩件樂器數目，較之《大唐開元禮》所述開元時期，是有所不同的。詳如下表所述：

〔註 26〕《樂書》卷一八八「鼓吹部 騎吹樂」條亦云：「天子鹵簿用『大全杖』，鼓百二十面，金鉦七十面。郊天謁廟吉禮，即雷花黃衣，鼓四下，鉦二下；山陵凶禮，即云衣白衣，鼓二下，鉦亦二下。冊皇后、太后、太子，用鼓七十，鉦四十，謂之『小全仗』。公主出降及冊三公並附禮葬，並用『大半仗』，鼓四十，鉦二十。諸侯用『小半仗』，鼓三十，鉦二十四。惟皇太子已下，冊禮及葬祔廟，並無警鼓。此尊卑之辨也。」（〔宋〕陳暘：《樂書》，文淵閣四庫全書本。）

表 52 《大唐開元禮》與《樂府雜錄》載鹵簿鼓吹樂器組合比照表

鹵簿等級	《大唐開元禮》		《樂府雜錄》	
皇帝	大鼓 120 面 小鼓 120 面	金鉦分二組，各 12 面，共 24 面	鼓 120 面	金鉦 70 面
太后、皇后	大鼓 60 面 小鼓 60 面	金鉦分二組，各 6 面，共 12 面	鼓 70 面	金鉦 40 面
太子	大鼓 36 面 小鼓 36 面	金鉦分二組，各 2 面，共 4 面	鼓 70 面	金鉦 40 面
公主	鹵簿中不享有鼓吹		鼓 40 面	鉦 20 面
親王（《大》） 諸侯（《樂》）	大鼓 18 面 小鼓 10 面	金鉦分二組，各 1 面，共 2 面	鼓 30 面	鉦 14 面

第四節　其他場合所用鼓吹樂隊之組合形式

就音樂表現能力而言，鼓吹樂隊較龜茲樂、天竺樂、西涼樂等其他形式的樂隊組合，可能藝術性稍遜，然而它在營造氣勢方面，是其他樂隊組合所無法比擬的。所以，在儀仗、軍隊等多種儀式中，人們喜用鼓吹樂來渲染氣氛，壯大聲勢，顯示身份，鼓舞士氣。

一、凱樂

《唐會要》卷三三「凱樂」條曰：

> 謹按凱樂，鼓吹之歌曲也。《周官大司樂》：「王師大獻，則奏凱樂。」注云：「獻功之樂也。」又《司馬》之職「師有功，則凱樂獻於社。」注引：「兵樂曰凱。」《司馬法》曰：「得意則凱樂，所以示喜也。」《左氏傳》載晉文公勝楚，振旅凱以入。魏、晉以來鼓吹曲章，多述當時戰功。是則歷代獻捷，必有凱歌。太宗平東都，破宋金剛，其後蘇定方執賀魯，李勣平高麗，皆備軍容凱歌入京師。

由上文可知，歷代軍徵得勝獻捷，都要奏凱歌。凱樂亦為唐代軍隊用樂的一種，經常採用無論是王師大獻，還是班師祝捷，軍隊還朝時慶祝戰功和彰顯軍容，都要演奏所謂的「凱歌」，充分體現為得意示喜之功用。凱樂的演奏，主要是由太常寺下轄的鼓吹署完成的。柳宗元《上鐃歌鼓吹曲表》：「臣為郎時，以太常聯禮部，嘗聞鼓吹署有戎樂。」〔註 27〕此亦可證明凱樂（即詩中所言「戎樂」）歸於鼓吹署管理。

從前引文中所述，可見凱樂很早便已存在。然貞觀、顯慶、開元禮書，對此儀禮並無儀注。故文宗大和三年（829 年）八月時，太常禮院專門上奏朝廷，請將凱樂之禮儀程序化，並將其所用之樂器加以規範。奏摺曰：

> 今參酌今古，備（凱樂）其陳設及奏歌曲之儀如後。凡命將征伐，有大功獻俘馘者，其日備神策兵衛於東門外，如獻俘常儀。其凱歌用鐃吹二部（注：笛、篳篥、簫、笳、鐃、鼓，每色二人，歌工二四人也），樂工等乘馬執樂器，次第陳列，如鹵簿之式。鼓吹令丞前導，分行於兵馬俘馘之前。將入都門，鼓吹振作，疊奏《破陣樂》、《應聖期》、《賀朝歡》、《君臣同慶樂》等四曲。《破陣樂》詞曰：……《應聖期》詞曰：……候行至大社及太廟門，工人下馬，陳列於門外。據《周禮大司樂》注云：「獻於祖。」《大司馬》云：「先凱樂獻於社。」謹詳禮義，則社廟之中，似合奏樂。伏以尊嚴之地，鐃吹讙嘩，既無明文，或乖肅敬。今請並各於門外陳設，不奏歌曲。俟告獻禮畢，復導引奏曲如儀。至皇帝所御樓前兵伏旌門外二十步，樂工皆下馬徐行前進。兵部尚書介胄執鉞，於旌門內中路前導。……次協律郎二人，公服執麾亦於門外分導。鼓吹令、丞引樂工等至位立定。太常卿於樂工之前跪，具官臣某奏事，請奏凱樂。協律郎舉麾，鼓吹大振作，徧奏《破陣樂》等四曲。樂闋，協律郎偃麾，太常卿又跪奏樂畢。兵部尚書、太常卿退。樂工等並出旌門外訖，然後引俘馘入獻及稱賀如別儀（注：別有獻俘儀注）。如俘囚引出方退。伏請宣付所司，編入新禮，仍令樂工教習。〔註 28〕

〔註 27〕〔清〕董誥：《全唐文》卷五七一，北京，中華書局 1983 年版，第 5779 頁。

〔註 28〕《唐會要》，卷三三。《白孔六帖》卷五五「獻捷十二（俘馘附）」亦有此記載。《舊唐書》卷二八《音樂志》亦載有此奏：大和三年八月，太常禮院奏：謹按凱樂，鼓吹之歌曲也。《 周官大司樂》：「王師大獻，則奏凱樂。」注云：「獻功之樂也。」又《大司馬》之職，「師有功，則凱樂獻於社。」注云：「兵樂曰凱。」《司馬法》曰：「得意則凱樂，所以示喜也。」《左氏傳》載晉文公勝楚，振旅凱入。魏、晉已來鼓吹曲章，多述當時戰功，是則歷代獻捷，必有凱歌。太宗平東都，破宋金剛，其後蘇定方執賀魯，李勣平高麗，皆備軍容凱歌入京師。謹檢《貞觀》、《 顯慶》、《開元禮》書，並無儀注。今參酌今古，備其陳設及奏歌曲之儀如後。凡命將征討，有大功獻俘馘者，其日備神策兵

文宗准奏，至此，宮廷奏凱樂之儀，才得以充分實行。

故由此可知，至少於文宗及其後時期，凱樂之儀及所用鼓吹樂之樂隊編配，應大致如奏摺中所言情形。其樂隊編制、隊列形式、樂曲曲目以及演奏過程，大致如下：

凱樂使用鐃吹二部，樂器爲笛、篳篥、簫、笳、鐃、鼓等，每色二人，歌唱者爲 24 人。樂工在馬上演奏，由太常寺的鼓吹署之鼓吹令丞在前引導，鼓吹樂隊位於兵馬戰俘隊列的前面，其形式與鹵簿之儀仗鼓吹隊列相類似。演奏的曲目《破陣樂》、《應聖期》、《賀朝歡》、《君臣同慶樂》等四曲，四曲均有歌詞。在大社及太廟門演奏停止，陳列於門外。告獻禮畢，再開始演奏。至皇帝御樓前，樂工下馬，徐行前進，入旌門由協律郎二人分導。之後鼓吹令丞引樂工等至位立定。在太常卿和協律郎的指揮下，遍奏《破陣樂》等四曲。

二、行軍及軍禮鼓吹樂

隋代軍樂中也以鼓吹樂爲主。大業七年（611 年）隋煬帝發大軍遠征朝鮮，每軍設前部鼓吹一部，有大鼓、小鼓、鼙鼓、長鳴、中鳴等各 18 具，掆鼓、金鉦各 2 具；還有後部鐃吹 1 部，有鐃 2 面，歌簫及笳各 4 具，節鼓 1 面，吳吹篳篥、橫笛歌 4 具，大角 18 具。

唐代軍隊中亦有音樂，這些音樂以鼓吹樂爲主，平時演奏用以鼓舞士氣。例如唐朝部隊在行軍時，按規定應配備專門的鼓吹樂隊。《白氏六帖事類集》卷十六（《白孔六帖》卷五八）論及行軍鼓吹樂時，直接引用《樂令》條例云：

衛於東門外，如獻俘常儀。其凱樂用鐃吹二部，笛、篳篥、簫、笳、鐃、鼓，每色二人，歌工二十四人。樂工等乘馬執樂器，次第陳列，如鹵簿之式。鼓吹令丞前導，分行於兵馬俘馘之前。將入都門，鼓吹振作，疊奏《破陣樂》等四曲……

《新唐書》卷二三下《儀衛志》亦云：歷代獻捷必有凱歌，太宗平東都，破宋金剛，執賀魯，克高麗，皆備軍容，凱歌入京都，然其禮儀不傳。太和初，有司奏：「命將征討，有大功，獻俘馘，則神策兵衛於門外，如獻俘儀。凱樂用鐃吹二部，笛、觱篥、簫、笳、鐃鼓，皆工二人，歌工二十四人，乘馬執樂，陳列如鹵簿。鼓吹令、丞前導，分行俘馘之前。將入都門，鼓吹振作，奏《破陣樂》、《應聖期》、《賀朝歡》、《君臣同慶樂》等四曲。至太社、太廟門外，陳而不作。吉獻禮畢，樂作。至御樓前，陳兵仗於旌門外二十步，樂工步行，兵部尚書介冑執鉞，於旌門中路前導，協律郎二人執麾，門外分導，太常卿跪請奏凱樂。樂闋，太常卿跪奏『樂畢』。兵部尚書、太常卿退，樂工立於旌門外，引俘馘入獻，及稱賀，俘囚出，乃退。」（〔宋〕歐陽修：《新唐書》，北京，中華書局 1975 年版，第 510 頁。）

「諸道行軍，應給鼓角者，三萬人以上，給大角十四具，大鼓二十四面；二萬以上，角八具，鼓十四面；萬人以上，角六具，鼓十面；不滿萬人，臨時量給。軍三分減一。」《唐令拾遺》復原唐開元七年、開元二十五年鼓吹令，亦對鼓吹樂部的器物數量作出了明確規定。

表 53　唐開元七年、二十五年鼓吹樂部樂器組合表

鼓吹樂隊之樂器 / 行軍人數	大　角	大　鼓
三萬人以上	大角十四具	大鼓二十四面
二萬以上	角八具	鼓十四面
萬人以上	角六具	鼓十面
不滿萬人	臨時量給	

由此可知，唐代為行軍隊伍配備的鼓吹樂隊，樂器以鼓、角為主，其樂器編配的數目及規模大小，與行軍人數有一定之比例。以鼓、角為配置的行軍鼓吹樂，在圖像類考古資料中也同樣可以看到。莫高窟第 156 窟壁畫《張義潮出行圖》，圖中所繪於馬上演奏的八位騎士，所組成的即為軍中之鼓吹樂隊，樂器有鼓和角。圖中所繪八位騎士分列左右，一側四人，其中兩人擊鼓，兩人吹角。（如圖 30）

圖 30　莫高窟第 156 窟壁畫《張義潮出行圖》

《長安志》卷八云張議潮爲右神武統軍，注曰：「咸通六年，歸義軍節度使張議潮，自沙州入覲詔除統軍賜第一區。」唐大中二年（848 年），沙州（敦煌）人張議潮率眾起義，擊敗了吐蕃對瓜、沙二州的統治，相繼收復了綿延千里的河西走廊失地，結束了這一地區長達數十年的混戰與動蕩不安的局面。唐皇爲表彰其功勳，敕封張議潮爲沙州十一郡歸義軍節度使。莫高窟第 156 窟建於唐咸通五年（864），是其侄張淮深爲歌頌張議潮而修建的功德窟。故圖中所繪，至少說明晚唐時期行軍鼓吹樂的配置，仍以鼓、角爲主。

軍禮之鼓吹樂，其樂器編配亦各不相同，且有明確的所規定的。

皇帝於都外「講武」之禮，其中所用鼓吹樂隊之配置爲「六軍各鼓十二、鉦一、大角四」，即整個鼓吹樂隊編配爲鼓 72 面、鉦 6 具，大角 24 具。《新唐書》卷十六《禮樂志》有云：「講武之日，未明十刻而嚴，五刻而甲，步軍爲直陣以俟，大將立旗鼓之下。六軍各鼓十二、鉦一、大角四。」講武「其還，……勇者持鉦、鼓、刀、楯爲前行，持槊者次之，弓箭者爲後。使其習見旌旗、金鼓之節。」〔註 29〕

皇帝「狩田」之禮所用鼓吹樂，其樂器配置以鼓爲主。《新唐書》卷十六《禮樂志》中云：「田將止，虞部建旗於田內，乃雷擊駕鼓及諸將之鼓，士從躁呼。」〔註 30〕

三、大儺

宮廷「大儺」，即禁中驅逐所謂惡鬼的儀式，爲上古以來習俗的延續，歷代宮廷均有固定儀式，唐代宮廷也非常重視，其儀式中所用之樂，也以鼓吹樂爲主，並主要由鼓吹署樂人來完成。

《唐六典》卷十四《太常寺》中云：「大儺則帥鼓角以助侲子之唱。（唐禮：『鼓角十人爲一隊』）」。《通典》卷一三三《禮》中詳細記載了大儺之禮：「鼓角各十，合爲一隊。隊別鼓吹令一人……各監所部……（原注：唱率四人。……唱率，縣皆二人，……又雜職八人，四人執鼓鞉）」《新唐書》卷四十八《百官志》「鼓吹署」條釋曰：「令掌鼓吹之節。……大儺，帥鼓角以助侲子之唱。

〔註 29〕〔宋〕歐陽修：《新唐書》，北京，中華書局 1975 年版，第 386～387 頁。
〔註 30〕〔宋〕歐陽修：《新唐書》，北京，中華書局 1975 年版，第 389 頁。

《樂府雜錄》「驅儺」條則云：「用方相四人，戴冠及面具，黃金為四目。衣熊裘，執戈揚盾，口作儺儺之聲以除逐也。右十二人，皆朱髮衣白褶畫衣。各執麻鞭，辮麻為之，長數尺，振之聲甚厲，乃呼神名。……振子五百，小兒為之，衣朱褶青襦，戴面具，以晦日於紫宸殿前儺。張宮懸樂，太常卿及少卿押樂正到西閣門。丞並太樂署令、鼓吹署令、協律郎並押樂在殿前。事前十日，太常卿並諸官於本寺先閱儺，並遍閱諸樂。其日大宴三五署官，其朝僚家皆上棚觀之，百姓亦入看，頗謂壯觀也。太卿上此歲除前一日，於右金吾龍尾道下重閣，即不用樂也。御樓時，於金雞竿下打赦鼓一面、鉦一面，以五十人唱色十下，鼓一下，鉦以千下。」〔註 31〕

《唐六典》、《通典》及《新唐書》中所言大儺樂隊形式，與《樂府雜錄》記述的樂隊有所不同，可見前一種樂隊形式應為唐初及中唐時期大儺之禮所用鼓吹樂之樂隊編配，而《樂府雜錄》所描述的應為晚唐驅儺之樂隊形式。

由此可知，唐初及中唐時期大儺之禮〔註 32〕所用鼓吹樂，樂器配置為鼓十面，角十具，組成一個 20 人的鼓吹樂隊基礎，另有鼓吹令一人負監管之責，此外，還有歌工（即「唱率」）4 人，雜職者 4 人執鼓鞉。當時各州縣每年也要舉行大攤之禮，只是規模要小得多，州縣大攤之禮的規模，還依據各州縣的規模大小而有所不同。州縣的大攤之禮也需要演奏鼓吹樂，有關鼓吹樂隊的配置，未見有詳細記載，僅記載州縣大攤之禮鼓吹樂隊中「唱率」減為 2 人，與宮廷驅儺不同的是，這些鼓吹樂是由隸屬於州縣的樂工來完成的。

晚唐時期宮廷驅儺樂隊形式，為宮懸樂隊加鼓一面、鉦一面，整個儀式中音樂的演奏，須由太樂署及鼓吹署的樂工共同完成。

就唐代大儺之禮所用鼓吹樂之功用而言，儀式中主要是以鼓吹樂其宏大響亮的聲音與氣勢，來驅逐所謂的禁中惡鬼。因此，鼓吹樂主要起渲染氣氛，製造聲勢的作用，不是一種欣賞性音樂。可以想見，大儺之禮中所演奏的鼓吹樂，其音樂表現力並不很強。

四、合朔伐鼓

宮廷「合朔伐鼓」禮儀之中亦要使用鼓吹樂。

〔註 31〕〔唐〕段安節：《樂府雜錄》，上海，古典文學出版社 1957 年版，第 23 頁。

〔註 32〕有關大攤之禮的情況還可參閱喬琳《大儺賦》。（〔清〕董誥：《全唐文》卷三五六，北京，中華書局 1983 年版，第 3613 頁。）

《通典》卷七八《禮》云：「周制，日有蝕之，天子不舉樂，素服，置五麾，陳五鼓、五兵及救日之弓矢。又以朱絲縈社，而伐鼓責之。……漢制，天子救日蝕，素服，避正殿，陳五鼓五兵，以朱絲縈社，內外嚴警。太史登靈臺，候日有變，便伐鼓。太僕贊祝史陳辭以責之。聞鼓音，侍臣皆著赤幘，帶劍入侍。三臺令史以上，皆持劍立其戶前。衛尉驅馳繞宮，伺察守備。日復常，皆罷。」合朔伐鼓的淵源已久，相傳夏代時「辰不集於房」即日蝕發生時，就讓瞽師（盲樂師）奏鼓，以消除災異。〔註 33〕

《唐六典》卷十四《太常寺》中云：「凡合朔之變，則帥工人設五鼓於太社，執麾旒，於四門之塾置龍床焉。有變則舉麾，擊鼓齊發，變復而止。」《新唐書》卷四十八《百官志》「鼓吹署」條亦有此記載。〔註 34〕《通典》卷一三三《禮》對合朔伐鼓之儀式過程有較爲詳細地記述：「其日合朔，前二刻，郊社令及門僕各服赤幘絳衣，守四門，令巡門監察。鼓吹令平巾幘，袴褶，帥工人以方色執麾旒，分置四門屋下，龍蛇鼓隨設於左。東門者立於北塾，南面；南門者立於東塾，西面；西門者立於南塾，北面；北門者立於西塾，東面。（注：門側堂曰塾。麾槓各長一丈。旒以方色，各長八尺。）隊正一人著平巾幘、袴褶，執刀，帥衛士五人執五兵於鼓外，矛處東，戟在南，斧鉞在西，槊在北。郊社令立攢於社壇四隅，以朱絲繩縈之。太史官一人著赤幘、赤衣，立於社壇北，向日觀變。黃麾次之；龍鼓一面，次之在北；弓一張，矢四隻，次之。諸工鼓靜立候。日有變，史官曰：「祥有變。」工人齊舉麾，龍鼓齊發聲如雷。史官稱「止」，工人罷鼓。其日廢務，百官守本司。日有變，皇帝素服，避正殿；百官以下皆素服，各於廳事前重行，每等異位，向日立。明復而止。」

合朔伐鼓儀式中所用鼓吹樂僅有鼓類樂器，主要是由四面龍蛇鼓和一面龍鼓組成。由鼓吹令率工人以方色執麾旒，分置四門屋下，龍蛇鼓分別設於大門之左面。東門者立於北塾，面向南面，其餘三面亦如此排列。太史官立於社壇北面，向日觀變，整個儀式由他一人引領。龍鼓一面，次之在社壇北面；儀式的主要過程爲日食發生後，負責演奏各鼓的樂工在太史官的指揮下，

〔註 33〕《春秋左傳》昭公十七年引《夏書》，參閱李純一《先秦音樂史》（修訂版），北京，人民音樂出版社，2005 年 7 月版，第 13 頁。

〔註 34〕《新唐書》卷四十八《百官志》「鼓吹署」條釋曰：「令掌鼓吹之節。……合朔有變，則帥工人設五鼓於太社，執麾旒於四門之塾，置龍床，有變則舉麾擊鼓，變復而止。」（〔宋〕歐陽修：《新唐書》，北京，中華書局 1975 年版，第 1244 頁。）

一同擊打太社中之五鼓，可謂是「龍鼓齊發聲如雷」。且儀式中鼓吹樂部分是由鼓吹署擔任，樂工亦屬鼓吹署。

由文中所述，儀式中其樂器陳列大致如下圖所示：

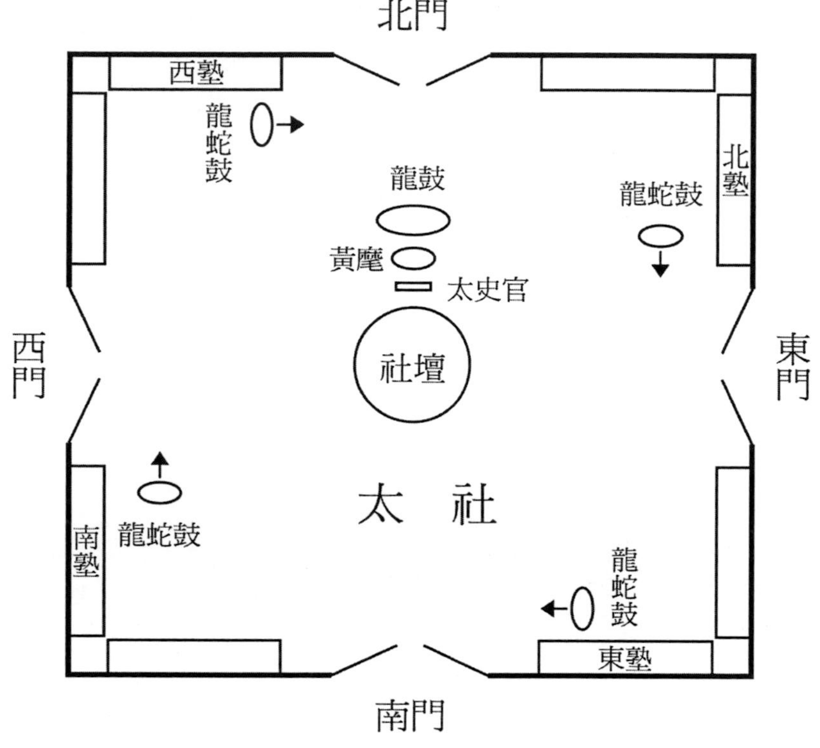

圖 31　唐代合朔伐鼓儀式樂器排列方式示意圖

《通典》卷一三三《禮》於此禮注中云：「諸州伐鼓：其日見日有變則廢務，所司置鼓於刺史廳事前。刺史及州官九品以上俱素服，立於鼓後，重行，每等異位，向日，刺史先擊鼓，執事代之。明復俱止。」可見，唐時諸州亦有合朔伐鼓的儀式活動，而擊奏鼓樂的樂工應爲諸州之樂工。

同大儺之禮一樣，合朔伐鼓也是一項以鼓吹樂製造宏大聲勢的宮廷禮儀活動，故其藝術性並不強。

五、夜警晨嚴

唐代，皇室及公卿貴族出行，有夜警晨嚴的制度。鼓吹樂是實施這一制度的核心部分，夜警晨嚴的職務是由鼓吹署樂人兼任的。

《唐六典》卷一四《太常寺》：「凡大駕行幸有夜警晨嚴之制。（注：大駕夜警十二曲，中警七曲，晨嚴二通。皇太子夜警九曲，公卿已下夜警七曲，晨嚴並三通。夜警眾一曲，轉次而振。晨嚴之曲，第一曰《元驎合邏》，第二曰《元驎他固夜》，第三曰《元驎跋至慮》……）」可見，夜警晨嚴制度中鼓吹樂的運用，同樣有嚴格的規定及一套固定的程序。

《新唐書》卷二三下《儀衛志》中對夜警晨嚴所演奏的樂曲曲目有較爲詳細的記述：「鼓吹部有扛鼓、大鼓、金鉦、小鼓、長鳴、中鳴。……大鼓十五曲，嚴用三曲：一《元驎合邏》，二《元驎他固夜》、三《元驎跋至慮》。警用十二曲：一《元咳大至遊》，二《阿列乾》，三《破達析利純》，四《賀羽眞》，五《鳴都路跋》，六《他勃鳴路跋》，七《相雷析追》，八《元咳赤賴》，九《赤咳赤賴》，十《吐咳乞物眞》，十一《貪大訐》，十二《賀粟胡眞》。小鼓九曲：一《漁陽》，二《雞子》，三《警鼓》，四《三鳴》，五《合節》，六《覆参》，七《步鼓》，八《南陽會星》，九《單搖》。皆以爲嚴、警，其一上馬用之。長鳴一曲三聲：一《龍吟聲》，二《彪吼聲》，三《河聲》。中鳴一曲三聲：一《蕩聲》，二《牙聲》，三《送聲》。」〔註35〕

又可見於《樂府詩集》卷二一《橫吹曲辭》題解中亦云：「唐制太常鼓吹……分五部：一曰鼓吹部……大鼓十五曲，嚴用三曲，警用十二曲，金鉦無曲以爲鼓節。小鼓九曲，上馬用一曲，嚴警用八曲。長鳴一曲三聲，上馬、嚴警用之。中鳴一曲三聲，用與長鳴同。

由以上文字所述可知，嚴警時主要使用鼓吹樂中鼓吹部之樂器，主要以大鼓、小鼓、長鳴、中鳴等樂器爲主。其中大鼓演奏（或以大鼓爲主的鼓吹樂隊演奏）的十五首大鼓曲，夜警需要十二首，晨嚴需要三首。小鼓演奏（或以小鼓爲主的鼓吹樂隊演奏）的八首小鼓曲，由長鳴及中鳴各演奏的一曲三聲，均是晨嚴夜警所用之樂。

《樂府詩集》卷二一曰：「凡大駕行幸，則夜警晨嚴。大駕夜驚十二曲，中警七曲，晨嚴三通。皇太子夜警九曲，公卿巳下夜警七曲，晨嚴並三通。夜警眾一曲，轉次而振也。」《新唐書》卷二三下《儀衛志》云：「伶工謂夜警爲嚴。凡大駕嚴，夜警十二曲，中警三曲，五更嚴三遍。天子謁郊廟，夜五鼓過半，奏四嚴；車駕至橋，復奏一嚴。」可見，唐時夜警晨嚴之制亦是有等級之分及與之相應的用樂規定。

《文獻通考》卷一三六《樂九》「警鼓」條中記述有關於嚴警伐鼓的一段內容，且其中涉及到所用鼓之具體數目及擺置方式：「傳曰：嚴警鼓一十二面，大

〔註35〕〔宋〕歐陽修：《新唐書》，北京，中華書局1975年版，第508～509頁。

將營前左右行列各六面，在纛後，故《大周正樂》謂凡鼓施於邊徼，謂之警鼓。昔楚厲王有警鼓，與百姓爲戒，既而飲酒太過而擊，民大驚，使人止之。居數月警而擊之，民莫有起者。然則警眾之鼓可不愼其所擊哉？隋大業中煬帝制宴享設鼓吹，夜警用一曲，俱盡，次奏大鼓，然不和，非宴享所當用也。」

有關宮廷嚴警的文獻記載，可見多處。《新唐書》卷二三上《儀衛志》中有云：「駕發，前發七刻擊一鼓爲一嚴，前五刻擊二鼓爲再嚴，侍中版奏請中嚴，有司陳鹵簿前二刻擊三鼓爲三嚴，諸衛各督其隊與鈒戟以次入陳殿庭。」〔註36〕《舊唐書》卷七〇《岑文本傳》：「太宗……謂左右曰：『文本今與我同行，恐不與我同返。』及至幽州，遇暴疾，太宗親自臨視，撫之流涕。尋卒，年五十一。其夕，太宗聞嚴鼓之聲，曰：『文本殞逝，情深惻怛。今宵夜警，所不忍聞。』命停之。」

又見《新唐書》卷二三下《儀衛志》云：「元和初，禮儀使高郢建議罷之。」可見，唐太宗時期，以鼓曲爲主的嚴警之制便已有之。然，至元和（806～820年）初年，禮儀使高郢建議將此制罷之。

六、宮廷朝會、嘉禮及婚葬鼓吹樂

唐時，鼓吹樂亦用於宮廷朝會、嘉禮及婚葬等禮儀之中，並對其中鼓吹樂的使用有嚴格的規定。

（一）《唐令拾遺》所述「鹵簿令第十九（復舊凡五條）」中曰：「四（唐）諸自王公以下，在京拜官初上，正冬朝會，及婚葬則給之（婚及拜官初上，正冬朝會，去喿、弓箭、刀楯，大小鼓、橫吹、大角、長鳴、中鳴）。」此條材料說明，唐時自王公以下，在京拜官初上、正冬朝會及婚禮之時，是配備鼓吹樂的，其鼓吹樂隊配置大致爲大鼓、小鼓、橫吹、大角、長鳴、中鳴六種樂器。由樂器編配來看，此鼓吹樂隊主要以鼓吹部與大橫吹部或小橫吹部之樂器爲主。

（二）嘉禮中，使用鼓吹樂的禮儀，可見於如下活動中：

「皇太子加元服」之禮中，「賓、贊出門，以制書置於案，引以幡節，威儀鐃吹及九品以上，皆詣東宮朝堂。」〔註37〕

〔註36〕〔宋〕歐陽修：《新唐書》，北京，中華書局1975年版，第489～490頁。《大唐開元禮》卷四亦有類似記述：「其日晝漏上水五刻，鑾駕發前七刻搥一鼓爲一嚴，（三嚴時節前一日侍中奏裁也）侍中奏開宮殿門及城門，未明五刻搥二鼓爲再嚴，侍中版奏請中嚴。」

〔註37〕〔宋〕歐陽修：《新唐書》，北京，中華書局1975年版，第398頁。

皇帝「冊後」,「又置一桉於閤外。使、副乘輅，持節，備儀仗，鼓吹備而不作。」〔註 38〕

皇太子納妃，亦「典內預置一桉於閤外。使、副朝服，乘輅持節，鼓吹備而不作。……皇太子既受命，執燭、前馬、鼓吹，至於妃氏大門外道西之次，回輅南向。」〔註 39〕

（三）唐時婚禮、喪葬儀式中亦使用鼓吹樂，且有嚴格的規定。

《唐令拾遺》所復原的「鹵簿令第十九」中又云「三甲（神）準令：五品官婚葬，無鼓吹，惟京官五品，得四品鼓吹。」〔註 40〕《唐會要》卷三八、《舊唐書》卷二八《音樂志》及《冊府元龜》卷五四五中亦均記載有此事。說明一般四品以上官員才能在婚葬中使用鼓吹，京官五品可以借四品鼓吹使用。

女子去世一般不允許使用鼓吹。然而實際上，這種規定並未嚴格執行，破例使用鼓吹樂的情況曾有發生。《舊唐書》卷五八《平陽公主傳》即云，高祖的第三女平陽公主的葬禮，就曾使用鼓吹〔註 41〕。又《舊唐書》卷一四九《於休烈傳》:「休烈妻韋氏卒。上以休烈父子儒行著聞，特詔贈韋氏國夫人，葬日給鹵簿鼓吹。」而至中宗朝時期，曾特許妃、主及命婦、宮官在葬日使用鼓吹。景龍二年十二月（708 年），皇后上言：「自妃主及五品以上母妻，並不因夫子封者，請自今婚葬之日，特給鼓吹。宮官準此。」而唐紹諫曰：「竊聞鼓吹之作，本為軍容，昔黃帝涿鹿有功，以為警衛。故棡鼓曲有《靈夔吼》、《鵰鶚爭》、《石墜崖》、《壯士怒》之類。自昔功臣備禮，遂得用之。丈夫有四方之功，所以恩加寵錫。假如郊社祀天地，誠是重儀，唯有宮懸，而無案架。故知軍樂所備，尚不給於神祇；鉦鼓之音，豈得接於閨閫。準式，公主王妃以下葬，唯有團扇、彩幛、錦帳之色。加之鼓吹，歷代無聞。又準令，主官婚葬，先無鼓吹，京官五品，得借四品鼓吹。……」〔註 42〕據此材料，在景龍二年（708 年）之前，五品以上官員母、妻的葬禮中已經在使用鼓吹了。

常袞《華州刺史李公墓誌銘》「將軍鹵薄，司空法駕，鉦車介士，前後鼓

〔註 38〕〔宋〕歐陽修：《新唐書》，北京，中華書局 1975 年版，第 411 頁。
〔註 39〕〔宋〕歐陽修：《新唐書》，北京，中華書局 1975 年版，第 415 頁。
〔註 40〕〔日〕仁井田陞：《唐令拾遺》，日本東方文化學院東京研究所，1933 年版，第 514、521、519 頁。
〔註 41〕〔後晉〕劉昫：《舊唐書》，北京，中華書局 1975 年版，第 1714 頁。
〔註 42〕〔宋〕王溥：《唐會要》，北京，中華書局 1955 年版，第 691～692 頁。

吹。」〔註 43〕李德裕《唐故開府儀同三司行右領軍衛上將軍致仕上柱國扶風馬公神道碑銘》「至開成六年九月四日，薨於永嘉里第，享年六十三，詔贈揚州大都督。明年二月八日，以鹵簿鼓吹葬於京兆灞陵之原。」〔註 44〕穆員《鮑防碑》「詔贈太子少保，給鹵簿鼓吹旌其卒。」〔註 45〕武三思《大周無上孝明高皇后碑銘（並序）》:「葬事並依王禮，給班劍四十人，羽葆鼓吹儀仗，送至墓所往還。」〔註 46〕段安節《樂府雜錄》「鼓吹部」條述曰:「公主出降及冊三公並祔廟禮葬，並用『大半仗』，鼓四十面，鉦二十面。」且《舊唐書》中云皇帝賜休烈妻韋氏喪葬予鹵簿鼓吹，又鑒於以上所列文獻中所述，可見鹵簿所用之鼓吹樂亦可用於喪葬儀式之中。那麼，喪葬鼓吹之樂隊編制與鹵簿鼓吹很有可能是相同亦或相類似的。若此推測合理，那麼，生前享用何種等級鹵簿鼓吹的皇室及王公貴族、官員，其死後的喪葬儀式中，所用鼓吹樂隊之樂器編配亦大致與之相對應。依此，各等級喪葬鼓吹樂隊編制，便可參閱鹵簿鼓吹等級用樂之規定。

唐時出殯凶儀中所定輓歌之制，亦是鼓吹樂隊的一種組合形式。分國恤輓歌、諸官輓歌、庶人輓歌等不同等級所用的輓歌制度，並以喪葬令的形式規定和昭示。《通典》卷八六《喪制》「輓歌」條引《元陵儀注》:「大唐元陵之制:『……輓歌二部，各六十四人，八人爲列，執翣。品官左右各六人，皆服白布褠衣，白布介幘。左右司馬各八人，皆戴白布武弁，服白襴布，無領緣，並執鐸。代哭百五十人，衣幘與輓歌同。至時，有司引列於轀輬車之前後。其百官制，鴻臚寺司儀署令掌輓歌。三品以上六行三十人，六品以上四行十六人，皆白練褠衣，皆執鐸、帗〔註 47〕。』」《全唐文》卷九七一云:「今臺司按葬作行人李溫等通到狀，並於令內及天成四年六月敕內詳穩便喪置定制。五品至八品升朝官、六品至九品不升朝官等，及庶人喪葬儀制，謹具逐件如後……」

〔註 43〕常袞:《華州刺史李公墓誌銘》,《全唐文》卷四一九，北京，中華書局 1983 版，第 4286 頁。

〔註 44〕李德裕:《唐故開府儀同三司行右領軍衛上將軍致仕上柱國扶風馬公神道碑銘》,《全唐文》卷七一一，北京，中華書局 1983 版，第 7298 頁。

〔註 45〕穆員:《鮑防碑》,《全唐文》卷七八三，北京，中華書局 1983 版，第 8189 頁。

〔註 46〕武三思:《大周無上孝明高皇后碑銘（並序）》,《全唐文》卷二三九，北京，中華書局 1983 年版，第 2421 頁。

〔註 47〕「帗」非樂器，是由五色帛製成的舞具。《隋書・音樂志》云:（文舞）「十六人持帗」。

唐時輓歌之制中樂隊所用樂器及數量，如下表所列〔註 48〕：

表 54　唐代輓歌之制樂器組合表

規格／時期	皇帝	三品以上	五品以上	九品以上	文獻出處
玄宗（開元七年）		6 行 36 人 鐸 6 具	4 行 16 人 鐸 4 具	鐸 2 具	《唐六典》卷一八「司儀令」
代宗	輓歌 2 部 各 64 人 鐸 8 具	6 行 30 人 鐸 30 具（？）	（六品以上：） 4 行 16 人 鐸 16 具（？）		《通典》卷八六《元陵儀注》
憲宗（元和六年）		輓歌 36 人 鐸左右各 8 具	輓歌 36 人 鐸 6 具	輓歌 10 人 鐸 4 具	《唐會要》卷三八
穆宗（會昌元年）		輓歌 36 人 鐸 6 具	輓歌 16 人 鐸 4 具	輓歌 11 人 鐸 1 具	《唐會要》卷三八
五代後唐（天成四年六月）			（五至六品升朝官：） 輓歌 8 人 鐸 8 具	（七至八品升朝官：） 輓歌 6 人 鐸 6 具〔註 49〕 （六品至九品不升朝官：） 輓歌 4 人 鐸 4 具	《全唐文》卷九七一天成四年六月所敕官民喪葬儀制〔註 50〕

〔註 48〕此表參照孫曉輝《兩唐書樂志研究》所列，但有關樂隊中所用「鐸」之數量與孫文中所列有所不同。參見孫曉輝：《兩唐書樂志研究》，上海音樂出版社，2005 年 8 月版，第 292 頁。

〔註 49〕原文爲「十六人」（原文詳見下一注釋），筆者認爲此處有所紕漏，比照上下文中所言輓歌之制所用鐸之數目，此處所言七品至八品升朝官所用輓歌「十六人」實應爲六人。

〔註 50〕《全唐文》卷九七一云：「今臺司按葬作行人李溫等通到狀，並於令內及天成四年六月敕內詳穩便喪置定制。五品至八品升朝官、六品至九品不升朝官等，及庶人喪葬儀制，謹具逐件如後。五品至六品升朝官，使二十人舁輿，……輓歌八人，練布深衣披引鐸、翣各一，不得著錦繡。……七品至八品升朝官，使一十六人舁輿，……輓歌一十六人，練布深衣披引鐸、翣各一。……六品至九品不升朝官，使一十二人舁輿，……輓歌四人，練布深衣鐸、翣各一，不得著錦繡及別有結絡裝飾……」（〔清〕董誥：《全唐文》，北京，中華書局 1983 版，第 10078 頁。）

由文獻所載及上表所列，可知輓歌樂隊中僅用「鐸」一種樂器，且級別越高，規格越高，所用「鐸」的數量亦就越多，可見輓歌樂隊是由多件單一樂器組成的樂隊齊奏形式。很明顯，《通典》卷八六所言「三品以上六行三十人，六品以上四行十六人，皆白練褠衣，皆執鐸、帗」，此記當有所紕漏，官員不可能比天子大喪輓歌樂隊中用「鐸」的數目還多。至中唐以後，輓歌制度有所變化，輓歌人數逐漸減少，樂隊中所用鐸的數量亦逐漸減少。因諸官輓歌之制不屬本書研究範圍，故僅將其列出，不作考述。

七、其他宮廷禮儀中鼓吹樂及其組合形式

（一）文、武二舞所用之鼓吹樂隊及其編制

以樂懸爲主體的雅樂樂隊，唐時主要由三組樂隊構成：包括以編懸樂器爲主的樂懸樂隊；以吹打樂器爲主的鼓吹十二案，即鼓吹樂隊；以絲竹樂器爲主的「登歌」樂隊。同時，在這三組樂隊以外，還有文舞、武舞兩個舞隊，宮縣之舞各 64 名舞者，軒縣之舞各 36 名舞者。但在武舞的舞隊前面，另有專供武舞所用的一個樂隊，此樂隊以擊奏樂器組成，應屬於鼓吹樂隊中的一種。

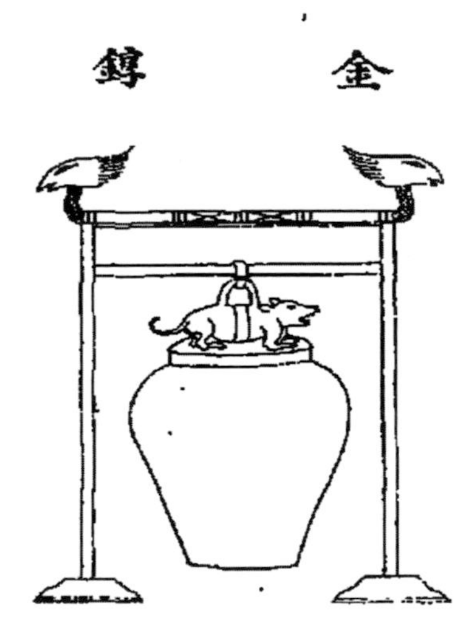

圖 32 《樂書》所繪「金錞」

《唐六典》卷十四《太常寺》：「凡宮縣、軒縣之作，則奏二舞以爲眾樂之容，一曰文舞，二曰武舞。宮縣之舞八佾，軒縣之舞六佾。文舞之制：左執籥，右執翟，二人執纛以引之。（文舞六十四人，供郊廟，……）武舞之制：左執干，右執鏚，二人執旌居前；二人執鼗鼓，二人執鐸，四人持金錞，二人奏之，二人執鐃以次之，二人執相在左，二人執雅在右。（武舞六十四人，供郊廟，……）」《通典》卷一四四亦有同樣記載。〔註 51〕

〔註 51〕《通典》卷一四四亦有此云：「凡宮懸、軒懸之作，奏二舞以爲眾樂之容：一曰文舞，二曰武舞。宮懸之舞八佾，軒懸之舞六佾。文舞之制，左執籥，右執翟，二人執纛以引之。（注：文舞六十四人，供郊廟，……）武舞之制，左

這段文字已將武舞所用樂隊之樂器及具數均一一記述，然有一點未言明，需加以論述。文中云「四人持金錞，二人奏之」，所描述樂隊中金錞的演奏情形，存在兩種可能性：一爲四人各持一具金錞，一人負責兩具金錞的演奏；二爲兩人各持一具金錞，一人負責一具金錞的演奏。就金錞這種樂器的形制而言，陳暘《樂書》卷一一一「金錞」條繪有圖示，可以看出其形制較爲巨大，且懸於架上演奏。就筆者查閱的資料，尚未發現有唐代錞于，年代最近者，以東漢錞于最爲多見，其重量從數千克至十數千克不等。這樣重的樂器，由一人長時間所「持」，顯然較爲困難。此外，文中記述各樂器的持有方式時，除金錞外，其他樂器俱用「執」字，唯金錞獨用「持」字，且記爲「二人奏之」。所以，從這一角度而言，由二人把持，一人演奏的可能性較大。且按武舞之制，金錞、鐃等樂器當在活動的舞隊中演奏，推測不用架而以人扶持，方可邊舞邊擊。

《隋書》卷十五《音樂志》隋開皇九年至十四年（589～594 年）牛弘所定之樂中文、武二舞之制，其中注云：「武舞六十四人，……二人執旌，居前，二人執鼗，二人執鐸。金錞二，四人輿，二人作。二人執鐃次之。二人執相，在左，二人執雅，在右，各工一人作。」〔註 52〕文中明確記載武舞樂隊中所用金錞爲兩具，且經比照唐代文、武二舞其制多依隋置，從其淵源關係而言，也證明了金錞爲二的使用數目。所謂「輿」即由人擡持，以便演奏。

故，武舞所用鼓吹樂隊其樂器編配爲：鼗鼓 2 面，鐸 2 具，金錞 2 具，鐃 2 具，相 2 具，雅（不詳，不知爲何器）2 具。

（二）鼓吹樂也用於馬射、御射等多種儀式活動

皇帝「馬射」中鼓吹樂隊之樂器編配爲𢱧鼓和金鉦。《新唐書》卷四十八《百官志》「鼓吹署」條釋曰：「令掌鼓吹之節。……馬射，設𢱧鼓、金鉦，施龍床。」《唐六典》卷十四《太常寺》中亦云：「馬射，則設扛鼓、金鉦，施龍床，而偶作焉。（二人聲作，著苣文袍、挎褶。）」

執干，右執鉞，二人執旌居前，二人執鼗，二人執鐸，四人持金錞，二人奏之，二人執鐃以次之，二人執相在左，二人執雅在右。（注：武舞六十四人，供郊廟，……）」（〔唐〕杜佑：《通典》，北京，中華書局 1988 年版，第 3687 頁。）

〔註 52〕〔唐〕魏徵、房玄齡、長孫無忌等：《隋書》，北京，中華書局 1973 年版，第 379 頁。

皇帝「皇帝射於射宮」中所用之樂，爲宮懸與鼓吹十二案共同完成。《通典》卷一三三《禮》對此儀有詳述：「前一日，太樂令設宮懸之樂，鼓吹令設十二案於射殿之庭，以當月之調，登歌各以其合；東懸在東階東，西面，西懸在西階西，東面；南北二懸，及登歌，廣開中央。（注：避箭位也。）」

且玄宗千秋節〔註 53〕受群臣朝賀奏雅樂和俗樂，其中亦有鼓吹樂的演奏。《新唐書》卷二二《禮樂志》云：玄宗時期「每千秋節，舞於勤政樓下，後賜宴設酺，亦會勤政樓。其日未明，金吾引駕騎，北衙四軍陳仗，列旗幟，被金甲、短後繡袍。太常卿引雅樂，每部數十人，間以胡夷之技。內閑廄使引戲馬，五坊使引象、犀，入場拜舞。宮人數百衣錦繡衣，出帷中，擊雷鼓，奏《小破陣樂》，歲以爲常。」〔註 54〕

由此可見，朝廷的許多禮儀活動都有鼓吹樂的運用，且不同的儀式、禮儀中所用鼓吹樂的形式亦是各不同，故，鼓吹樂隊中樂器的編配亦是不同的。

《新唐書》卷二三上《儀衛志》有云：「其人君舉動必以扇，出入則撞鍾，庭設樂宮，道路有鹵簿、鼓吹。禮官百司必備物而後動，蓋所以爲慎重也。故慎重則尊嚴，尊嚴則肅恭。夫儀衛所以尊君而肅臣，其聲容文采，雖非三代之制，至其盛也，有足取焉。」〔註 55〕唐代鼓吹樂之樂隊組合形式亦對後世宮廷鼓吹形成很大影響。據《宋史・儀衛志》、《遼史・樂志》、《金史・樂志》中有關鼓吹樂的記載，宋、遼、金三朝鼓吹樂雖「橫吹……與鼓吹分部而同用，皆屬鼓吹令」，即分爲鼓吹樂和橫吹樂二個部類，與唐時鼓吹樂五個部類有所不同，然由所述鹵簿鼓吹其樂器種類、使用具數及組合方式等，基本沿襲了唐代鹵簿鼓吹的用樂制度。

〔註 53〕千秋節者，玄宗以八月五日生，因以其日名節。

〔註 54〕〔唐〕魏徵、房玄齡、長孫無忌等：《隋書》，北京，中華書局 1973 年版，第 477 頁。

〔註 55〕〔唐〕魏徵、房玄齡、長孫無忌等：《隋書》，北京，中華書局 1973 年版，第 481 頁。

第四章　唐代宮廷其他樂器組合形式

「梨園與十部伎，立坐二部伎，教坊，太常四部樂等制度，均繫唐朝音樂之精華。」〔註1〕主要爲演奏和訓練法曲而設立的梨園，主要負責傳習、管理宮廷所用俗樂（包括散樂、百戲、俳優等）爲主的教坊，以及太常四部樂之制等，這些都是盛唐時宮廷較爲重要的音樂管理機構及音樂制度，故本書將法曲、散樂、宮廷中獨奏之各種演奏形式及太常四部樂等，均歸入唐代宮廷其他類型的樂器組合形式一章，加以梳理。

梨園、教坊是唐玄宗開元時期，於太樂署之外專設的兩個新的音樂機構。梨園是專門用以演奏「法曲」而設立的音樂機構，可謂是一個龐大的專習絲竹等樂器的管絃樂團。本章第一節便對演奏法曲的樂隊組合形式加以考辨。第二節「唐代散樂之樂隊組合」主要探討以演奏俗樂爲主的教坊中所用之樂隊組合形式，對唐代宮廷散樂、百戲、俳優所用樂隊組合形式進行梳理。

獨奏這種演奏形式，可視爲是單件的樂隊組合形式，亦可歸類爲樂隊組合形式中的一種特殊形式。且唐代宮廷「以部奉樂」的樂隊的演奏形式，不同於宋代「以盞奉樂」的演奏形式，所以，唐代宮廷中的樂器獨奏，因其形式靈活，演奏場合不定，多以非正式的形式出現。故本書將唐代宮廷中所見之獨奏的樂器組合形式單列一節，歸於其他類型之中，作爲本章第三節的內容加以分析。

此外，本章第四節對太常四部樂的性質、各部名稱及樂器組合形式進行了詳細地考辨。

〔註1〕〔日〕岸邊成雄著，梁在平、黃志炯譯：《唐代音樂史的研究》，臺北，臺灣中華書局，1973年版，第333頁。

第一節　唐代法曲之樂器組合

一、演奏、教習法曲之音樂機構——梨園

梨園（僅指內廷梨園，不包括梨園別教院及梨園新院） 是開元初時玄宗所設，是一所主要爲演奏法曲而設立的音樂機構，用以訓練、演奏玄宗「酷愛」的法曲所需的器樂演奏人員，供朝廷娛樂之用。因其設于禁苑內的某一處果園（梨園）中，因而得名。

1、梨園的設立

《資治通鑒》卷二一一唐玄宗開元二年（714 年）春正月條云：「舊制，雅俗之樂，皆隸太常。上精曉音律，以太常禮樂之司，不應典倡優雜伎；乃更置左右教坊以教俗樂，命右曉衛將軍范及爲之使。又選樂工數百人，自教法曲於梨園，謂之皇帝梨園弟子。」《唐會要》卷三四曰：「開元二年，上以天下無事，聽政之暇，於梨園自教《法曲》，必儘其妙，謂之『皇帝梨園弟子。』」由此可知，初唐時期負責朝廷禮樂以演奏、教習雅正之樂爲主的太常寺，亦兼管宮廷俗樂表演和教習等事務。爲將雅樂和俗樂分開，以正太常專掌雅樂之制，亦爲滿足玄宗皇帝本人歌舞娛樂的需要，至開元二年（714 年），唐玄宗將梨園弟子從太常寺中分離出來，成爲獨立的音樂機構，以演奏、教習法曲爲主。《新唐書》卷二二《禮樂志》云：「玄宗既知音律，又酷愛法曲，選坐部伎子弟三百教於梨園，聲有誤者，帝必覺而正之，號『皇帝梨園弟子』。宮女數百，亦爲梨園弟子，居宜春北院。梨園法部，更置小部音聲三十餘人。」〔註 2〕

2、梨園別教院及梨園新院

「梨園別教院」及「梨園新院」則隸屬於太常寺，以教習和演奏俗樂爲主，是爲皇帝宴享服務的音樂機構。長安太常寺屬下設「梨園別教院」，洛陽太常寺下所設爲「梨園新院」，均爲培養和選拔音樂人才的基層機構。別教院和新院爲教坊選拔人才，教坊坐部伎爲內廷梨園選拔樂人。《樂府雜錄》云：「俗樂，古都屬樂園新院，院在太常寺內之西北也，……古樂工都計五千餘人，內一千五百人俗樂，係梨園新院，於此旋抽入教坊」。且梨園別教院規模亦相當大。《舊唐書》卷二八《音樂志》：「太常又有別教院，教供奉新曲。太常每淩晨，鼓笛亂發於太樂署。別教院凜食常千人」。《樂府雜錄》亦云：「古

〔註 2〕〔宋〕歐陽修：《新唐書》，北京，中華書局 1975 年版，第 476 頁。

樂工都計五千餘人，內一千五百人俗樂，係梨園新院」，皆說明梨園別教院及梨園新院的規模曾有千人之多。

唐時梨園是在梨園別教院及梨園新院的基礎上建立的，與「梨園法部」直接安置于禁中，由皇帝親自教習不同，此處梨園，由皇帝親自教習，可謂享有獨特地位，因專演奏法曲，故亦稱「梨園法部」。同時，宮中另有數百宮女，居宜春院北，亦學習演奏法曲，故亦稱爲「梨園弟子」或「梨園女弟子」。

二、法曲之音樂性質

梨園可謂是唐玄宗專爲演奏和教習「法曲」而設立的宮廷音樂機構。梨園演奏的曲目，統稱爲法曲。關於法曲的性質，學術界目前還未有較爲統一的觀點。

考析法曲之性質，首先要探其淵源。

丘瓊蓀認爲「法曲出自清商，以清商爲基本再融合部分的道曲佛曲以及若干外族樂而成的一種新樂。」〔註 3〕岸邊成雄認爲法曲屬唐代正樂之範疇，指出：「至於法曲，則係玄宗在梨園親自教授之音樂，係正樂之意（但非佛教法樂之意），其主要內容爲漢朝清商三樂之遺聲（清樂），其中有名者計有《堂堂》、《大白紵》、《十二時》、《泛龍舟》等曲。惟玄宗所教之法曲，則係以玄宗帝所作之《景雲》、《九眞》、《紫極》、《承天》、《順天》等諸曲爲主體，並吸收一部分《破陣樂》、《慶善樂》等二部伎曲；其中以《霓裳羽衣》和《赤白桃李花》較著名。……因其道教思想背景極濃故有法曲之名，而一般則稱爲道調法曲者。」〔註 4〕楊蔭瀏認爲法曲「在他的曲調和所用樂器方面，接近漢族的《清樂》系統，比較幽雅一些。」〔註 5〕黃翔鵬在論及隋唐二十八調之淵源時，言：「隋唐俗樂是以『法曲』爲主線，沿清商樂發展而來的。並不是胡樂或印度音樂的影響爲主。」〔註 6〕李昌集認爲法曲之法乃「楷模」、「典範」之意，法曲以「古樂」爲本，是地道的華樂。

〔註 3〕丘瓊蓀：《燕樂探微》，上海古籍出版社，1989 年版，第 99 頁。

〔註 4〕〔日〕岸邊成雄著，梁在平、黃志炯譯：《唐代音樂史的研究》，臺北：臺灣中華書局，1973 年版，第 46 頁。

〔註 5〕楊蔭瀏：《中國古代音樂史稿》（上冊），北京，人民音樂出版社，1981 年版，第 221 頁。

〔註 6〕黃翔鵬：《樂問》，北京，中央音樂學院學報社，2000 年 7 月版，第 184 頁。

〔註 7〕受岸邊成雄觀點影響，趙維平亦持相同看法，認爲「以宮廷胡、俗樂合流爲契機，天寶開元年間出現了胡部新聲與道調法曲融合的現象，這一新的融合是繼坐、立二部伎後發展起來的重要音樂樣式，即由玄宗所命名的法曲，並歸屬於太常寺四部樂中的法曲部。法曲常指玄宗親自在梨園中指揮、教習的一種道教音樂」。〔註 8〕關於法曲的淵源及其性質還有其他一些說法，在此不一一詳列。

記載有關法曲淵源的文獻，亦述之較爲明確。

陳暘《樂書》卷一八八「法曲部」條曰：

> 法曲興自於唐，其聲始出清商部，比正律差四，鄭衛之間（丘瓊蓀按「間」應爲「音」）。有鐃、鈸、鍾、磬之音。……白居易曰：法曲雖已失雅音，蓋諸夏之聲也，故歷朝行焉，明皇雅好度曲，然未嘗使蕃淩雜奏。

《新唐書》卷二二《禮樂志》云：

> 文宗好雅樂，詔太常卿馮定採開元雅樂製《雲韶法曲》及《霓裳羽衣舞曲》。《雲韶樂》有玉磬四虡，琴、瑟、筑、簫、篪、籥、跋膝、笙、竽皆一，登歌四人，分立堂上下，童子五人，繡衣執金蓮花以導，舞者三百人，階下設錦筵，遇內宴乃奏。〔註 9〕

《白氏長慶集》卷三《法曲歌——美列聖，正華聲也》亦云：

> 法曲法曲合夷歌，夷聲邪亂華聲和。以亂乾和天寶末，明年胡塵犯宮闕。（原注：法曲雖似失雅音，蓋諸夏之聲也，故歷朝行焉。玄宗雖雅好度曲，然未嘗使蕃漢雜奏。……）乃知法曲本華風，苟能審音與政通。一從胡曲相參錯，不辨興衰與哀樂。願求牙曠正華音，不令夷夏相交侵。

《舊唐書》卷一六九《李涯傳》云：

> （李涯）太和三年正月，入爲太常卿。文宗以樂府之音、鄭衛太甚，欲聞古樂，命涯詢於舊工，取開元時雅樂，選樂童按之，名曰《雲韶樂》。

〔註 7〕參見李昌集：《唐代宮廷樂人考略》，鍾振振等主編《第三屆唐宋詩詞國際學術研討會論文集》，北京，中國社會出版社，2004 年版，第 21 頁。

〔註 8〕趙維平：《中國古代音樂文化東流日本的研究》，上海音樂學院出版社，2004 年 5 月版，第 26 頁。

〔註 9〕〔宋〕歐陽修：《新唐書》，北京，中華書局 1975 年版，第 478 頁。

綜合文獻所載及前人相關的考述，可知法曲是從清商樂中濫觴而來，正如秦序所言：法曲中「有很大器樂成分，源自傳統清商樂，但帶有濃厚的道教色彩，是道教性質的『法曲』，故常與『道調』並提，或包含於『道調』之內」，且「道調」、「道曲」「更多作爲若干與道教有關的樂曲甚至某類道教樂曲之總名」，「按『法曲』之『法』，意爲『規範』。東晉或梁代的『法樂』之『法』，意指佛法即佛家規範，故當時的法樂專指佛教音樂。李唐王朝、尤其是玄宗朝，非常推崇老子，因而宮廷『法曲』指『道調法曲』，與佛教之『法樂』大不相同。」〔註 10〕

丘瓊蓀先生曾考得唐代二十五首法曲曲名，可知法曲內容非常豐富，涵蓋廣泛，以初盛唐間從民間歌曲、邊地歌曲採集改造的新聲爲最多，陳、隋以來所造樂曲的精華部分，也被採入。法曲曲目有《破陣樂》、《一戎大定樂》、《聖明樂》、《長生樂》、《泛龍舟樂》、《赤白桃李花》、《堂堂》、《霓裳羽衣》、《獻仙音》、《荔枝香》、《玉樹後庭花樂》、《雨淋鈴》、《望瀛》、《獻天花》、《獻仙音》、《火鳳》、《春鶯囀》、《傾杯樂》、《五更轉》、《雲韶樂》、《王昭君》、《思歸樂》、《聽龍吟》、《碧天雁》等。從現存的曲目並考其淵源，可知它們中有漢魏六朝的舊曲，也隋唐兩代的新聲；有相和歌及吳聲西曲，也有郊廟祭祀樂舞；有文舞，也有武舞；有許多是大曲，但也有不是大曲的舞曲、雜曲；有軟舞曲，鼓舞曲，還有勸酒曲、馬舞曲、琵琶曲等，古今中外無所不包，雅樂、俗樂無不具備。〔註 11〕可見法曲的性質是比較複雜的，它即有清樂的成分，又有胡樂、俗樂、雅樂、道曲和佛曲的成分。

丘瓊蓀亦指出「法曲包含的內容非常廣泛」，「古今中外，無所不包，雅樂俗樂，歌曲舞曲，聲樂曲，器樂曲，無不具備」，認爲法曲是「以清樂爲基本再融合部分的道曲佛曲以及若干外族樂而成的一種新樂」。〔註 12〕然筆者認爲，法曲包容了清樂、胡樂、俗樂、雅樂、道曲等各種形式的音樂，這些音樂從風格到內容差異很大，它們不可能融合成爲「一種新樂」。 筆者很爲贊同秦序〔註 13〕、李昌集〔註 14〕的觀點，認爲「法曲」之「法」乃「楷模」、「典

〔註 10〕秦序：《中華藝術通史・隋唐卷》（上編），北京師範大學出版社，2006 年 6 月版，第 353～355 頁。

〔註 11〕參見丘瓊蓀：《法曲》，《中華文史論叢》第 5 輯，1964 年。

〔註 12〕丘瓊蓀：《燕樂探微》，上海古籍出版社，1989 年版，第 99 頁。

〔註 13〕秦序：《中華藝術通史・隋唐卷》（上編），北京師範大學出版社，2006 年 6 月版，第 355 頁。

範」、「規範」之意，換而言之，法曲之意爲「典範」的、優秀的樂曲。或許將「法曲」視爲一個集合體更爲確切一些，它是集各種體裁的優秀作品於其中，雖然這些音樂作品都稱爲法曲，但它們保留了各自在音樂上的獨特特徵。〔註 15〕

另據劉崇德《燕樂新說》中對法曲樂調的研究，指出一些「本皆爲胡部新樂，而後移入法曲者，其所標樂調亦難免有原所在部當之痕迹」。〔註 16〕這亦從另一角度反映了法曲中的各種不同體裁、風格的音樂作品，在一定程度上保留了各自的音樂特點。

此外，開元二年（714 年）專門演奏法曲的音樂機構——梨園的成立，至天寶十三載（754 年）法曲與胡部合奏，顯而易見，在這長達四十年的時間裏，法曲與胡樂二者是相獨立的，它們各自保持著各自的音樂特色。白居易在《法曲歌》注云：「法曲雖似失雅音，蓋諸夏之聲也，故歷朝行焉。玄宗雖雅好度曲，然未嘗使蕃漢雜奏。天寶十三載，始詔諸道調法曲與胡部新聲合作，識者深異之。」且自天寶十三載（754 年），玄宗詔法曲與胡部合奏之後，亦應如任半塘之觀點，是「先後遞奏，同時同場之謂，事實上單位有別，仍各自爲樂，並非將法曲與胡樂揉合於同一曲調中也。」〔註 17〕可見「合奏」，亦未必就是法曲和胡樂二者完全融合爲「一體」。

所以綜合上述分析，可見各種音樂形式在法曲中是基本保持各自較爲獨立的狀態，而不是完全融合爲一體的。唐時法曲未必就是一種單獨的音樂形式，亦或由多種音樂形式融合而成的一種新的音樂形式，它更像是一個囊括了清樂、胡樂、俗樂、雅樂、道曲、佛曲等多種音樂形式的優秀作品於其中的集合體，可謂是多種音樂形式的精華所在。

三、隋唐時期法曲之樂器組合

集清樂、胡樂、俗樂、雅樂、道曲、佛曲等多種音樂形式的優秀作品於其中的「法曲」，其最爲重要的特點就在於它的樂隊形式。這些不同音樂形式、不同風格特點的作品之所以均被稱之爲「法曲」，最爲重要的特點便

〔註 14〕參見李昌集：《唐代宮廷樂人考略》，鍾振振等主編《第三屆唐宋詩詞國際學術研討會論文集》，北京，中國社會出版社，2004 年版，第 21 頁。

〔註 15〕此觀點與左漢林《唐代梨園法曲性質考論》觀點一致，參見左漢林：《唐代梨園法曲性質考論》，中央音樂學院學報，2007 年第 3 期，第 47～55 頁。

〔註 16〕劉崇德：《燕樂新說》，合肥，黃山書社，2003 年 7 月版，第 29 頁。

〔註 17〕任半塘：《教坊記箋訂》，北京，中華書局 1962 年版，第 147 頁。

是由於它們是以法曲的樂隊來演奏的。如丘瓊蓀所言：「把性質不同，內容不同，旋律不同，感情不同，風調不同的種種樂曲，冶爲一爐。用法曲的樂器去演奏它，用清曲特有的風格去演奏它，以形成唐代如火如荼的音樂文化。」〔註 18〕而產生法曲這種淡雅的風格，亦多是緣於其樂隊的樂器組合形式及樂隊的演奏方式，這也正是法曲不同於其他音樂形式的根本所在。關於這點，丘瓊蓀在考證「法曲」之後，亦得出相似的結論：「法曲之有異於其他樂曲者，主要在音樂。它的樂器，十之七八爲中國舊器，尤其是用編鍾編磬。所以說它的音聲淡雅，比之龜茲樂迴不相同。再者，它演奏之初，眾樂不齊，金、石、絲、竹，次第發聲，非所有樂器轟然齊鳴，這也是音響上較爲清淡的一項原因。用了編鍾編磬，樂曲的進行自亦比較緩慢些。」〔註 19〕

（一）隋時法曲之樂器組合

法曲始於隋，而興於唐。

《通志》卷四九「梨園法曲」注云：「法曲本隋樂，其音清而近雅，煬帝厭其聲淡，明皇愛之，選坐伎三百教於梨園，宮女數百亦爲梨園弟子。」

《新唐書》卷二二《禮樂志》云：

> 初，隋有法曲，其音清而近雅。其器有鐃、鈸、鍾、磬、幢簫、琵琶。琵琶圓體修頸而小，號曰「秦漢子」，蓋弦鼗之遺制，出於胡中，傳爲秦、漢所作。其聲金、石、絲、竹以次作，隋煬帝厭其聲澹，曲終復加解音。〔註 20〕

由文獻所言，可知隋時法曲樂隊的樂器配置爲：鍾、磬、鐃、鈸、幢簫、琵琶，由這六種樂器組成的樂隊。

關於樂隊中的樂器「幢簫」，文獻中未見詳述，由其名稱推測應爲簫類樂器的一種。至於樂隊中「鐃」、「鈸」於唐時之形制、用途、音樂特性等，大致可參見陳暘《樂書》所載，書中並繪有樂器圖示。

〔註 18〕丘瓊蓀：《燕樂探微》，上海古籍出版社，1989 年版，第 99 頁。
〔註 19〕丘瓊蓀：《燕樂探微》，上海古籍出版社，1989 年版，第 99 頁。
〔註 20〕〔宋〕歐陽修：《新唐書》，北京，中華書局 1975 年版，第 476 頁。

《樂書》卷一二五「正銅鈸」條：「銅鈸，本南齊穆士素所造，其圓數寸大者。出於扶南、高昌、疏勒之國，其圓數尺。隱起如浮漚，以韋貫之，相繫以和樂。唐之燕樂、法曲有銅鈸相和之樂。今浮屠氏法曲用之，蓋出於夷音也。（原注：唐胡部合諸樂，係小銅鈸子合曲，西梁部、天竺部、龜茲部、突厥部、康國部亦用之。）然有正與和，其大小、清濁之辨歟。」

圖 33
《樂書》所繪「正銅鈸」

《樂書》卷一二五「和銅鈸」條：「銅鈸謂之銅盤，本西戎南蠻之器也。昔晉人有銅藻盤，無故自鳴。張茂先謂人曰：『此器與洛陽宮鍾聲相諧，宮中撞鍾故鳴也。』後驗之，果爾。大抵音比則和聲同，則應非有物使之然也。」

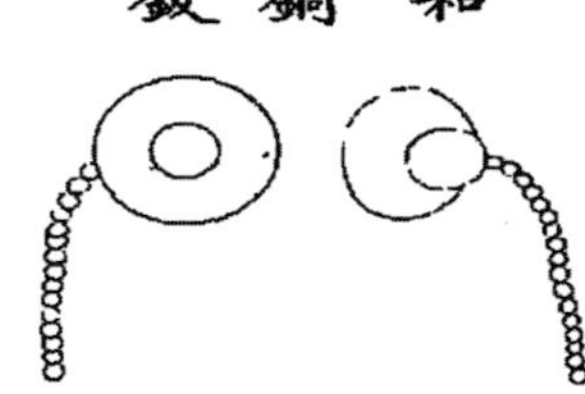

圖 34
《樂書》所繪「和銅鈸」

唐代「鈸」出自「西戎及南蠻」或「蓋出於夷音」，爲外來樂器。可見，法曲形成之初，胡樂對其亦產生了較爲重要的影響。

《樂書》卷一二五「銅鐃」條：「浮屠氏所用浮漚，器小而聲清，世俗謂之『鐃』。其名雖與四金之鐃同，其實固異矣。」

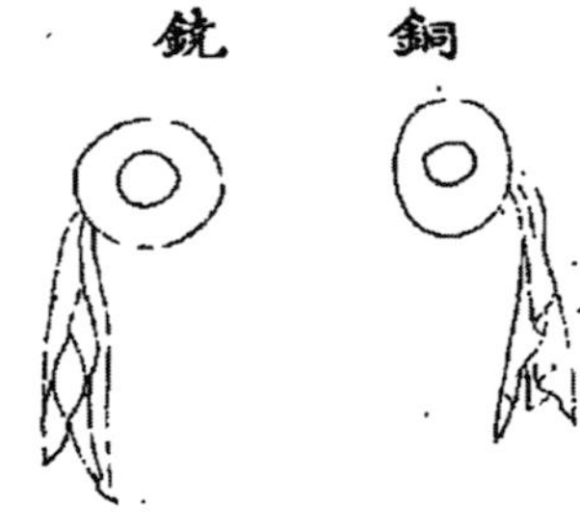

圖 35
《樂書》所繪「銅鐃」

《樂書》所云「銅鐃」雖其名稱與「四金之鐃」相同，然實爲兩種不同的樂器。可知唐時「鐃」有兩種：一爲《樂書》所言「銅鐃」，且由圖中所示，知其時「銅鐃」與「銅鈸」很爲相像，應屬同一類型的擊奏樂器；一爲「四金之鐃」，此應是盛行於商周時期的青銅樂器，屬青銅樂鍾之一種，二器應屬不同時期的同名異物。從現今的考古資料來看，周代之後的青銅大鐃與編鐃尚未一見，而隋唐以降，「鐃鈸」之鐃（即「銅鐃」）較爲多見，所以法曲樂隊中所用「鐃」爲「銅鐃」，直至清代法曲中所用仍爲「鐃鈸」之鐃。

（二）唐時法曲之樂器組合

有關唐代法曲樂隊配置的記述，多爲晚唐文宗朝時期的法曲樂隊形式，初唐及盛唐時期的法曲樂隊的編配情況未見有詳載。

1、初唐時期

《樂書》卷一八八「法曲部」條曰：

> 法曲興自於唐，其聲始出清商部，比正律差四，鄭衛之間。有鐃、鈸、鍾、磬之音。

可知法曲中有擊奏樂器鐃、鈸、鍾，此與《新唐書》卷二二《禮樂志》所言隋時法曲樂隊的樂器配置相一致，「初，隋有法曲，其音清而近雅。其器有鐃、鈸、鍾、磬、幢簫、琵琶。」且《唐闕史》卷下（見下文引）又有「金奏相顧」之言，況唐初置樂多因隋制，故唐代法曲樂隊中出現有鐃、鈸、鍾這樣的樂器組合形式，應爲初唐時期。

2、盛唐時期

盛唐時期，由於法曲自身較強的音樂表現力及皇帝的喜愛，它於宮廷之中極爲興盛，然有關其樂隊編配的情況，文獻中未見詳載。據唐人筆記小說可約略推測，如樂史《楊太眞外傳》卷上云：

> 開元中，禁中重木芍藥，即今牡丹也。得數本紅紫淺紅通白者，上因移植於興慶池東沉香亭前。會花方繁開，上乘照夜白，妃以步輦從。詔選梨園弟子中尤者，得樂十六色。李龜年以歌擅一時之名，手捧檀板，押眾樂前，將欲歌之。……龜年捧詞進，上命梨園弟子略約詞調，撫絲竹，遂促龜年以歌。妃持玻璃七寶杯，酌西涼州蒲萄酒，笑領歌，意甚厚。上因調玉笛以倚曲，每曲遍將換，則遲其聲以媚之。

由文獻所述「詔選梨園弟子中尤者，得樂十六色」及李龜年手持拍板押眾樂前，可推知開元時期玄宗賞花時所用之法曲樂隊，是由 17 種樂器組成，且主要由「絲竹」樂器而構成的「管絃樂器組」，其中歌者持一拍板，用以節樂。由「上命梨園弟子略約詞調，撫絲竹」，可推測樂隊中並無編鍾、編磬等擊奏樂器，此與隋時及唐初法曲樂隊相異。又由「上因調玉笛以倚曲，每曲遍將換，則遲其聲以媚之」，可看出法曲還有以笛子爲主奏樂器，與整個樂隊（由 17 種「絲竹」樂器組成）協奏而構成的樂隊形式。可知盛唐時期，法曲樂隊的形式較爲靈活多變，並非有固定的，亦或規定不變的樂隊形式，這亦是未見文獻中詳載有盛唐時期法曲樂隊編配情況的重要原因之一。

3、中唐時期

《白氏長慶集》卷二一《霓裳羽衣歌》:

我昔元和侍憲皇，曾陪內宴宴昭陽。千歌百舞不可數，就中最愛霓裳舞。……娉婷似不勝羅綺，顧聽樂懸行復止。磬、簫、箏、笛遞相攙，擊擫彈吹聲邐迤。(原注:凡法曲之初，眾樂不齊，唯金、石、絲、竹次第發聲。《霓裳》序初，亦復如此。) ……移領錢塘第二年，始有心情問絲竹。玲瓏箜篌謝好箏，陳寵觱栗沈平笙。清弦脆管纖纖手，教得霓裳一曲成。(原注:自玲瓏以下皆杭之妓名。)……

由詩中所云可知白居易於元和二年（807 年）至六年（811 年）任翰林學士、右拾遺等職，在宮中昭陽殿觀賞《霓裳曲》，其時法曲樂隊是由鍾、磬、簫、箏、笛等樂器組成。而且在杭州時他親自教習樂妓排演該曲，並先後演奏過三次。從白居易所作注釋中可知，由箜篌、箏、觱篥、笙組成的法曲樂隊形式，雖屬法曲在民間的演奏形式，遠不如宮中法曲樂隊之勢，然不乏亦爲法曲樂隊中的一種組合形式，當然也不能排除箜篌、觱篥、笙（其中「箏」已記有）這三種樂器亦在宮廷法曲樂隊中所運用的可能性。其後白居易寫信問元稹（時任越州刺史、浙東觀察使）部內是否有會演奏此曲的樂工，元稹回覆無人知曉並作長歌《霓裳羽衣譜》回贈。白居易憑記憶回想當日宮中所見，寫成此詩。因白居易於宮中親睹該舞，故詩中所繪《霓裳》法曲演奏之場景，應很爲詳實，屬研究法曲樂隊形式的第一手資料。

故由詩中所言，可知中唐時期，法曲樂隊由鍾、磬、簫、箏、笛等樂器組成，亦或其中有箜篌、觱篥、笙這些樂器。

4、晚唐時期

至文宗開成三年（838 年）四月，法曲易名爲雲韶曲，梨園亦改爲仙韶院。《唐會要》卷三四「雜錄」:「開成三年四月，改《法曲》名《仙韶曲》，仍以伶官所處爲仙韶院。」〔註 21〕《舊唐書》卷十七下《文宗本紀》載：開成三年夏四月乙酉「改《法曲》爲《仙韶曲》，仍以伶官親處爲仙韶院。」〔註 22〕《新唐書》卷二二《禮樂志》:「文宗好雅樂……改法曲爲仙韶曲。」〔註 23〕

〔註 21〕〔宋〕王溥：《唐會要》，北京，中華書局 1955 年版，第 631 頁。
〔註 22〕〔後晉〕劉昫：《舊唐書》，北京，中華書局 1975 年版，第 573 頁。
〔註 23〕〔宋〕歐陽修：《新唐書》，北京，中華書局 1975 年版，第 478 頁。

《新唐書》卷四八《百官志》:「開成三年，改法曲所處院曰仙韶院。」〔註24〕據文獻所載可知，在開成三年（838年）四月，文宗改「法曲」之名爲「仙韶曲」，改法曲所處院，即專門教習和演奏法曲的音樂機構梨園，爲仙韶院。自梨園改爲仙韶院之後，宮廷娛樂亦多使用「仙韶樂」(「仙韶曲」)。《舊唐書》卷十七下《文宗本紀》載：開成三年（838年）冬十月甲午「慶成節，命中人以酒醉、《仙韶樂》賜群臣宴於曲江亭。」〔註25〕《舊唐書》卷一六九《李涯傳》云：

> （李涯）太和三年正月，入爲太常卿。文宗以樂府之音、鄭衛太甚，欲聞古樂，命涯詢於舊工，取開元時雅樂，選樂童按之，名曰《雲韶樂》。樂曲成，涯與太常丞李廓、少府監庾承憲，押樂工獻於梨園亭。帝按之於會昌殿上，悅，賜涯等錦彩。

《舊唐書》卷五二《后妃列傳》:「開成中正月望夜，帝於咸泰殿陳燈燭，奏《仙韶樂》，三宮太后俱集，奉觴獻壽，如家人禮，諸親王、公主、附馬、戚屬皆侍宴。」〔註26〕「仙韶樂」實爲原梨園「法曲」，仍爲宮廷娛樂的主要音樂形式。

《唐闕史》卷下「李可及戲三教」條曰：

> 參寥子曰:「開成初，文宗皇帝耽玩經典妙古博雅，常欲黜鄭衛之樂，復正始之音。有太常寺樂官尉遲璋者，善習古樂，爲法曲簫、磬、琴、瑟戛擊鏗拊，咸得其妙，遂成《霓裳羽衣曲》以獻。詔中書門下及諸司三品以上，具常朝服班坐以聽，金奏相顧，曰:『不知天上也，瀛洲也』。」

由文獻中所云，可知簫、磬、琴、瑟爲文宗朝時法曲樂隊中基本的，且較爲主要的樂器。與其後所述晚唐時期法曲樂隊其他形式中的樂器相一致。

有關晚唐時期法曲樂隊編制的詳載，可見《樂府雜錄》「雲韶樂」條云：

> 用玉磬四架。樂即有琴、瑟、筑、簫、篪、籥、跋膝、笙、竽、登歌、拍板，樂分堂上、堂下。登歌四人，在堂下（引者按：應爲上）坐。舞童五人，衣繡衣，各執金蓮花引舞者。金蓮如仙家行道者也。舞在階下，設錦筵。宮中有云韶院。

〔註24〕〔宋〕歐陽修:《新唐書》，北京，中華書局1975年版，第1244頁。
〔註25〕〔後晉〕劉昫:《舊唐書》，北京，中華書局1975年版，第575頁。
〔註26〕〔後晉〕劉昫:《舊唐書》，北京，中華書局1975年版，第2203頁。

《樂書》卷一八八「雲韶樂」條云：

> 唐雲韶部用玉磬四架，樂有琴、瑟、筑、簫、篪、籥、跋膝、笙、竽、登歌、拍板。樂分堂上、堂下。登歌四人，在堂下（引者按：應爲「上」）坐，舞童子五人，衣繡衣，各執金蓮花以引舞者，金蓮花如佛家行道者也。舞者在階下，設錦筵。宮中別有云韶院，故樓下戲出隊。宜春院人少，則以雲韶增之，雲韶謂之宮人，蓋賤隸也，與宜春院人帶魚謂之「内人」異矣。

比照《樂府雜錄》與《樂書》「雲韶樂」條，兩者文字相像，其中有關法曲樂隊之配器的記述未見差異，可見《樂書》此段文字多抄錄於《樂府雜錄》，亦或同出於一源。《新唐書》卷二二《禮樂志》與《樂府雜錄》、《樂書》中所記樂器配置除未記有拍板之外，其餘均相同，且載有各樂器的具體件數。《新唐書》卷二二《禮樂志》云：

> 文宗好雅樂，詔太常卿馮定採開元雅樂製《雲韶法曲》及《霓裳羽衣舞曲》。「雲韶樂」有玉磬四虡，琴、瑟、筑、簫、篪、籥、跋膝、笙、竽皆一，登歌四人，分立堂上下，童子五人，繡衣執金蓮花以導，舞者三百人，階下設錦筵，遇内宴乃奏。謂大臣曰：「笙磬同音，沉吟忘味，不圖爲樂至於斯也。」自是臣下功高者，輒賜之。樂成，改法曲爲仙韶曲。會昌初，宰相李德裕命樂工製《萬斯年曲》以獻。〔註27〕

由以上文獻所述，可知晚唐時期，主要爲文宗朝時，法曲之樂隊編配大致爲：玉磬 4 架，琴、瑟、筑、簫、篪、籥、跋膝、笙、竽皆爲 1 具，登歌 4 人，樂隊分立堂上和堂下。童子 5 人領舞，舞者 300 人。另，亦有加之拍板的組合形式。

除上述幾種組合形式，筆者疑晚唐時期，法曲樂隊還有另外一種形式。《樂府雜錄》「雅樂部」條中涉及有關法曲的記載：

> 宮懸四面，天子樂也；……宮懸四面，每面五架。架即簨簴也，……每面石磬及編鍾各一架，每架列鍾十二所，亦依律編之。四角安鼓四座：一曰應鼓……皆彩畫，上各安寶輪，以珠翠妝之。樂即有簫、笙、竽、塤、篪、龠、跋膝、琴、瑟、筑。將竽形似小鍾，以手將之即鳴也。次有登歌，皆奏法曲：御殿，即奏《凱安》、

〔註27〕〔宋〕歐陽修：《新唐書》，北京，中華書局 1975 年版，第 478 頁。

《廣平》、《雍熙》三曲；宴群臣，即奏《四牡》、《皇華》、《鹿鳴》三曲。近代內宴，即全不用法樂也。郊天及諸壇祭祀，即奏《太和》、《沖和》、《舒和》三曲。凡奏曲，登歌先引，諸樂逐之。其樂工皆戴平績，衣緋大袖，每色十二，在樂懸內。已上謂之「坐部伎」。

《樂書》卷一八八「雅樂部」條亦有相似的記述〔註28〕，文曰：

……樂有簫、笙、竽、塤、篪、龠、跋膝、琴、瑟、竽（引者按：此處「竽」應爲「筑」〔註29〕），次有登歌，皆奏宴群臣，奏《鹿鳴》。近代內宴全不用法曲（引者按：應爲「法樂」〔註30〕），郊天及諸壇祭祀奏《大和》、《仲和》、《舒和》三曲，凡奏法曲，登歌先引，諸樂遂奏之。其樂工皆戴平幘，衣緋大袖，每色十二人，於樂架內已上，謂之坐部伎。……然則跋膝之樂、法曲之調、諸色之舞並用諸雅部，未絕乎先王之制也。

本書第一章第一節在考述晚唐時期雅樂樂隊的編制時，對以上這兩條文獻曾加以辨析。其主要焦點問題在於文中所言「樂即有簫、笙、竽、塤、篪、龠、跋膝、琴、瑟、筑」，此句記述的究竟是樂懸樂隊中編鍾、編磬下所設「絲竹」樂器；還是「琴瑟在堂，竽笙在庭」的登歌樂隊；亦或是法曲之樂隊，由於文獻語焉不詳，所以不能加以斷定。（下文將其簡稱爲「未知樂器組」）

但由文獻所言「次有登歌，皆奏法曲」；「凡奏法曲，登歌先引，諸樂遂奏之」；「然則跋膝之樂、法曲之調、諸色之舞並用諸雅部，未絕乎先王之制也」，且由《樂府雜錄》成書時間（888～894年），可以判斷的是晚唐時期（亦或爲文宗之後的晚唐時期，亦或爲僖宗、昭宗朝之時），宮懸之制中的登歌樂隊均用來演奏法曲，可知其時法曲之樂隊即爲登歌樂隊。

故綜合以上分析，筆者認爲「未知樂器組」的性質存在兩種可能性：其一爲宮懸之樂懸樂隊中編鍾、編磬下所設「絲竹」樂器組；其二爲登歌樂隊，

〔註28〕有關《樂書》卷一八八「雅樂部」條的記述，筆者經比照，認爲多抄錄自《樂府雜錄》，本書第一章第一節有詳述，在此不加以贅述。

〔註29〕詳見本書第一章第一節有關晚唐時期雅樂樂隊的考述。

〔註30〕唐時「法樂」不同於「法曲」。筆者經比照，認爲《樂書》卷一八八「雅樂部」條的記述，多抄錄自《樂府雜錄》，故此處應與《樂府雜錄》所述一致，「法曲」應爲「法樂」；且此處若爲「法曲」，那麼就與其後所言「凡奏法曲、登歌……」相互矛盾。有關此處「法曲」應爲「法樂」的考證，亦可參見袁繡柏：《論唐法曲與法樂之異》，社會科學輯刊，2005年第3期（總第158期），第205～208頁。

亦就是法曲樂隊。

現將《樂府雜錄》「雅樂部」條所言「未知樂器組」與《新唐書》卷二二《禮樂志》所述法曲樂隊相比照，可發現兩樂隊的配器、編排幾乎相一致，僅吹奏樂器組中多一「塤」，且未言樂隊中是否有擊奏樂器。茲列表如下：

表 55 《樂府雜錄》「雅樂部」之「未知樂器組」與《新唐書・禮樂志》載法曲樂隊比照表

樂隊編配／文獻出處	擊奏樂器	彈奏樂器	吹奏樂器	歌　工	樂隊形式	樂隊性質
《新唐書・禮樂志》	玉磬四虡	琴、瑟、筑皆一	簫、笙、竽、籥、跋膝、箎皆一	(「登歌」)4人	分立堂上、下	法曲樂隊
《樂府雜錄》「雅樂部」條		琴、瑟、筑	簫、笙、竽、龠、跋膝、箎、塤	登歌樂隊形式故亦有歌工	登歌樂隊形式故亦爲堂上、下	

故，筆者認爲「樂即有簫、笙、竽、塤、箎、龠、跋膝、琴、瑟、筑」，此句描寫宮懸之登歌樂隊，亦即法曲樂隊的可能性較大。丘瓊蓀亦認爲此處所言爲法曲樂隊的樂器組合形式。〔註 31〕此外，根據第一章第一節中對晚唐時期雅樂樂隊的考述，可推測其時此登歌樂隊中還應有編鍾、編磬各一架。〔註 32〕

綜上考析，隋唐時期法曲樂隊的形式，僅就筆者所收集的資料來看，至少有八種樂隊形式，按其出現時期先後列舉如下：

其一，隋時法曲樂隊的樂器配置爲：鍾、磬、鐃、鈸、幢簫、琵琶。

其二，法曲樂隊中有鐃、鈸、鍾擊奏樂器的樂隊組合形式，筆者推測此應爲初唐時期法曲之樂隊形式。

其三，盛唐時期，法曲樂隊形式較爲靈活多變。文獻記載法曲樂隊的形式有，由 17 種樂器組成，且主要由「絲竹」樂器而構成的「管絃樂器組」，

〔註 31〕丘瓊蓀：《燕樂探微》，淩廷堪 林謙三 丘瓊蓀：《燕樂三書》，任中傑 王延齡校，哈爾濱，黑龍江人民出版社，1986 年 7 月版，第 341～345 頁。

〔註 32〕詳見第一章第一節「隋唐雅樂的不同組合方式」，其中對晚唐時期雅樂樂隊的考述部分。

其中歌者持一拍板，用以節樂。

其四，還有以笛子爲主奏樂器，與整個樂隊（由 17 種「絲竹」樂器組成）協奏而構成的法曲樂隊形式。

其五，中唐時期，法曲樂隊由鍾、磬、簫、箏、笛等樂器組成，亦或其中有箜篌、觱篥、笙這三種樂器。

其六，晚唐時期，法曲樂隊爲玉磬 4 架，琴、瑟、筑、簫、篪、籥、跋膝、笙、竽皆爲 1 具，登歌 4 人，樂隊分立堂上和堂下，童子 5 人領舞，舞者 300 人。

其七，亦有在第五種樂隊中加之拍板的組合形式。

其八，法曲樂隊即爲登歌樂隊，堂上設琴、瑟、筑，堂下設簫、笙、竽、塤、篪、龠、跋膝，且可能有編鍾、編磬各一架。

四、法曲樂隊之性質

以上七種法曲樂隊組合形式大致可以劃分爲兩類：第一類以擊奏樂器爲主，樂隊編配爲鍾、磬、鐃、鈸、幢簫、琵琶（簡稱「法曲組合一」），此類組合爲隋時及初唐時期法曲樂隊的早期形式；第二類組合以「絲竹」樂器爲主，樂隊配置大致有（玉）磬、鍾、琴、瑟、筑、簫、篪、籥、跋膝、笙、竽、塤、笛等樂器，亦或其中有箜篌、觱篥等其他樂器（簡稱「法曲組合二」）。

法曲樂隊與清樂〔註 33〕、龜茲樂樂隊之比較：

表 56　法曲與清樂、龜茲樂樂隊比對表

樂隊／類型	法曲		清樂		龜茲樂
	組合 1	組合 2	組合 1	組合 2	
擊奏樂器	鍾	鍾	鍾		
				方響	
	磬	（玉）磬	磬		
	鐃				
	鈸				銅鈸
				拍板	

〔註 33〕有關表中清樂樂隊的兩種組合形式，可詳見第一章中對清樂樂隊編配的考證一節。

			節鼓		
					荅臘鼓
					毛員鼓
					都曇鼓
					羯鼓
					侯提鼓
					腰鼓
					雞婁鼓
彈奏樂器	琵琶		琵琶		琵琶
		琴	彈琴	琴	
			擊琴		
		瑟	瑟	瑟	
		筑	筑		
		（箜篌）	箜篌		豎箜篌
			箏	箏	
				雲和箏	
					五弦
吹奏樂器	幢簫	簫	簫	簫	簫
		篪	篪	篪	
		籥			
		跋膝		跋膝	
		笙	笙	笙	笙
		竽		竽	
		塤			
		笛	長笛		橫笛
		（觱篥）			觱篥
			吹葉		
					貝

上表中清樂樂隊組合及龜茲樂樂隊的配置，均以《唐六典》卷十四《太常寺》中所載爲準。因此書爲官書，一代典章文物，所記應爲盛唐時期太常樂制之況，故當以此爲依據。清樂樂隊組合二爲《樂府雜錄》所述，此種應代表了晚唐時期清樂樂隊的組合形式。

由上表所列，比對各樂隊的配器情況，可看出法曲樂隊更接近於清樂的樂隊編配，與龜茲樂相異甚多，故其二者性質亦應較爲不同。法曲組合一完全是藩漢樂器的雜用，可見法曲形成之初，胡樂對其的影響還是較多的。而法曲組合二則更接近於清樂樂隊的第二種形式，這亦恰恰印證了法曲是由清商樂濫觴而來的觀點。

從法曲樂隊於各個時期的不同形式來看，是一個不斷發展變化的過程，故其樂隊的性質伴隨著其樂隊形式的變化亦發生了改變。

以歷時性的角度來看，可知隋代及初唐時期的法曲樂隊以擊奏樂器爲主，樂隊中運用有最爲典型的雅樂之器編鍾、編磬，可見法曲形成之初，便已含有「雅樂」樂隊的因素。但樂隊中「鈸」、「鐃」、「琵琶」的運用，說明其樂隊中亦有胡樂因素。當然，這與隋朝初期，文帝對宮廷用樂所持的態度有直接的關係。因爲剛以「禪讓」方式奪得北周政權的隋文帝，立足未穩，爲了維持「禪讓」假象，鞏固自己的統治地位，所以排斥南朝音樂，沿用「雜有胡聲」的北周舊樂，並駁回顏之推修正雅樂的建議，所以隋初才會出現「太常雅樂，並用胡聲」的現象。在隋初雅樂樂隊中都運用有西域樂器，如臥箜篌、小琵琶、横笛、篳篥等，更不用說法曲樂隊中會有琵琶、鈸、鐃這些外來樂器的使用，這亦是法曲形成之初，主要爲隋朝及初唐時期，樂隊中含有胡樂因素的重要原因。

盛唐及中唐時期的法曲樂隊以「絲竹樂器」即彈奏和吹奏樂器爲主，故有其音清雅的音樂特點，其組合形式較爲靈活、多樣，並不固定。樂隊中雜用了大量的西域樂器，正如白居易《法曲歌》中所云：「法曲法曲合夷歌，夷聲邪亂華聲和。以亂乾和天寶末，明年胡塵犯宮闕。(原注：法曲雖似失雅音，蓋諸夏之聲也，故歷朝行焉。玄宗雖雅好度曲，然未嘗使蕃漢雜奏。天寶十三載，始詔諸道調法曲與胡部新聲合作，識者深異之。明年冬而安祿山反也。) 乃知法曲本華風，苟能審音與政通。一從胡曲相參錯，不辨興衰與哀樂。願求牙曠正華音，不令夷夏相交侵。」〔註 34〕此時法曲樂隊中使用了大量的胡樂，這與隋代文帝時期法曲雜有胡樂的原因是完全不相同的，隋文帝完全是出於政治目的，沿用「雜有胡聲」的北周舊樂，而間接造成了隋初「太常雅樂，並用胡聲」的現象，當然其中也包括法曲。而盛唐時期法曲樂隊雜用胡樂，其中最爲重要的原因就是由於其時帝王即唐玄宗個人的喜愛而造成的。

〔註 34〕〔唐〕白居易：《白氏長慶集》卷三，北京，中華書局 1979 年版，第 55 頁。

是唐玄宗出於藝術、娛樂及個人愛好的角度，將各種音樂形式、音樂體裁中最爲優秀的作品傳授於梨園弟子，並將其演奏的音樂作品統稱爲「法曲」。

晚唐時期的法曲樂隊，仍以吹奏和彈奏樂器爲主。從表中可以很明確地看出，晚唐文宗朝時期的法曲樂隊更爲接近於《樂府雜錄》記載晚唐時期的清樂樂隊形式，而《樂府雜錄》中所載的法曲樂隊亦完全是雅樂樂隊中的登歌樂隊。其時法曲樂隊最爲重要的變化及特點是其中幾乎已無西域樂器的運用，其樂隊性質亦完全隸爲雅樂之屬。

五、法曲樂隊之樂工

法曲樂隊中的樂工，包括歌唱的歌工等，均爲「梨園弟子」，有關這些樂人的來源，《資治通鑒》卷二一一云：「又選樂工數百人，自教法曲於梨園，謂之『皇帝梨園弟子』。又教宮女使習之。又選伎女，置宜春院，給賜其家。」《舊唐書》卷二八《音樂志》：「玄宗又於聽政之暇，教太常樂工子弟三百人爲絲竹之戲，音響齊發，有一聲誤，玄宗必覺而正之。號爲皇帝弟子，又云梨園弟子，以置院近于禁苑之梨園。」《新唐書》卷二二《禮樂志》：「玄宗既知音律，又酷愛法曲，選坐部伎子弟三百教於梨園，聲有誤者，帝必覺而正之，號「皇帝梨園弟子」。宮女數百，亦爲梨園弟子，居宜春北院。梨園法部，更置小部音聲三十餘人。」〔註 35〕《太眞外傳》：「小部者，梨園法部所置，凡三十人，皆十五以下。」且《舊唐書》卷一六六《白居易傳》亦云：「太和三年夏，樂天始得請爲太子賓客……酒酣琴罷，又命樂童登中島亭，含奏《霓裳散序》。」由以上文獻所述可知，法曲樂隊中的樂人約有三類：一爲太常寺坐部伎中技藝傑出的樂人，人數約三百名，太常寺坐部伎樂工三百人，當爲演奏樂器的樂工，故於法曲樂隊中理應爲演奏樂器的角色。坐部伎是以弦類樂器（旋律性強）爲主的器樂演奏形式，所以亦可推知法曲應爲柔和、淡雅且音樂表現力強的特點。二爲宮女，人數約數百名，其中亦包括從教坊等處挑選出的技藝高超的女性樂伎，均居住於宜春北院。三爲「小部音聲」三十餘人，專置於梨園法部，均爲十五歲以下技藝高超的少年樂工。昭宗朝時「人數增達二百，唐朝崩潰時達五百人」。〔註 36〕

〔註 35〕〔宋〕歐陽修：《新唐書》，北京，中華書局 1975 年版，第 476 頁。

〔註 36〕〔日〕岸邊成雄著，梁在平、黃志炯譯：《唐代音樂史的研究》，臺北，臺灣中華書局，1973 年版，第 62 頁。

第二節　唐代散樂之樂器組合

本節主要對唐代宮廷中以演奏散樂、百戲、俳優等俗樂爲主的內教坊中所用之樂隊組合形式進行梳理，並加以探討。

一、教坊的設立

初唐時期，國家禮樂機構以太常寺爲主，主要負責朝廷禮樂之諸多事務，其職能是統和神人，典司禮樂。正如白居易言其之質，云：「立國之本，禮樂爲先，今之太常，兼掌其事，貳茲職者，不亦重乎敘」〔註 37〕但朝廷禮樂肅穆莊重，不適合娛樂之用，亦無法滿足皇室宴饗之歌舞音樂的需求。顯而易見，太常寺便會吸納一些俗樂，以供朝廷娛樂享樂之用。以致太常寺中俗樂興盛一時，從崔令欽《教坊記・序》所述太常寺中競奏俗樂的熱鬧場面，便可見一斑，中云：

> 凡戲輒分兩朋，以判優劣，則人心競勇，謂之熱戲。於是詔寧王主蕃邸之樂以敵之。一伎戴百尺幢，鼓舞而進，太常所戴即百餘尺，比彼一出，則往復矣，長欲半之，疾仍兼倍。太常群樂鼓譟，自負其勝。上不悅，命內養五六十人，各執一物，皆鐵馬鞭、骨楇之屬也，潛匿袁中，雜於聲兒後立，(原注：坊中呼太常人爲「聲伎兒」) 復候鼓譟，當亂捶之。皎、晦及左右初怪內養曆至，竊見袁中有物，於是奪氣褫魄。而戴幢者方振搖其幢，南北不已，上顧謂內人者曰：其竿即自當折。斯須中斷，上撫掌大笑，內伎咸稱慶，於是罷遣。翌日詔曰：太常禮司，不宜典徘優雜伎。〔註 38〕

又據《資治通鑒》卷二一一「開元二年」載：「舊制，雅俗之樂，皆隸太常。上（玄宗）曉音律，以太常掌禮樂之司，不應典倡優雜伎，乃更置左、右教坊，以教俗樂。令右驍衛將軍范（安）及爲之使。」〔註 39〕玄宗將雅樂與俗樂分而管之，另設左、右教坊，專門教習倡優、雜伎等「俗樂」，以改變唐初以來雅、俗樂同隸屬於太常寺的不合理狀況。這便是玄宗於開元二年（714 年）

〔註 37〕〔唐〕白居易：《陳中師除太常少卿制》，《全唐文》卷六五七，北京，中華書局 1983 年版，第 6687 頁。

〔註 38〕〔唐〕崔令欽：《教坊記序》，《全唐文》卷三九六，北京，中華書局 1983 年版，第 4041 頁。

〔註 39〕范及，應爲范安及。《唐會要》謂開元十五年將作大臣范安及曾疏梁公堰。又《唐語林》亦作范安及。參任半塘《教坊記箋訂》，上海，中華書局 1964 年版，第 12 頁。

登基後不久，所進行的一次重要的宮廷音樂制度改革，有力地促進了盛唐樂舞百戲的發展。且《通典》卷一四六「散樂」條亦云：「散樂，非部伍之聲，俳優歌舞雜奏。……元（玄）宗以其非正聲，置教坊于禁中以處之。」《新唐書》卷三八《百官志》「太常寺太樂署」條云：「京都置左右教坊，掌俳優雜伎，自是不隸太常，以中官爲教坊使。」《資治通鑒》卷二一一唐玄宗開元二年（714 年）春正月條亦記之：「舊制，雅俗之樂，皆隸太常。上精曉音律，以太常禮樂之司，不應典倡優雜伎，乃更置左右教坊以教俗樂，命右曉衛將軍范及爲之使。」這些記載，從另一側面反映了設置教坊負責散樂百戲等俗樂教習表演的事實。

玄宗之所以做出這一重大改革，其中亦有更爲深刻的原因。「當時宮廷俗樂（包含胡樂、散樂百戲等）發展迅速，規模日盛，按舊有的管理體制，太常屬於政府禮樂機構，既不適應俗樂的蓬勃發展，對滿足皇帝和貴戚們日益膨脹的日常樂舞享樂需求，也多有不便。將俗樂（包括散樂百戲）從太常寺劃分出來，改設左、右教坊，並由中使來管理，形式上似乎是更好維護國家禮樂機構的純潔崇高，實際反使娼優俗樂更接近內庭，更便於皇帝貴戚們享用，還可以遮人眼目，避免因此而起的『物議』。」〔註 40〕換言之，教坊和梨園的設立，表面理由是太常寺作爲朝廷正規的禮樂機構不應該雜以倡優雜伎，實際上都是爲了更好的滿足自己在音樂方面的享樂而採取的措施之一。

二、隋唐之散樂

《通典》卷一四六《樂六》「散樂」條載：「散樂，非部舞之聲，俳優歌舞雜奏。」〔註 41〕《舊唐書》卷二九《音樂志》亦云：「散樂者，歷代有之，非部舞之聲，俳優歌舞雜奏。」《唐會要》卷三三「散樂」條載：「散樂，歷代有之，其名不一，非部舞之聲，俳優歌舞雜奏總爲之百戲。……每歲正月於建國門內廊，八里爲戲場，百官起棚夾觀，昏以繼曉，十五日而罷。兩都各一親王主之，自彈弦吹管，以上萬八千人。元宗以其非正聲，置教坊于禁以處置。」《唐會要》卷三三「散樂」條有詳述：

> 散樂歷代有之，其名不一，非部伍之聲，俳優歌舞雜奏，總謂之百戲。跳鈴、擲劍、透梯、戲繩、緣竿、弄枕珠、大面、撥頭、

〔註 40〕秦序：《中華藝術通史·隋唐卷》（上編），北京師範大學出版社，2006 年 6 月版，第 123～124 頁。

〔註 41〕〔唐〕杜佑：《通典》，北京，中華書局 1984 年版，第 763 頁。

窟礧子及幻伎激水化魚龍。秦王卷衣笮鼠、夏育扛鼎、巨象行乳、神龜負嶽、桂樹白雪、畫地成川之類。至於斷手足、剔腸胃之術，自漢武帝，幻伎始入中國，其後或有或亡。至國初通西域，復有之。高宗惡其驚俗，敕西域關津，不令入中國。具百戲，後魏道武明元二帝增修之，每大設於殿前。後周武帝保定初罷之。至宣帝復召之，作殿庭，晝夜不息。隋文時，並放遣之。煬帝大業二年，又總追集於東都，命太常教習每歲正月，於建國門內廊八里爲戲場，百官起棚夾觀，昏以繼曉，十五日而罷。兩都各一親王主之，自彈弦吹管以上，萬八千人。元宗以其非正聲，置教坊于禁以處之。若尋常饗會，先一日具坐立部樂名，太常上奏，御注其下。會日，先奏坐部伎，次奏立部伎，次奏蹀馬，次奏散樂，然後奏部次第，並取當時進止。

可見，隋唐時期宮廷散樂百戲，包含的內容很爲廣泛，有雜技、幻術、馬戲、俳優、說唱，也有歌舞戲等等。

三、隋唐散樂、百戲之樂器組合

散樂、百戲因其表演性質及形式，決定了其樂隊處於次要之地位。樂隊一般起伴奏與渲染氣氛的作用，所以樂隊形式一般並不固定，較爲靈活、多變。

（一）隋代

隋代散樂、百戲已極爲盛行，隋煬帝時期更是極爲推崇，興盛一時。「每歲正月，萬國來朝，留至十五日，於端門外、建國門內，綿絙八里，列爲戲場。百官起棚夾路，從昏達曙，以縱觀之，至晦而罷」〔註 42〕，其況甚爲宏大，眞可謂是「百戲之盛，振古無比」。《通典》卷一四六「散樂」條云：

關西以安德王雄總之，東都以齊王暕總之，金石匏革之聲，聞數十里外。彈弦擫管以上，萬八千人。大列炬火，光燭天地，百戲之盛，振古無比。自是每年以爲常焉。〔註 43〕

《唐會要》卷三三「散樂」條亦曰：

煬帝大業二年，又總追集於東都，命太常教習每歲正月，於建

〔註 42〕〔唐〕杜佑：《通典》，北京，中華書局 1984 年版，第 764 頁。

〔註 43〕〔唐〕杜佑：《通典》，北京，中華書局 1984 年版，第 764 頁。

> 國門內廊八里爲戲場，百官起棚夾觀，昏以繼曉，十五日而罷。兩都各一親王主之，自彈弦吹管以上，萬八千人。

由文獻中所言，可以想見隋煬帝時百戲樂隊規模之宏大場面。這是一個特大型樂隊，當然也可能並非是一組樂隊，亦或是許多組不同的樂隊進行演奏。據文獻載，可知僅其中彈奏樂器和吹奏樂器的樂工就達八千至一萬人之多，樂隊中有彈奏樂器、吹奏樂器、擊奏樂器，然推測以彈奏樂器及吹奏樂器爲主，其中擊奏樂器中推測包括有鍾、磬、鼓等樂器。

（二）唐代

有關唐時散樂百戲樂隊形式的記載亦並不多見。《通典》卷一四六「散樂」條云：

> 歌舞戲，有《大面》、《撥頭》、《踏謠娘》、《窟磊子》等戲。玄宗以其非正聲，置教坊于禁中以處之。婆羅門樂，用漆篳篥二，齊鼓一。散樂，用橫笛一，拍板一，腰鼓三。其餘雜戲，變態多端，皆不足稱也。〔註 44〕

《舊唐書》卷二九《音樂志》亦云：

> 歌舞戲，有《大面》、《撥頭》、《踏謠娘》、《窟磊子》等戲。玄宗以其非正聲，置教坊于禁中以處之。婆羅門樂，與四夷同列。婆羅門樂用漆篳篥二，齊鼓一。散樂用橫笛一，拍板一，腰鼓三。其餘雜戲，變態多端，皆不足稱。

文獻中僅記載有「婆羅門樂」和「散樂」的樂隊編配，而其他樂隊形式因靈活多變而未記述，如其所言「其餘雜戲，變態多端，皆不足稱」。散樂百戲中的婆羅門樂，屬於四夷樂之列，其樂隊的配器形式相比之下還是較爲固定的，一般爲漆篳篥 2 具，齊鼓 1 面。由此可見，這一小型樂隊的樂器構成，主要爲吹奏樂器和擊奏樂器。很顯然，其樂隊具有吹打樂的特徵。

文獻中亦記述了散樂樂隊的樂器構成情況，爲橫笛 1 具，拍板 1 具，腰鼓 3 面。樂隊由五件樂器構成，擊奏樂器就佔有四件，且其中腰鼓就配以三面，這樣一種組合形式，可見其更具吹打樂之樂隊特徵。

以上這兩種樂隊形式均是由吹奏樂器和擊奏樂器構成，可以認爲是較爲典型的吹打樂樂隊，這種樂器配置可以起到烘托所演節目、及渲染氣氛的作用。

〔註 44〕〔唐〕杜佑：《通典》，北京，中華書局 1984 年版，第 764 頁。

《通典》卷一四六「散樂」條又云〔註45〕：

> 踏謠娘生於隋末。河內有人醜貌而好酒，常自號郎中，醉歸必毆其妻。妻美色善自歌，乃歌爲怨苦之詞。河朔演其曲而被之管絃，因寫其妻之容。妻悲訴，每搖其身，故號踏搖云。近代優人頗改其制度，非舊旨也。〔註46〕

由文獻所言，可知歌舞戲《踏謠娘》的伴奏樂隊不同於上述兩種樂隊形式，其配器以彈奏樂器和吹奏樂器爲主，而並非以擊奏樂器爲主。這主要是由於《踏謠娘》所表演的內容而決定的。因其所描述的故事，含有哀怨之意，音樂風格淡雅、幽怨，所以伴奏樂隊亦當以旋律性樂器爲主。可見，散樂百戲各種樂隊的形式亦是不同的。樂隊在整個節目中所擔當的角色和所起到的作用，亦就決定了樂隊的樂器構成情況。

圖36
《信西古樂圖》所繪表演雜技者

《通典》卷一四六「散樂」條中記述了睿宗時期，婆羅門獻樂，一人表演驚險的雜技，另有一人立於其背上吹奏篳篥，曲終而無傷。〔註47〕表演雜技者如《信西古樂圖》中所繪〔註48〕。

〔註45〕《舊唐書》卷二九《音樂志》亦云：「《踏謠娘》，生於隋末。隋末河內有人貌惡而嗜酒，常自號郎中，醉歸必毆其妻。其妻美色善歌，爲怨苦之辭。河朔演其曲而被之絃管，因寫其妻之容。妻悲訴，每搖頓其身，故號《踏謠娘》。」（〔後晉〕劉昫：《舊唐書》，北京，中華書局1975年版，第1074頁。）

〔註46〕〔唐〕杜佑：《通典》，北京，中華書局1984年版，第764頁。

〔註47〕《舊唐書》卷二九《音樂志》亦記載有：「大抵《散樂》雜戲多幻術，幻術皆出西域，天竺尤甚。漢武帝通西域，始以善幻人至中國。安帝時，天竺獻伎，能自斷手足，刳剔腸胃，自是歷代有之。我高宗惡其驚俗，敕西域關令不令入中國。苻堅嘗得西域倒舞伎。睿宗時，婆羅門獻樂，舞人倒行，而以足舞於極銛刀鋒，倒植於地，低目就刃，以歷臉中，又植於背下，吹篳篥者立其腹上，終曲而亦無傷。又伏伸其手，兩人躡之，施身繞手，百轉無已。」（〔後晉〕劉昫：《舊唐書》，北京，中華書局1975年版，第1073頁。）

〔註48〕〔日〕正宗敦夫（編撰）：《信西古樂圖》，東京，日本古典全集刊行會，1947年版。

大抵散樂雜戲多幻術，皆出西域，始於善幻人至中國。漢安帝時，天竺獻伎，能自斷手足，刳剔腸胃，自是歷代有之。大唐高宗惡其驚人，敕西域關津，不令入中國。睿宗時，婆羅門獻樂，舞人倒行，而以足舞於極銛刀鋒，倒植於地，抵目就刃，以歷臉中；又植於背下，吹篳篥者立其腹上，曲終而亦無傷。又伏伸其手，兩人躡之，旋身繞手，百轉無已。〔註49〕

可見，散樂百戲樂隊的樂器組合形式中亦有獨奏的演奏形式。本書於唐時宮廷之樂器獨奏形式一節中亦有述及。

有關晚唐時期散樂百戲樂隊形式的記載，可見《樂府雜錄》。《樂府雜錄》「鼓架部」條云：

樂有笛、拍板、答鼓，即腰鼓也，兩杖鼓。戲有《代面》，始自北齊神武弟，……《缽頭》，……山有八折，故曲八疊。戲者被髮，素衣，面作啼，蓋遭喪之狀也。《蘇中郎》，後周士人蘇葩，嗜酒落魄，自號《中郎》，每有歌場，輒入獨舞。今爲戲者，……即有《踏謠娘》、《羊頭渾脫》、《九頭獅子》，《弄白馬益錢》，以至尋撞、跳丸、吐火、吞刀、旋盤、觔鬥，悉屬此部。

《樂書》卷一八八「鼓架部」條亦云：

唐鼓架部樂有笛、拍板、搭鼓（原注：腰鼓也）、兩杖鼓。戲有《代面》、《撥頭》、《蘇郎中》、《踏謠娘》、《羊頭渾脫》、《九頭師子》、《弄白馬意錢》、尋橦、跳瓦、吞刀、吐火、旋盤、觔鬥之屬。

陳暘《樂書》此條，筆者疑抄錄自《樂府雜錄》，本書於清樂樂隊考述一節中專門就《樂書》卷一八八與《樂府雜錄》之史源關係進行了論述，在此不多加贅述。文獻中所云「鼓架部」就是負責演奏《代面》、《撥頭》、《蘇郎中》、《踏謠娘》、《羊頭渾脫》、《九頭師子》、《弄白馬意錢》這些歌舞戲（也是戲曲的早期雛形）的部伎，且其中亦包括尋橦、跳瓦、吞刀、吐火、旋盤、觔鬥這些雜技的表演。很顯然，所謂「鼓架部」就是晚唐時期管理散樂百戲的樂部。此樂部的樂隊編配爲笛、拍板、答鼓（即腰鼓）、兩杖鼓，是較爲典型的以擊奏樂器爲主的百戲樂隊形式。

《樂府雜錄》「俳優」條云：

開元中，黃幡綽、張野狐弄參軍。始自後漢館陶令石耽，耽有

〔註49〕〔唐〕杜佑：《通典》，北京，中華書局1984年版，第764頁。

> 贓犯，和帝惜其才，免罪。每宴樂，即令衣白夾衫，命優伶戲弄辱之，經年乃放。後爲參軍，誤也。開元中有李仙鶴善此戲，明皇特授韶州同正參軍，以食其祿，是以陸鴻漸撰詞云「韶州參軍」，蓋由此也。武宗朝有曹叔度、劉泉水，咸通以來，即有范傳康、上官唐卿、呂敬遷等三人。弄假婦人，大中以來有孫干、劉璃瓶，近有郭外春、孫有熊。僖宗幸蜀時，戲中有劉眞者，尤能，後乃隨駕入京籍於教坊。弄婆羅，大中初有康乃、李百魁、石寶山。大別有夷部樂，即有扶南、高麗、高昌、驃國、龜茲、康國、疏勒、西涼、安國；樂即有單龜頭鼓及箏、蛇皮琵琶，蓋以蛇皮爲槽，厚一寸餘，鱗介具焉，亦以楸木爲面，其捍撥以象牙爲之，畫其國王騎象，極精妙也。鳳頭箜篌、臥箜篌，其工頗奇巧。三頭鼓、鐵拍板、葫蘆笙；舞有骨鹿舞、胡旋舞，俱於小圓球子上舞，縱橫勝踏，兩足終不離於球子上，其妙如此也。

由文中所述「俳優」，可知這些樂人多爲表演參軍戲的樂伎，故所言樂隊應爲參軍戲之樂隊形式，即由單龜頭鼓、箏、蛇皮琵琶、鳳首箜篌、臥箜篌、三頭鼓、鐵拍板、葫蘆笙組成。

樂隊中彈奏樂器的比例佔據了一半，旋律性的樂器就有 5 件。擊奏樂器鼓的運用亦是頗具特色，因單龜頭鼓、三頭鼓這些印度系鼓的鼓面比較小，敲擊後聲響較之大型的鼓，如節鼓，其延時較短，所以它可以敲擊出較爲快速的節奏，能夠表現靈動、歡快、熱烈、活潑的音樂氣氛。

就「參軍戲」樂隊的整體編制而言，其與驃國樂樂隊的樂器構成及風格特點極爲相似。

《新唐書》卷二二二下《南蠻傳》言驃國所獻「工器二十有二，其音八：金、貝、絲、竹、匏、革、牙、角。金二、貝一、絲七、竹二、匏二、革二、牙一、角二。」

《唐六典》卷十四《太常寺》載天竺樂，其樂器有「鳳首箜篌、琵琶、五弦、横笛、銅鼓、都曇鼓、毛員鼓各一，銅鈸二，貝一，舞二人。」

《通典》卷一四六「四方樂」條載：「天竺樂，……樂用羯鼓、毛員鼓、都曇鼓、篳篥、横笛、鳳首箜篌、琵琶、五弦琵琶、銅鈸、貝。其都曇鼓今亡。」〔註 50〕

〔註 50〕〔唐〕杜佑：《通典》，北京，中華書局 1984 年版，第 762 頁。

茲將《樂府雜錄》所載「參軍戲」樂隊編制，與《新唐書》卷二二二下《南蠻傳》所言驃國樂樂隊及《唐六典》卷十四《太常寺》天竺樂樂隊構成，列表比較如下：

表 57　參軍戲與驃國樂、天竺樂樂隊構成比對表

樂器分類		樂隊之樂器構成		
		參軍戲	驃國樂	天竺樂
擊奏樂器	金		鈴鈸	銅鈸
		鐵拍板	鐵板	
	革	三頭鼓	三面鼓	
		單龜頭鼓	小鼓	
				銅鼓
				都曇鼓
				毛員鼓
彈奏樂器	絲	鳳首箜篌	鳳首箜篌	鳳首箜篌
		臥箜篌		
		箏	箏	
			龍首琵琶	琵琶
		蛇皮琵琶	雲頭琵琶	五弦琵琶
			大匏琴	
			小匏琴	
			獨弦匏琴	
吹奏樂器	竹		橫笛	橫笛
			兩頭笛	
	匏	葫蘆笙	大匏笙	
			小匏笙	
	牙		牙笙	
	角		三角笙	
			兩角笙	
	貝		螺貝	貝

參軍戲樂隊中之「三頭鼓」推測應與驃國樂樂隊中「三面鼓」屬同一類型。《新唐書》卷二二二下《南蠻傳》:「有三面鼓二，形如酒缸，高二尺，首廣下銳，上博七寸，底博四寸，腹廣不過首，冒以虺皮，束三爲一，碧絲約之，下當地則不冒，四面畫驃國工伎執笙鼓以爲飾。」林謙三在考述驃國樂中「三面鼓」時，指出「三面鼓云者，乃是三面單皮鼓爲一組。阿摩羅縛底浮雕、阿旃陀壁畫、婆羅浮屠浮雕，有數列。都畫這樣三個一聯的鼓，兩個豎立，一個橫倒。奏之者，一人兩手交互拍打。」（如圖所示）又言「驃的三面鼓與印度、爪哇爲同屬一系統的鼓。」〔註51〕

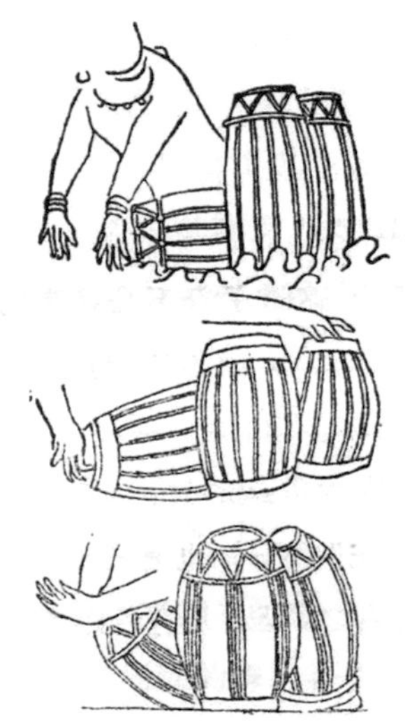

圖 37　印度「三面鼓」

《新唐書》描述驃國樂中「雲頭琵琶」之形制，言其「面飾虺皮，四面有牙釘，以雲爲首，軫上有花象品字，三弦，覆手皆飾虺皮，刻捍撥爲舞崑崙狀而彩飾之。」〔註 52〕推測參軍戲樂隊中之「蛇皮琵琶」應與驃國樂樂隊中的「雲頭琵琶」屬同一類型。

《新唐書》又言「大匏笙二，皆十六管，左右各八，形如鳳翼，大管長四尺八寸五分，餘管參差相次，制如笙管，形亦類鳳翼，竹爲簧，穿匏達本。上古八音，皆以木漆代之，用金爲簧，無匏音，唯驃國得古制。又有小匏笙二，制如大笙，律應林鍾商。」〔註 53〕由其形制來看，驃國樂中大、小「匏笙」亦就是主要由葫蘆而製成的笙類樂器，與參軍戲樂隊之葫蘆笙應屬同類樂器。

林謙三在《中唐時代驃國（緬甸）貢進的樂器及其音律》〔註 54〕及《隋唐讌樂調研究》〔註 55〕兩文中認爲驃國這些樂器分爲兩個系統：

〔註 51〕〔日〕林謙三：《東亞樂器考》，北京，人民音樂出版社，1962 年 2 月版，第 435～436 頁。

〔註 52〕〔宋〕歐陽修：《新唐書・南蠻下》，北京，中華書局 1975 年版，第 6313 頁。

〔註 53〕〔宋〕歐陽修：《新唐書・南蠻下》，北京，中華書局 1975 年版，第 6315 頁。

〔註 54〕〔日〕林謙三：《中唐時代驃國（緬甸）貢進的樂器及其音律》，《東亞樂器考》，北京，人民音樂出版社，1962 年 2 月版，第 455 頁。

〔註 55〕〔日〕林謙三：《隋唐讌樂調研究》，臺北，鼎文書局，第 84 頁。

1、印度系——鈴鈸、三面鼓、小鼓、大匏琴、小匏琴、鳳首箜篌、龍首琵琶、雲頭琵琶、横笛

2、土俗系——獨弦匏琴、鼉首筝、兩頭笛、大匏笙、小匏笙、牙笙、三角笙、兩角笙

岸邊成雄在《東亞樂器的研究》一文中亦持類似觀點。〔註 56〕

而由八種樂器組成的「參軍戲」樂隊中，就有鳳首箜篌、臥箜篌、三頭鼓、蛇皮琵琶、葫蘆笙屬於印度系或驃國土俗系樂器。因「單龜頭鼓」和「箏」這兩件樂器的具體形制不明，所以尚無法加以判斷其屬性。但由「單龜頭鼓」的樂器名稱來看，推測亦應爲中原之西南方傳入之外來樂器。

綜合以上分析，可知晚唐時期「參軍戲」的樂隊形式深受印度音樂的影響，可謂是胡樂傳入中原與華夏之樂融合之產物。

唐時散樂、百戲之樂隊形式，文獻記載並不多見。但敦煌莫高窟第 156 窟北壁的一幅《宋國河內郡太夫人宋氏出行圖》爲我們研究晚唐時期之散樂樂隊形式，提供了極爲珍貴的圖像資料。此窟建於咸通五年（864 年），推測此圖應爲晚唐時期的作品〔註 57〕，在這幅爬竿鼎立的表演中還有樂舞和器樂相伴，是典型的「散樂」歌舞。圖中繪有兩組不同風格的樂隊形式（如圖 38）。

圖 38 《宋國河內郡太夫人宋氏出行圖》

〔註 56〕〔日〕岸邊成雄：《東亞樂器的研究》，日本風間書房，第 45 頁。轉引沈冬：《唐代樂舞新論》，北京大學出版社，2004 年 4 月版，第 169 頁。

〔註 57〕參見劉東升等：《中國音樂史圖鑒》，中國藝術研究音樂研究所，北京，人民音樂出版社，1988 年版。

畫中以百戲、樂舞爲前導，隨後有四舞伎，拂動長袖、婆娑起舞。其後爲一組伴奏樂隊，樂工 7 人，分別持奏豎笛、琵琶、橫笛、笙、腰鼓、杖鼓、拍板，〔註 58〕站立爲舞伎伴奏。因年代久遠，圖中所繪已模糊不清，及其筆者疑此樂隊中持豎笛者，亦有可能吹奏的爲篳篥或其他豎吹型的管類樂器。因爲根據文獻中所載可知散樂百戲樂隊自身的性質屬西域外來之樂，《通典》卷一四六「散樂」條已言：「大抵散樂雜戲多幻術，皆出西域，始於善幻人至中國」；〔註 59〕又由其自身的樂隊編成來看，樂器構成以異域樂器爲主；且文獻中記載散樂百戲（包括歌舞戲）樂隊的配器之中多見有篳篥的使用，而未見記載有豎笛的運用，《通典》卷一四六「散樂」條云：「歌舞戲，有《大面》、《撥頭》、《踏謠娘》、《窟磊子》等戲。玄宗以其非正聲，置教坊于禁中以處之。婆羅門樂，用漆篳篥二，齊鼓一。散樂，用橫笛一，拍板一，腰鼓三。」〔註 60〕故綜合以上分析，筆者推測圖中前排右邊第一位樂伎持豎吹的管類樂器爲篳篥的可能性比爲豎笛的可能性更大一些。此樂隊顯然是爲配合樂舞而編配的樂器，與其他散樂百戲樂隊形式相比，旋律性樂器較多，且較爲不同的一點是樂隊中運用了彈奏樂器琵琶，可見其風格並不十分粗曠，還是較爲收斂的，與樂舞相配恰到好處。

圖中還繪有另一組不同風格的百戲樂隊形式。在舞伎前方的百戲中，一力士頭頂長杆，兩臂張開。竿上四少年，攀援翻騰，作各種驚險表演。下有 4 人組成的鼓吹樂隊，其構成爲：笙 1 具，拍板 1 具，節鼓 1 面，另有一人持雙槌擊奏。〔註 61〕此圖重點表現了唐代百戲的場面，從一則面反映了當時雜技及音樂伴奏相結合的形式和流行情況，可見樂隊在散樂百戲中的地位與作用雖處於次要位置，但仍是必不可少的。

四、小結

就筆者所掌握的文獻及考古資料，本節所考述的隋唐散樂百戲樂隊形式，一共有九種，按其配器特點與風格特徵，可以大致分爲三種類型：

〔註 58〕參見鄭汝中　董玉祥：《中國音樂文物大系·甘肅卷》，鄭州，大象出版社，1998 年 9 月版，第 166～168 頁。

〔註 59〕〔唐〕杜佑：《通典》，北京，中華書局 1984 年版，第 764 頁。

〔註 60〕〔唐〕杜佑：《通典》，北京，中華書局 1984 年版，第 764 頁。

〔註 61〕參見鄭汝中　董玉祥：《中國音樂文物大系·甘肅卷》，鄭州，大象出版社，1998 年 9 月版，第 168 頁。

（一）雜伎類——以擊奏樂器為主

一種是爲雜技、幻術等節目伴奏而使用的樂隊，其功用是爲起到渲染氣氛，製造隆重、熱烈的氛圍，以達到突出和烘托節目演出的目的。所以決定了其樂隊編配以擊奏樂器爲主，樂隊僅由擊奏和吹奏樂器構成的特徵，屬吹打樂，故其音響宏大，風格亦較爲熱烈、粗曠。本節中所論述的九種樂隊形式，屬此種類型的有：

1、「婆羅門樂」樂隊用漆篳篥 2 具，齊鼓 1 具。〔註 62〕
2、「散樂」樂隊用橫笛 1 具，拍板 1 具，腰鼓 3 具。〔註 63〕樂隊由五件樂器構成，擊奏樂器就佔有四件，且其中腰鼓就配以三面。
3、《樂府雜錄》中記述的所謂「鼓架部」就是晚唐時期管理散樂百戲的樂部。此樂部的樂隊編配爲笛、拍板、答鼓（即腰鼓）、兩杖鼓，是較爲典型的以擊奏樂器爲主的百戲樂隊形式。
4、《宋國河內郡太夫人宋氏出行圖》其中，一力士頭頂長杆，兩臂張開。竿上四少年，攀援翻騰，作各種驚險表演。下有 4 人組成的鼓吹樂隊，其構成爲：笙 1 具，拍板 1 具，節鼓 1 面，另有一人持雙槌擊奏。此也是以擊奏樂器爲主，由擊奏和吹奏樂器組成的樂隊形式。
5、另外，根據節目的需要，伴奏的樂隊也會出現樂器獨奏的形式。如《通典》卷一四六「散樂」條中記述了睿宗時期，婆羅門獻樂，一人表演驚險的雜技，另有一人立於其背上吹奏篳篥，曲終而無傷。〔註 64〕

（二）歌舞戲類——有彈奏樂器的運用

散樂百戲中歌舞戲類型的節目，因其表演內容爲歌舞音樂，或具有一定的故事情節，所以決定了其音樂應爲抒情、悠揚的風格，故其伴奏樂隊形式不同於第一種類型。這種樂隊類型最爲重要的特徵在於樂隊中運用有彈奏類型的樂器，如：

〔註 62〕據《通典》卷一四六「散樂」條，及《舊唐書》卷二九《音樂志》所載。

〔註 63〕據《通典》卷一四六「散樂」條，及《舊唐書》卷二九《音樂志》所載。

〔註 64〕《舊唐書》卷二九《音樂志》亦記載有：「大抵《散樂》雜戲多幻術，幻術皆出西域，天竺尤甚。漢武帝通西域，始以善幻人至中國。安帝時，天竺獻伎，能自斷手足，刳剔腸胃，自是歷代有之。我高宗惡其驚俗，敕西域關令不令入中國。苻堅嘗得西域倒舞伎。睿宗時，婆羅門獻樂，舞人倒行，而以足舞於極銛刀鋒，倒植於地，低目就刃，以歷臉中，又植於背下，吹篳篥者立其腹上，終曲而亦無傷。又伏伸其手，兩人躡之，施身繞手，百轉無已。」（〔後晉〕劉昫：《舊唐書》，北京，中華書局 1975 年版，第 1073 頁。）

1、歌舞戲《踏謠娘》的伴奏樂隊形式，其配器以彈奏樂器和吹奏樂器爲主，而並非以擊奏樂器爲主。

2、《宋國河內郡太夫人宋氏出行圖》其後一組爲樂舞伴奏的樂隊，樂工 7 人，分別持奏豎笛、琵琶、橫笛、笙、腰鼓、杖鼓、拍板，〔註 65〕站立爲舞伎伴奏。

（三）參軍戲類——以彈奏樂器為主，擊奏樂器居次

參軍戲這種詼諧、幽默風格的戲劇表演形式，是早期戲曲形成的來源之一。因其情節漸爲複雜，故其伴奏樂隊中旋律性樂器所佔的比重較大，與第一種以擊奏樂器爲主的樂隊形式很爲不同。

《樂府雜錄》所載參軍戲之樂隊形式，即由單龜頭鼓、箏、蛇皮琵琶、鳳首箜篌、臥箜篌、三頭鼓、鐵拍板、葫蘆笙組成，其中彈奏樂器佔有一半，旋律性樂器占一多半。

此外，隋煬帝時期，於建國門內廊八里所設「戲場」，「自彈弦吹管以上，萬八千人」，「金石匏革之聲，聞數十里外」。這種有彈奏、吹奏、擊奏樂器組成的樂隊中，應包括以上所述的多種樂隊形式，故不能將其歸入這三種類型之中。

因隋唐時期宮廷散樂百戲包含的內容很爲廣泛，表演的節目較爲繁雜，演出的形式亦極爲豐富，有雜技、幻術、馬戲、俳優、說唱，也有歌舞戲、參軍戲等等，所以也就決定了處於伴奏地位的樂隊，其形式亦會隨之改變。故，散樂百戲中不同的節目，其樂隊之樂器組合方式與樂隊的風格特徵亦是迥乎不同的。

第三節　唐代宮廷樂器獨奏及其他形式

獨奏這種演奏形式亦應屬於樂器組合形式中的一種，是單件的樂器組合形式。且唐代宮廷「以部奉樂」的樂隊演奏形式，不同於宋代「以盞奉樂」的演奏形式，所以，唐代宮廷用樂多以多種樂器組合的形式出現，多爲大型或小型樂隊的規模，而樂器獨奏的表演，因其形式靈活，演奏場合不定，多以非正式的形式出現。故本書將唐代宮廷中所見之獨奏的樂器組合形式單列一節，歸於其他類型之中，作爲本章第三節的內容加以整理。

〔註 65〕參見鄭汝中　董玉祥：《中國音樂文物大系·甘肅卷》，鄭州，大象出版社，1998 年 9 月版，第 166～168 頁。

一、彈奏樂器

（一）琴

唐代歌舞藝術繁盛，器樂藝術發達，「華夏正聲」與四夷之樂大交融，音樂形式豐富多彩，與之相比，古琴音樂在宮廷之中，尤顯落寞。正如白居易《廢琴》詩所云「絲桐合爲琴，中有太古聲。古聲淡無味，不稱今人情。玉徽光彩滅，朱弦塵土生。廢棄來已久，遺音尚泠泠。不辭爲君彈，縱彈人不聽，何物使之然？羌笛與秦箏。」〔註 66〕趙摶《琴歌》亦云：「綠琴製自桐孫枝，十年窗下無人知。清聲不與眾樂雜，所以屈受塵埃欺。七絃脆斷蟲絲朽，辨別不曾逢好手。琴聲若似琵琶聲，賣與時人應已久。玉徽冷落無光彩，堪恨鍾期不相待。鳳轉吟幽鶴舞時，撚弄錚摐聲亦在……」〔註 67〕劉長卿的《聽彈琴》一詩寫到：「泠泠七絲上，靜聽松風寒，古調雖自愛，今人多不彈。」〔註 68〕這些詩句形象地描繪出唐時琴樂不爲世人所重視的遭遇。

所以，有關唐時宮廷之中琴樂獨奏的記載，亦並不多見。

《通典》卷一四六載：

> 自周隋以來，管絃雜曲將數百曲，多用西涼樂；鼓舞曲多用龜茲樂，其曲度皆時俗所知也。唯彈琴家猶傳楚漢舊聲，及清調、琴（瑟）調、蔡邕五弄，調謂之九弄。雅聲獨存，非朝廷郊廟所用，故不載。〔註 69〕

《唐會要》卷三三，亦有相似之載：

> 自周隋以來，多用西涼樂；鼓舞曲兼用龜茲樂，其曲度皆時俗所知。惟彈琴家猶傳楚漢舊聲，清調、瑟調、蔡邕五弄、楚調四弄，謂之九弄。非朝廷郊廟所用，故不載。

由文獻所述，可知唐時器樂中，琴樂保存先秦以來的傳統音樂最多，亦最爲集中，可謂「雅聲獨存」。但由於琴樂不被朝廷郊廟等大型樂舞祭祀所用，所以太樂署官方文獻中未有琴曲的記載。

玄宗朝時，琴樂因不被帝王喜愛而備受冷落。《羯鼓錄》載：「上性俊邁，

〔註 66〕〔唐〕白居易：《白居易集》卷一，北京，中華書局 1979 年版，第 6 頁。
〔註 67〕〔清〕彭定求等：《全唐詩》卷七七一，北京，中華書局 1960 年版，第 8752 頁。
〔註 68〕〔清〕彭定求等：《全唐詩》卷一四七，北京，中華書局 1960 年版，第 1481 頁。
〔註 69〕〔唐〕杜佑：《通典》，北京，中華書局 1984 年版，第 761 頁。

酷不好琴，曾聽彈琴，正弄未及畢，叱琴者出曰：『待詔出去！』謂內官曰：『速召花奴，將羯鼓來，爲我解穢！』」唐玄宗聽琴未終，便急呼找花奴持羯鼓來「解穢」，玄宗偏愛羯鼓，竟將儒生推崇之琴樂貶爲「穢物」，可見琴樂之遭遇。

《唐會要》卷三三載：

> 顯慶二年，以琴中雅曲，古人歌之。近代以來，此聲頓絕，令所司修習舊曲。至三年十月八日，太常丞呂才奏。按張華博物志云：《白雪》是天帝使素女鼓五十弦琴曲。又楚大夫宋玉對襄王云：有客於郢中，歌陽春白雪，國中和者數十人，是知白雪琴曲。本宜合歌，以其調高，人和遂寡。自宋玉以來，迄今千祀，未有能歌白雪曲者。臣令準敕，依仿琴中舊曲，定其宮商，然後教習，併合於歌，輒以御製《雪詩》爲《白雪》歌詞。又按古今樂府，奏正曲之後，皆別有聲，君倡臣和，事彰前史。輒取侍中許敬宗等奉和雪詩十六首，以爲送聲，各十六節。上善之，仍付太常，編於樂府。

《舊唐書》卷二八《音樂志》亦記述此事，曰：

> （永徽）二年，太常奏《白雪》琴曲。先是，上以琴中雅曲，古人歌之，近代已來，此聲頓絕，雖有傳習，又失宮商，令所司簡樂工解琴笙者修習舊曲。至是太常上言曰：「臣謹按《禮記》、《家語》云：舜彈五弦之琴，歌《南風》之詩。是知琴操曲弄，皆合於歌。又張華《博物志》云：『《白雪》是大帝使素女鼓五十弦瑟曲名。』又楚大夫宋玉對襄王云：『有客於郢中歌《陽春白雪》，國中和者數十人。』是知《白雪》琴曲，本宜合歌，以其調高，人和遂寡。自宋玉以後，迄今千祀，未有能歌《白雪曲》者。臣今準敕，依於琴中舊曲，定其宮商，然後教習，併合於歌。輒以御製《雪詩》爲《白雪》歌辭。又按古今樂府，奏正曲之後，皆別有送聲，君唱臣和，事彰前史。輒取侍臣等奉和雪詩以爲送聲，各十六節，今悉教訖，並皆諧韻。」上善之，乃付太常編於樂府。六年二月，太常丞呂才造琴歌《白雪》等曲，上製歌辭十六首，編入樂府。

唐高宗顯慶年間（656～661 年），因太常久已無人奏唱琴曲《白雪》，高宗便以自己所作《雪》詩十六首爲歌辭，由太常丞呂才配合《白雪》舊曲，作爲「正曲」，並以眾侍臣奉和《雪》詩之作，爲正曲之後的「送聲」，各十六節，編入樂府教習。這是有關唐朝將琴樂在宮廷用樂中陞於較高位置的記載，將琴樂作爲正曲之後的「送聲」來演奏。

《唐會要》卷三三云：

> 琴曲有胡笳聲大角，金吾所掌，工人謂之角手，備鼓吹之列。〔註 70〕

琴曲中有胡笳聲大角，其意不知是否爲琴樂演奏時，有胡笳和大角的伴奏。

《舊唐書》卷一六六《白居易傳》：

> 太和三年夏，樂天始得請爲太子賓客，分秩於洛下，息躬於池上。凡三任所得，四人所與，洎吾不才身，今率爲池中物。每至池風春，池月秋，水香蓮開之旦，露清鶴唳之夕，拂楊石，舉陳酒，援崔琴，彈《秋思》，頹然自適，不知其他。

文宗太和三年（829 年），白居易作爲太子所宴之賓客，期間喝酒、彈琴。

《樂府雜錄》中載：

> 大和中有賀若夷尤能，後爲待詔，對文宗彈一調，上嘉賞之，仍賜朱衣，至今爲《賜緋調》。後有甘黨，亦爲上手。

可見，文宗朝時，琴樂的這種獨奏形式在宮廷音樂中，還是有其一席之地的。

（二）琵琶

漢代以來傳入中原的胡樂器琵琶，至隋唐已充分融入內地文化，倍受宮廷民間的廣泛歡迎。演奏技藝大有改進發展，琵琶名家輩出，燦若群星。琵琶不僅在各類樂隊中發揮著日益重要的作用，如樂隊表演前常以琵琶開始，元稹《連昌宮詞》云：「夜半月高絃索鳴，賀老琵琶定場屋」。〔註 71〕它還成爲其時一種最爲常見的獨奏樂器。唐代的琵琶形制，據《通典》卷一四四記載，有阮咸、曲項及五弦三大類。

唐太宗所寫《琵琶》詩云：「半月無雙影，金花有四時。摧藏千里態，掩抑幾重悲。促節縈紅袖，清音漫翠帷。馳彈風響急，緩曲訓聲遲。」

《楊太眞外傳》卷下：

> 至乾元元年，賀懷智又上言曰：「昔上夏日與親王棋，令臣獨彈

〔註 70〕〔宋〕王溥：《唐會要》，北京，中華書局 1955 年版，第 621 頁。

〔註 71〕「賀老」是指著名的宮廷琵琶手賀懷智。

琵琶，(其琵琶以石爲槽，鵾雞筋爲弦，用鐵撥彈之）貴妃立於局前觀之。上數枰子將輸，貴妃放康國猧子上局亂之，上大悦。時風吹貴妃領中於臣巾上，良久，回身方落。及歸，覺滿身香氣。乃卸頭幘，貯於錦囊中。今輒進所貯襆頭。」

可見，開元時期宮廷琵琶樂人賀懷智，常在玄宗和貴妃面前演奏，皇帝平日娛樂時，。可以想見，琵琶獨奏在玄宗朝時宮中亦還是較爲常見的。

《楊太眞外傳》卷上：

諸王、郡主、妃之姊妹，皆師妃，爲琵琶弟子。每一曲徹，廣有獻遺。

《楊太眞外傳》卷上：

(唐玄宗）並夢龍女，又製《淩波曲》，(原注：玄宗在東都，夢一女，容貌豔異，梳交心髻，大袖寬衣，拜於床前。上問：「汝何人？」曰：「妾是陛下淩波池中龍女。衛宮護駕，妾實有功，今陛下洞曉鈞天之音，乞賜一曲以光族類。」上於夢中爲鼓胡琴，拾新舊之曲聲，爲《淩波曲》。龍女再拜而去。及覺，盡記之。會禁樂，自御琵琶，習而翻之。與文武臣僚，於淩波宮臨池奏新曲，池中波濤湧起，復有神女出池心，乃所夢之女也。上大悦，語於宰相，因於池上置廟，每歲命祀之。）二曲既成，遂賜宜春院及梨園弟子並諸王。

唐玄宗都自彈琵琶，諸王、郡主、妃之姊妹也都爲琵琶弟子，可以想見其時琵琶於宮闈之盛況，其獨奏形式應更爲多見。

《樂府雜錄》載德宗時期，宮廷琵琶樂人對民間琵琶高手段善本，於長安兩市鬥樂，「翊日，德宗召入，令陳本藝，異常嘉獎，乃令教授崑崙。段奏曰：『且請崑崙彈一調。』及彈，師曰：『本領何雜？兼帶邪聲。』崑崙驚曰：『段師神人也。臣少年，初學藝時，偶於鄰舍女巫授一品弦調，後乃易數師。段師精鑒如此玄妙也！』段奏曰：『且遣崑崙不近樂器十餘年，使忘其本領，然後可教。』詔許之。後果盡段之藝。」

由以上文獻，可知琵琶於唐時宮廷之中還是較受歡迎，除以樂隊中重要彈奏樂器的身份演奏，亦常以獨奏的樂器角色出現於一些非正式場合，多爲皇帝及後宮享樂所用。

（三）箜篌

箜篌有豎箜篌、臥箜篌、鳳首箜篌等不同種類，豎箜篌、鳳首箜篌（如圖所示〔註 72〕）都來源於西域，臥箜篌則是漢代創制的新樂器。隋唐時期，箜篌被廣泛地運用，很受歡迎，湧現了許多演奏名家。李憑就是其中較爲著名的一位，他是梨園子弟，且演奏技藝較高，李賀《李憑箜篌引》中云：

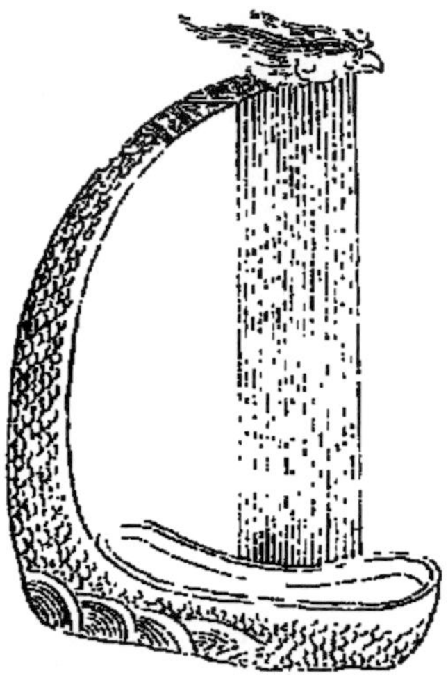

吳絲蜀桐張高秋，空白凝雲頹不流。江娥啼竹素女愁，李憑中國彈箜篌。崑山玉碎鳳凰叫，芙蓉泣露香蘭笑。十二門前融冷光，二十三絲東紫皇。女媧煉石補天處，石破天驚逗秋雨。夢入坤山教神嫗，老魚跳波瘦蛟舞。吳質不眠倚桂樹，露腳斜飛濕寒兔。〔註 73〕

圖 39 《樂書》所繪「鳳首箜篌」

詩中運用一系列富於想像的比擬，描寫出李憑演奏箜篌之樂的美妙與幽婉。除李賀此詩外，還有楊巨源《聽李憑彈箜篌詩》、顧況《聽李供奉彈箜篌歌》等，當然這些詩句均應是作者聽了李憑獨奏箜篌之後才有感而發，雖未言是否於宮廷之中進行獨奏表演，但亦可以想見箜篌於當時宮廷之中，亦會以一種獨奏樂器的角色而出現。唐代箜篌高手還有張徽（張野狐）、張小子、季齊皐等，教坊尤以胡部中人的技藝爲高。

二、擊奏樂器

（一）羯鼓

羯鼓爲西域樂器，南北朝時傳入中原。唐時較爲盛行，由於唐玄宗的喜愛與推崇，開元、天寶年間其位於樂器之中甚高。四夷樂之樂隊，如龜茲、疏勒、高昌、天竺諸部樂隊之中均有使用。〔註 74〕羯鼓狀「如漆桶，下以小

〔註 72〕 圖爲陳暘《樂書》卷一二八中所繪。（〔宋〕陳暘：《樂書》，文淵閣四庫全書本。）

〔註 73〕 〔清〕彭定求等：《全唐詩》卷三九〇，北京，中華書局 1960 年版，第 4392 頁。

〔註 74〕 《羯鼓錄》云：「其音主太蔟一均，龜茲部、高昌部、疏勒部、天竺部皆用之。」（〔唐〕南卓：《羯鼓錄》，上海，古典文學出版社 1957 年版，第 3 頁。）

牙床承之，擊用兩杖」（如圖〔註75〕）。「其聲焦殺鳴烈，尤宜促曲急破，作戰杖連碎之聲。又宜高樓晚景，明月清風，破空透遠，特異眾樂。」說明它的聲音，特點突出，高昂響亮，穿透力極強，受到人們的歡迎。唐玄宗常說羯鼓玉笛是「八音領袖，諸樂不可為比。」

有關唐時宮闈之中羯鼓獨奏的記載較多。《羯鼓錄》中就可見多處：

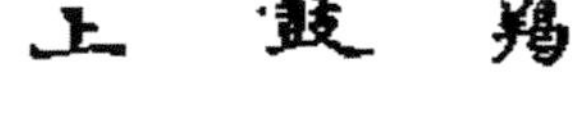

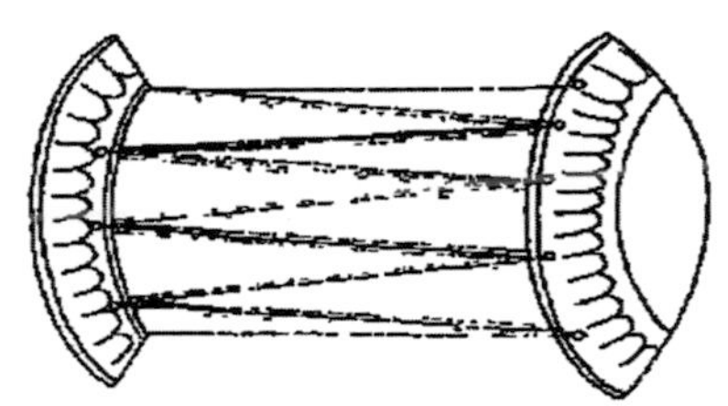

圖40 《樂書》所繪「羯鼓」

> 嘗遇二月初，詰旦巾櫛方畢，時當宿雨初晴，景色明麗，小殿內庭，柳杏將吐，覩而歎曰：「對此景物，豈得不為他判斷之乎！」左右相目，將命備酒，獨高力士遣取羯鼓。上旋命之臨軒縱擊一曲，曲名《春光好》。……又製《秋風高》，每至秋空迥徹，纖翳不起，即奏之，必遠風徐來，庭葉隨下。其曲絕妙入神，例皆如此。……
>
> 上性俊邁，酷不好琴，曾聽彈琴，正弄未及畢，叱琴者出曰：『待詔出去！』謂內官曰：『速召花奴，將羯鼓來，為我解穢！』

書中還記述了玄宗與其兄寧王之子、汝南王李璡，擊奏羯鼓的故事：一次玄宗戴砑絹帽擊鼓，摘紅槿花置其帽檐上，因帽、花皆極滑，好不容易才把花放穩。但李璡高奏《舞香山》一曲，而花一直沒有墜落。玄宗誇讚他「非人間人，必神仙謫墜也。」其中較為著名的一段，講述了黃幡綽於殿外聽玄宗帝擊羯鼓之音，而適時進見的故事。

> 黃幡綽亦知音，上嘗使人召之不時至，上怒，絡繹遣使尋捕。綽即至，及殿側，聞上理鼓，固止謁者不令報。俄頃上又問侍官：「奴來未？」綽又止之。曲罷後，改奏一曲，纔三數十聲，綽即走入。上問：「何處去來？」曰：「有親故遠適，送至郊外。」上頷之。鼓畢，上謂曰：「賴稍遲，我向來怒時，至必撻焉。適方思之，長入供奉，已五十餘日，暫一日出外，不可不放他東西過往。」綽拜謝訖。內官有相偶語笑者。上詰之。具言綽尋至，聽鼓聲，候時以入。上

〔註75〕圖為陳暘《樂書》卷一二七中所繪。（〔宋〕陳暘：《樂書》，文淵閣四庫全書本。）

問綽。綽語其方怒及解怒之際，皆無少差。上奇之，復厲聲謂曰：我心脾肉骨下事，安有侍官奴聞小鼓能料之耶！今且謂我何如？」綽走下階，面北鞠躬大聲曰：「奉敕豎金雞！」上大笑而止。〔註 76〕

玄宗在宮中經常練習擊奏羯鼓，他曾問「善羯鼓」的梨園樂師李龜年打壞多少杖，龜年言「臣打五十杖訖」，玄宗則說自己已「打卻三豎櫃也」。之後數年，玄宗又打壞一豎櫃鼓仗。〔註 77〕

大臣宋璟、太常少卿李琬都善長羯鼓。以羯鼓知名者還有唐代宗時的宰相杜鴻漸。足見羯鼓獨奏這種演奏形式，於其時宮中盛行之況。

一種少數民族的打擊樂器，能夠發展出高難多樣的演奏技巧〔註 78〕，大量的專有曲調〔註 79〕及專門作品，並受到朝野上下的喜愛，充分說明它不僅在歌舞音樂和各種樂器樂合奏中，發揮重要的特殊作用，最爲重要的是，羯鼓已發展成爲一種獨立的器樂表演，以獨奏的形式出現於唐時宮闈之中。

（二）三杖鼓

三杖鼓爲鼓類樂器的一種，文獻中有關於其獨奏形式在唐懿宗時期於宮廷之中出現的記載。

《樂書》卷一三九「三杖鼓」條有所記述，且書中還繪有其形制的圖示。

三杖鼓非前代之制。唐咸通初，有王文舉尤妙弄三杖，打檫萬不失一，懿皇師之，失人主之體也。

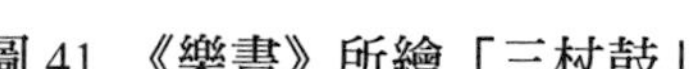
圖 41 《樂書》所繪「三杖鼓」

（三）磬

編磬作爲雅樂樂器的代表與禮樂文化的象徵，在唐代亦有以其獨奏的形式而顯

〔註 76〕〔唐〕南卓：《羯鼓錄》，上海，古典文學出版社 1957 年版，第 5～6 頁。

〔註 77〕〔唐〕劉餗：《隋唐嘉話・補遺》，北京，中華書局 1979 年版，第 61 頁。

〔註 78〕大臣宋璟也善長羯鼓，他告訴玄宗：「頭如青山峰，手如白雨點，此即羯鼓之能事也。山峰取不動，雨點取碎急。」

〔註 79〕《羯鼓錄》附載羯鼓諸宮調曲名，有太蔟宮 23 調，太蔟商 50 調，太蔟角 40 調。另外還附有諸佛曲調 10 調，食曲 32 調，都是龜茲、高昌、疏勒、天竺四樂部所用之曲。（〔唐〕南卓：《羯鼓錄》，上海，古典文學出版社 1957 年版，第 12～15 頁。）

現於宮廷之中。楊貴妃就擅長擊磬，《楊太眞外傳》卷上記載：

妃善擊磬，拊搏之音泠泠然，多新聲，雖太常梨園之妓，莫能及之。上命採藍田綠玉，琢成磬；上方造簴，流蘇之屬，以金鈿珠翠飾之，鑄金爲二獅子，以爲趺，彩繪縟麗，一時無比。

三、吹奏樂器

（一）笛子

有關唐代「笛」的形制與來源，《通典》卷一四四「八音」中「笛」條曰：

笛，馬融《長笛賦》：「此器起於近代，出於羌中，京房備其五音」，又稱「丘仲工其事」，不言所造。風俗通曰：「丘仲造笛，長尺四寸，七孔，武帝時人。後更有羌笛。」二說不同，未詳孰實。今橫笛去觜。其加觜者，謂之義觜笛。（原注：按橫笛，小篪也。漢靈帝好胡笛。宋書云「有胡篪出於胡吹」，即謂此。梁胡吹歌云：「快馬不須鞭，拗折楊柳枝。下馬吹橫笛，愁殺路旁兒。」此歌詞元出於北國，知橫笛是北名也。）〔註 80〕

由此段文字可看出，在漢時，馬融認爲笛爲羌人樂器，基本上屬於胡樂的範疇，雖稱「丘仲工其事」但未言明是誰所造。《風俗通義》中雲笛爲丘仲所造，而羌笛是其後傳入的。從文獻記載中可以看到，「橫笛」廣泛應用於四夷之樂如高麗樂、扶南樂、天竺樂、高昌樂、龜茲樂、疎勒樂、安國樂、哥羅國樂的樂隊中，及受胡樂影響的西涼樂、散樂之中。所以，在唐人看來「橫笛」應屬胡樂樂器。且丘瓊蓀在考述唐代「笛」時亦云：笛「古謂之篴，乃直吹之器。橫笛乃外來之器，又稱羌笛。各書中所謂長笛、短笛，其爲直爲橫都不明，姑合而爲一，蓋後世用之吹之笛者甚少。龜茲樂中之笛，《舊唐書》中寫明爲橫笛，《唐六典》同。大約唐人所說的笛，都是橫笛……」〔註 81〕杜佑在注中亦云橫笛爲胡樂之器，但並未直接言明「笛」與「橫笛」之間的區別。有關「笛」之淵源，究竟是中原舊器還是「出於羌中」，還是「未詳孰實」，說明於唐人眼中，「笛」的來源並不明晰。

唐時笛有多種形制，如羌笛、長笛、短笛等，還有竹、玉等不同材質，

〔註 80〕〔唐〕杜佑：《通典》，北京，中華書局 1984 年版，第 754 頁。

〔註 81〕丘瓊蓀：《燕樂探微》，淩廷堪 林謙三 丘瓊蓀：《燕樂三書》，任中傑 王延齡校，哈爾濱，黑龍江人民出版社，1986 年 7 月版，第 345 頁。

僅玉笛，又分白玉笛、紫玉笛等多種。笛在隋唐時期，演奏技藝達到相當高的水平，吹笛名手輩出，已發展成爲一種很爲盛行的獨奏樂器，並經常出現於宮廷之中。《楊太眞外傳》卷上載楊貴妃曾爲「竊寧王紫玉笛吹」而忤旨，被逐放出宮，張祜詩「梨花靜院無人見，閒把寧王玉笛吹」，即吟詠此事。

> （開元）九載二月，上舊置五王帳，長枕大被，與兄弟共處其間。妃子無何竊寧王紫玉笛吹，故詩人張祜詩云：「梨花靜院無人見，閒把寧王玉笛吹。」〔註 82〕

《楊太眞外傳》卷上又云，唐玄宗夢見十幾位各持樂器的仙子，演奏著一曲名曰《紫雲回》的樂曲，夢醒後便按夢中之樂以笛奏之，並賜予宜春院及梨園弟子並諸王習之。

> 上嘗夢十仙子，乃製《紫雲回》（原注：玄宗嘗夢仙子十餘輩，御卿雲而下，各執樂器，懸奏之。曲度清越，眞仙府之音。有一仙人曰：「此神仙《紫雲回》。今傳受陛下，爲正始之音。」上喜而傳受。寤後，餘響猶在。旦，命玉笛習之，盡得其節奏也）……二曲既成，遂賜宜春院及梨園弟子並諸王。

楊貴妃死後，玄宗終日抑鬱寡歡，於宮中常吹一紫玉笛，以寄心中之哀思，並於臨終之前將自己經常吹奏的這支紫玉笛贈予唐代宗。《楊太眞外傳》卷下有此記述：

> 皇心震悼。及至移入大內甘露殿，悲悼妃子，無日無之。遂辟穀服氣，張皇后進櫻桃蔗漿，聖皇並不食。常玩一紫玉笛，因吹數聲，有雙鶴下於庭，徘徊而去。聖皇語侍兒宮愛曰：「吾奉上帝所命，爲元始孔升眞人。此期可再會妃子耳。笛非爾所寶，可送大收。」（大收，代宗小字）即令具湯沐。「我若就枕，愼勿驚我。」宮愛聞睡中有聲，駭而視之，已崩矣。

唐文宗時有劉朝霞善吹笛，能在笛上創作新曲調，很受唐文宗喜愛，爲此，文宗曾想送給他一個高官職務。〔註 83〕

由文獻所云，可知笛之獨奏形式於唐時宮廷之中甚爲盛行，尤其因受到

〔註 82〕〔宋〕樂史：《楊太眞外傳》卷上，載《開元天寶遺事十種》，上海古籍出版社，1985 年 1 月版，第 133、134 頁。

〔註 83〕〔宋〕王溥：《唐會要》，北京，中華書局 1955 年版，第 631 頁。

玄宗皇帝的喜愛而風靡一時。

（二）觱篥

篳篥是由龜茲傳入中原的吹管樂器。唐代段安節《樂府雜錄》中云：「觱篥者，本龜茲國樂也，亦曰悲篥，有類於笳。」《通典》卷一四四云：「篳篥，本名悲篥，出於胡中，其聲悲。」〔註 84〕唐代詩人李欣的《聽安萬善吹觱篥歌》：「南山截竹爲觱篥，此樂本自龜茲出」。陳暘《樂書》卷一三〇曰：「觱篥一名悲篥，一名笳管，羌胡龜茲之樂也。」關於其形制，《太平御覽》卷五八四中云：「觱篥者，茄管也，卷蘆爲頭，截竹爲管，出於胡地，製法角音，九孔漏聲，五音咸備，唐編入鹵部樂，名爲茄管，用之雅樂，以爲雅管，六竅之制，則爲鳳管，旋宮轉器，以應律管者也。」《樂書》中亦繪有其圖。

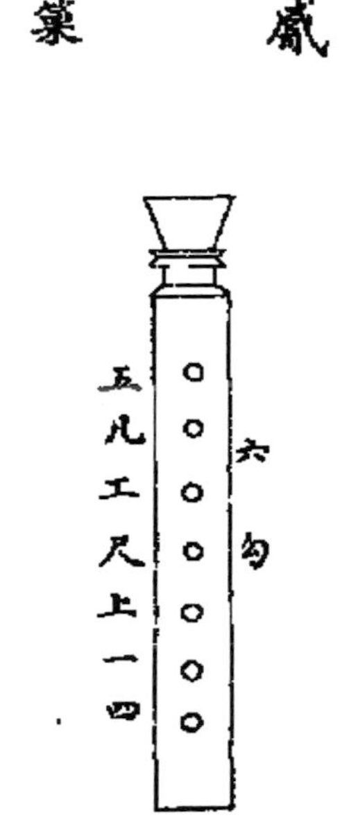

圖 42　《樂書》所繪「觱篥」

在隋唐多部樂中觱篥是運用較爲廣泛的樂器之一，有許多觱篥名手見於記載，如李龜年、張野狐、王麻奴、尉遲青、安萬善、薛陶陽等。

張野狐在梨園子弟中以善吹觱篥「爲第一」，他跟從玄宗逃往蜀地時，玄宗在棧道雨中聞鈴，悼念楊貴妃而作《雨霖鈴》，即交付張野狐演奏。回來後一次玄宗重遊華清宮，命張野狐又奏《雨鈴霖》，曲未半，玄宗四顧淒涼，不覺流涕，左右人等也爲之歔欷感動。〔註 85〕《楊太眞外傳》卷下亦有此記載：「上於望京樓下命張野狐奏《雨霖鈴曲》。曲半，上四顧淒涼，不覺流涕。左右亦爲感傷。」白居易《白孔六帖》卷六一「雨霖鈴」注云：「帝幸蜀初入斜谷霖雨彌旬棧道，中聞鈴聲，帝方悼念貴妃，因采其聲爲雨霖鈴曲，以寄恨焉時。梨園弟子惟張野狐一人善觱栗，因使吹之，遂傳於世《明皇雜錄》。」

〔註 84〕〔唐〕杜佑：《通典》，北京，中華書局 1984 年版，第 754 頁。

〔註 85〕〔唐〕鄭處晦：《明皇雜錄》逸文，載《開元天寶遺事十種》，上海古籍出版社 1985 年 1 月版，第 36 頁。

《唐音癸籤》卷十四「雨霖鈴曲」注亦云：「明皇造，樂工張野狐善觱篥吹之。詳見前明皇樂曲內野狐即徽也。」

《通典》卷一四六「散樂」條云：

> 大抵散樂雜戲多幻術，皆出西域，始於善幻人至中國。……睿宗時，婆羅門獻樂，舞人倒行，而以足舞於極銛刀鋒，倒植於地，抵目就刃，以歷臉中；又植於背下，吹篳篥者立其腹上，曲終而亦無傷。又伏伸其手，兩人躡之，旋身繞手，百轉無已。〔註 86〕

文中記述了睿宗時期，婆羅門獻樂，於殿庭之上一人表演驚險的雜技，且另有一人立於其背上吹奏篳篥，曲終而無傷。可參見本章散樂百戲之樂隊形式一節中《信西古樂圖》所繪之雜技表演的圖示。

《樂府雜錄》「道調子」條有關於懿宗皇帝命樂工敬納，於宮中吹奏觱篥的記述，《樂書》卷一三〇「銀字觱篥」條其注中亦有此記述。〔註 87〕中云：

> 懿皇命樂工敬約吹觱篥，初弄道調，上謂是曲誤拍之，敬約乃隨拍撰成曲子。〔註 88〕

《樂府雜錄》「觱篥」條記載了唐德宗時篳篥名家尉遲青將軍，與幽州觱篥高手王麻奴，於長安家中賽藝之事。〔註 89〕

〔註 86〕〔唐〕杜佑：《通典》，北京，中華書局 1984 年版，第 764 頁。

〔註 87〕《樂書》卷一三〇「銀字觱篥」條亦云：「懿皇命史敬約以觱篥引聲道調，上謂是曲乃悞，拍乃，隨拍製成其曲。」（〔宋〕陳暘：《樂書》，文淵閣四庫全書本。）

〔註 88〕〔唐〕段安節：《樂府雜錄》，上海，古典文學出版社 1957 年版，第 41 頁。

〔註 89〕〔唐〕段安節：《樂府雜錄》載：「德宗朝有尉遲青，官至將軍。大曆中，幽州有王麻奴者，善此伎，河北推爲第一手；恃其藝倨傲自負，戎帥外莫敢輕易請者。時有從事姓盧，不記名，臺拜入京，臨岐把酒，請吹一曲相送。麻奴偃蹇，大以爲不可。從事怒曰：『汝藝亦不足稱，殊不知上國有尉遲將軍，冠絕今古。』麻奴怒曰：『某此藝，海內豈有及者耶？今即往彼，定其優劣。』不數月，到京，訪尉遲青所居在常樂坊，乃側近僦居，日夕加意吹之。尉遲每經其門，如不聞。麻奴不平，乃求謁；見閽者不納，厚賂之，方得見通。青即席地令坐，因於高般涉調中吹一曲《勒部羝曲》，曲終，汗浹其背。尉遲領頤而已，謂曰：『何必高般涉調也？』即自取銀字管，於平般涉調吹之。麻奴涕泣愧謝，曰：『邊鄙微人，偶學此藝，實謂無敵；今日幸聞天樂，方悟前非。』乃碎樂器，自是不復言音律也。」（〔唐〕段安節：《樂府雜錄》，上海，古典文學出版社 1957 年版，第 34～35 頁。）

此外，還有關於唐代宮廷中蘆管獨奏的記載。

《樂書》卷一三〇「蘆管」條有詳述，並繪有其圖：

蘆管之制，胡人截蘆爲之，大概與觱篥相類，出於北國者也。唐宣宗善吹蘆管，自製《楊柳枝》、《新傾杯》，二有數拍不均，嘗命俳優辛骨𩨬拍，不中，因瞋目視之，骨𩨬憂懼，一夕而斃，非寬仁之主也。(原注：唐咸通中，丞相李蔚，自大梁移鎮淮海，嘗構池亭目曰賞心有小校薛陽陶，因獻朱崖李相陸暢元白所撰蘆管歌篇一軸，次出其管兹亭奏之，蓋其管絕微每於一觱篥管中常容三管桂苑叢譚所載也。)

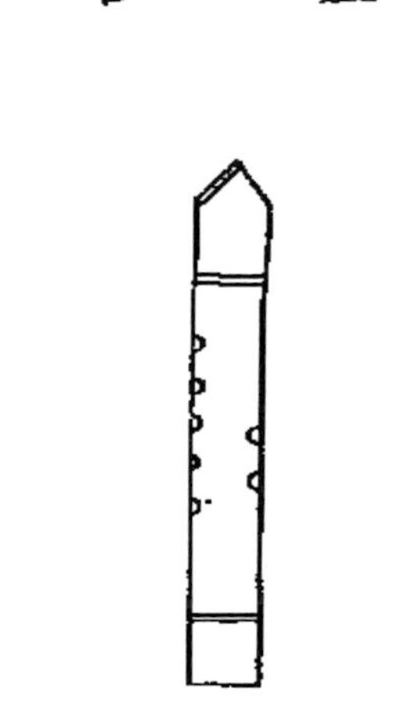

圖 43　《樂書》所繪「蘆管」

可見，唐時「蘆管」形制、結構與觱篥相似，應屬於同一類樂器。

另外，就唐代詩人張枯《聽薛陽陶吹蘆管》、白居易的《小童薛陽陶觱篥歌》，以及羅隱的《薛陽陶篥歌》的詩文來看，雖然三位詩人敘述的樂器名稱有篳篥和蘆管，但演奏者是同一人，說明「蘆管」應與「篳篥」爲同一種樂器，亦或極爲近似的同類樂器。張枯稱爲「蘆管」之由，可能當時薛陽陶吹的觱篥，是用蘆葦製成的，故而稱其爲「蘆管」。這樣以材質稱呼觱篥類樂器的例子是有的，如「茄管」、「雅管」、「鳳管」、「銀字管」等名稱。《樂府雜錄》「觱篥」條在記述了唐德宗時篳篥名家尉遲青將軍，與幽州觱篥高手王麻奴，於長安家中賽藝之事，其中記載了尉遲青所用的是「銀字管」，其觱篥可能是以銀製作而成，故而稱爲「銀字管」。陳暘《樂書》中有「銀字觱篥」條的記載，李宣古《杜司空席上賦》中有：「觱篥調清銀字管」的記述。故可知「蘆管」實爲「篳篥」，是觱篥類樂器的一種。

有關唐時宮廷之中蘆管獨奏的記載，可見《樂府雜錄》「傾杯樂」條云：

宣宗喜吹蘆管，自製此曲，內有數拍不均，上初撚管，令俳兒辛骨𩨬拍，不中，上瞋目瞠視之，骨骨出憂懼，一日而殞。

唐朝宣宗皇帝喜愛並善吹奏之，並自製有蘆管之曲《楊柳枝》和《傾杯樂》二曲。

四、其他樂器

此外，有關唐代宮廷中出現的獨奏樂器的記載，還有一種名爲「胡琴」的樂器。胡琴應爲西域外來樂器，有關胡琴的形制，文獻中並無詳細記載。《駢雅》卷四云：「奚琴、匏琴，胡琴也。」但陳暘《樂書》中將「奚琴」、「匏琴」、「胡琴」同列於胡部「絲之部」中，且各有詳述，然未言奚琴、匏琴即爲胡琴之語。由此可見，「胡琴」或爲奚琴、匏琴的總稱，或與奚琴、匏琴一樣爲一種西域外來樂器。由《樂書》所載可知，胡琴應屬西南夷樂之器。

有關胡琴的運用，多爲樂隊合奏中所用。《樂書》卷一五九「占城」條云：「占城國在中國之西南，其風俗大抵與大食國相類。每歲四月有遊舡之戲，七月集民作歌樂，禳災，荅謝天道，其樂器有胡琴、笛、鼓、大鼓焉。」「大食麻囉拔」條亦云：大食麻囉拔國在西南海岸，其王號亞囉瓰姓亞蒲地加名廚維。每年以二月爲歲首，歌樂多以胡琴、吹笛、鳴小鼓、無唱拍亦。國人性情之自然也。」〔註90〕《樂書》卷一五八「于闐」條曰：「于闐國南接土蕃西南抵蔥嶺，西北撫疎勒，有三河皆出玉，其源同出昆崗山。十二月一日肆筵設席，拍呼撥胡琴唱歌。」「拂菻」條云：「拂菻國東至于闐，西至邈黎，南至大石，北至黑海。每歲蒲桃熟時造酒肆筵，彈胡琴、打偏鼓、拍手、歌舞以爲樂焉。」〔註91〕「邈黎」條：「邈黎國王都邈達州東至大食東南至西涼東北至拂菻。民俗七日一次禮佛作樂，動胡琴、打鼓子、飲宴以爲節序焉。」〔註92〕可見，胡琴在這些還是較爲重要的彈奏樂器之一，並常與鼓、笛合奏而用。

有關胡琴於唐代宮廷獨奏的記述，並不多見。《樂府雜錄》載：「文宗朝，有內人鄭中丞，善胡琴（中丞，即宮人之官也）。」《樂書》卷一二八「胡琴」條亦云：唐文宗朝，女伶鄭中丞善彈胡琴。昭宗末，石潨善胡琴，則琴一也，而有擅場，然胡漢之異特其制度殊耳。《楊太眞外傳》卷上云，唐玄宗夢見龍女賜曲於他，夢中龍女獨彈一胡琴，「拾新舊之曲聲，爲《凌波曲》」。〔註93〕

〔註90〕〔宋〕陳暘：《樂書》卷一五九，文淵閣四庫全書本。

〔註91〕〔宋〕陳暘：《樂書》卷一五八，文淵閣四庫全書本。

〔註92〕〔宋〕陳暘：《樂書》卷一五八，文淵閣四庫全書本。

〔註93〕《楊太眞外傳》卷上：「（唐玄宗）並夢龍女，又製《凌波曲》，（原注：玄宗在東都，夢一女，容貌豔異，梳交心髻，大袖寬衣，拜於床前。上問：「汝何人？」曰：「妾是陛下淩波池中龍女。衛宮護駕，妾實有功，今陛下洞曉鈞天之音，乞賜一曲以光族類。」上於夢中爲鼓胡琴，拾新舊之曲聲，爲《淩波曲》。龍女再拜而去。及覺，盡記之。會禁樂，自御琵琶，習而翻之。」（〔宋〕

五、其他組合形式

唐代宮廷之中，亦有臨時組成的樂隊形式，其樂器組合較爲隨意，並不固定，具有靈活、多變的特點，不同於雅樂、多部樂、坐立二部伎等樂隊編制較爲固定的風格。

《楊太眞外傳》卷上載：

> 時新豐初進女伶謝阿蠻，善舞。上與妃子鍾念，因而受焉。就按於清元小殿，寧王吹玉笛，上羯鼓，妃琵琶，馬仙期方響，李龜年觱篥，張野狐箜篌，賀懷智拍板。

這是一條有關唐時宮中小型樂隊樂器組合形式較爲重要的史料記載。文中記述了這種臨時組成的樂隊中有：玉笛、羯鼓、琵琶、方響、觱篥、箜篌、拍板各一具，共七種樂器。然這七種樂器中擊奏、彈奏、吹奏樂器一樣未缺，均有運用，如下表所列：

表 58 《楊太真外傳》載唐宮廷臨時樂隊樂器分類表

擊奏樂器		彈奏樂器	吹奏樂器
旋律性	非旋律性		
方響	拍板、羯鼓	琵琶、箜篌	玉笛、觱篥

由此樂隊中的樂器來看，其中運用了大量的西域樂器，可以想見得到，胡樂對盛唐時期樂隊組合形式影響至深。

六、小結

唐時大量西域樂器的湧入和融合，使得器樂藝術高度繁榮，不僅體現在多種樂器的組合方面，而且單件器樂的演奏形式亦發展得很爲成熟，獨奏作爲樂器組合形式中的一種，在唐代宮廷中亦是較爲常見的。唐時歌舞音樂爲「以部奉樂」，這樣的音樂制度決定了樂器是以多種樂器組合成樂隊進行表演，宋代是「以盞奉樂」的樂隊演奏形式，其中穿插了較多器樂獨奏的表演形式，所以樂器獨奏在宋時宮廷用樂中是較爲固定且多見的，相較之下，唐時宮廷之中樂器獨奏的形式較爲靈活、多變，其形式並不固定。綜合文中所作之考述，可知這些以獨奏形式演奏的樂器中，較受皇室及嬪妃喜愛並經常

樂史：《楊太眞外傳》卷上，載《開元天寶遺事十種》，上海古籍出版社，1985年1月版，第135頁。）

演奏的，主要爲西域外來樂器，如琵琶、箜篌、羯鼓、觱篥、笛子等。如此之多的西域樂器受到皇族推崇，胡樂對華樂之影響由此可見一斑。

第四節　唐代太常四部樂之樂器組合形式

一、太常四部樂之性質

（一）文獻記述

1、太常四部樂是唐代宮廷音樂制度中的一項樂制

唐代太常四部樂之說最早出於《玉海》所載。據《玉海》卷一〇五「唐太常四部樂」條引《玄宗實錄》云：

> 玄宗先天元年八月乙酉，吐蕃遣使朝賀，帝宴之於武德殿，設太常四部樂於庭。〔註 94〕

可見唐代太常四部樂確實是存在的，且早在玄宗時期即已出現。然此條雖提及唐代的太常四部樂，但並未說明四部樂之名稱。由文中所言先天元年（712年）八月玄宗設太常四部樂於宮廷之中上演，以宴使臣，可知太常四部樂的出現，要早於開元二年（714 年）內教坊與梨園的設置。

杜佑《通典》卷一二八《開元禮纂》「皇太子元正冬至受群臣賀」條，其中亦有關於「四部樂」的記載：

> 若設四部樂，則去樂懸，無警嘩，伶官帥四部伎立於左右嘉善門外。群官初至，伶官帥引四部伎聲作而入，各就座，以次作如式。

《舊唐書》卷一五五《崔邠傳》云：

> 崔邠……上亦器重之。……後改太常卿，知吏部尚書銓事。故事，太常卿初上，大閱四部樂於署，觀者縱焉。邠自私第去帽親導母輿，公卿逢者回騎避之，衢路以爲榮。〔註 95〕

《新唐書》卷一六三《崔邠傳》亦云：

> 崔邠……憲宗器之。……久乃爲太常卿，知吏部尚書銓。故事，太常始視事，大閱四部樂，都人縱觀。邠自第去帽，親導母輿，公卿見者皆避道，都人榮之。

〔註 94〕〔宋〕王應麟：《玉海》，江蘇古籍出版社，上海書店 1988 年縮印本，第 1918 頁。

〔註 95〕〔後晉〕劉昫：《舊唐書》卷一五五《崔邠傳》，北京，中華書局 1975 年版，第 4117 頁。

太常卿大閱四部樂爲唐憲宗朝事，可見此時仍有太常卿上任後檢閱四部樂的制度。由文中所言，太常卿檢閱時，「都人縱觀」，可見「四部樂」更像是「演練於廣場四支宏大的樂隊」〔註 96〕。

唐德宗時，韋皐作《南詔奉聖樂》，與南詔進獻之樂、器、工、衣，一併於貞元十六年正月（800 年）至長安獻演。《新唐書》卷二二二《南蠻傳》對其事有詳細的記述，其中云：

> 凡樂三十，工百九十六人，分四部：一、龜兹部，二、大鼓部，三、胡部，四、軍樂部。龜兹部，有羯鼓、揩鼓、腰鼓、雞婁鼓、短笛、大小觱篥、拍板，皆八；長短簫、橫笛、方響、大銅鈸、貝，皆四。凡工八十八人，分四列，屬舞筵四隅，以合節鼓。大鼓部，以四爲列，凡二十四，居龜兹部前。胡部，有箏、大小箜篌、五弦琵琶、笙、橫笛、短笛、拍板，皆八；大小觱篥，皆四。工七十二人，分四列，屬舞筵之隅，以導歌詠。軍樂部，金鐃、金鐸，皆二；掆鼓、金鉦，皆四。鉦、鼓，金飾蓋，垂流蘇。工十二人，服南詔服，立闢四門，舞筵四隅，節拜合樂。又十六人，畫半臂，執掆鼓，四人爲列。

由文獻所云，可知南詔進獻之樂中亦有四部之樂，四部爲龜茲部、大鼓部、胡部、軍樂部。

2、太常四部樂不同於坐立部伎之讌樂四部

文獻中有關於坐立部伎之讌樂四部的記載。明代方以智《通雅》卷二九《樂曲》載：

> 其讌樂，張文收所作，又分四部。《崔邠傳》：太常始視事，大閱四部樂，都人縱覽。〔註 97〕

《玉海》卷一〇五「四部讌樂」條亦云：

> 讌樂，張文收所作，又分爲四部，有《景雲》、《慶善》、《破陣》、《承天》。《崔邠傳》：故事，太常始視事，大閱四部樂，都人縱覽。」〔註 98〕

根據這兩條文獻中所言，可見玄宗時期的太常四部樂不同於坐立部伎的讌樂四部。雖然文獻記載唐讌樂亦分四部，太常亦有四部，但不能確定太常卿大

〔註 96〕孫曉輝在論述此條文獻時亦持相同觀點。（孫曉輝：《兩唐書樂志研究》，上海音樂出版社，2005 年 8 月版，第 289 頁。）

〔註 97〕〔明〕方以智：《通雅》，文淵閣四庫全書本。

〔註 98〕〔宋〕王應麟：《玉海》，江蘇古籍出版社，上海書店 1988 年縮印本，第 1917 頁。

閱的「四部樂」所指的就是「讌樂四部」。〔註 99〕所以也就無法斷定《通雅》卷二九《樂曲》所云：「唐有十部樂，有兩部樂，有四部樂」，及《通典》卷一二八《開元禮纂》中所言「四部樂」是指讌樂四部，即《景雲》、《慶善》、《破陣》、《承天》四部樂，還是指「太常四部樂」。

（二）今人諸說

由於缺乏史料的明確記載，所以目前我們對太常四部樂的內容及性質仍不能盡知其詳。關於太常四部樂之性質，今人多有研究。岸邊成雄指出：「據說太常四部樂當初係樂器展覽而非四部伎，將樂器分成四類，而在太樂署內設庭展出，供公卿觀覽。」〔註 100〕可見，他認爲太常四部樂實爲一種樂器分類法，其後有許多學者都深受岸邊先生此觀點之影響。王小盾、孫曉輝亦認爲：「太常四部樂是一種對太常寺所掌樂器進行分類的制度，流行於唐宋兩代。」〔註 101〕張國強在考述宋代教坊樂制時，指出唐代太常「四部樂似乎也不能理解爲樂器分類法，這裡的『四部樂』有著類似於唐代多部樂的性質，但分類標準不同於多部樂。」〔註 102〕

（三）唐時太常四部樂之性質

岸邊成雄指出太常四部樂爲唐時太常之一種樂器分類法，即「以樂器分類目的爲其特徵」，但此觀點也僅僅是他的推測，並未舉出證據對此觀點進行考證，且言「關於樂器展出時之分類，其對樂器整理時之分類有何貢獻，尚無確證。」王小盾、孫曉輝雖認爲：「太常四部樂是一種對太常寺所掌樂器進行分類的制度，流行於唐宋兩代。」〔註 103〕但其後又言「四部樂實際上是演練於廣場的四支宏大的樂隊」〔註 104〕，顯然，文中前後對四部樂性質所下結論有所矛盾。有關太常四部樂最初的記載，據《玉海》卷一〇五所引《玄宗實

〔註 99〕參見張國強：《宋代教坊樂制研究》，中國藝術研究院，2004 屆攻讀博士學位論文，第 28 頁。

〔註 100〕〔日〕岸邊成雄著，梁在平、黃志炯譯：《唐代音樂史的研究》，臺北，臺灣中華書局 1973 年版，第 74 頁。

〔註 101〕孫曉輝：《兩唐書樂志研究》，上海音樂出版社，2005 年 8 月版，第 286 頁。王小盾、孫曉輝：《論唐代樂部》，ICTM，2004 年年刊。

〔註 102〕張國強：《宋代教坊樂制研究》，中國藝術研究院，2004 屆攻讀博士學位論文，第 29 頁。

〔註 103〕孫曉輝：《兩唐書樂志研究》，上海音樂出版社，2005 年 8 月版，第 286 頁。王小盾、孫曉輝：《論唐代樂部》，ICTM，2004 年年刊。

〔註 104〕孫曉輝：《兩唐書樂志研究》，上海音樂出版社，2005 年 8 月版，第 289 頁。

錄》，出現在玄宗時期宴請吐蕃使者的宴會之上；且根據兩唐書《崔邠傳》所載，太常卿大閱四部樂，「都人縱觀」；此外，由《南詔奉聖樂》伴奏樂隊中的四部樂組成來看，每部樂都是一組獨立的具有不同特色、特點的樂隊，由此可見，至少在當時，太常四部樂並不僅僅是作爲一種樂器分類法而存在的，亦是作爲可供欣賞的四部伎樂或獨立演出或組合表演，其自身是具有宴饗用樂的功能，和一定獨立的音樂表現能力的。

唐時宮廷音樂中類似於這樣的樂器分類性質是有的，較爲典型的就是鼓吹樂五部類之分。如《樂府詩集》卷二十一《橫吹曲辭》題解云：

> 自隋已後，始以橫吹用之。鹵簿與鼓吹列爲四部，總謂之鼓吹，並以供大駕及皇太子王公等。一曰棡鼓部，其樂器有棡鼓、金鉦、大鼓、小鼓、長鳴角、次鳴角、大角七種……二曰鐃鼓部，其樂器有歌、鼓、簫、笳四種……三曰大橫吹部，其樂器有角、節鼓、笛、簫、篳篥、笳、桃皮篳篥七種……四曰小橫吹部，其樂器有角、笛、簫、篳篥、笳、桃皮篳篥六種……
>
> 唐制，太常鼓吹，令掌鼓吹。施用調習之，節以備鹵簿之儀，而分五部。一曰鼓吹部，其樂器如隋棡鼓部而無大角……二曰羽葆部，其樂器如隋鐃鼓部而加錞于……三曰鐃吹部，其樂器與隋鐃鼓部同……四曰大橫吹部，其樂器與隋同……五曰小橫吹部，其樂器與隋同……

在具體運用鼓吹樂這五部類時，並非以「部」爲單位而單獨使用，而是將各部之樂器組合應用，如唐大駕鹵簿的鼓吹樂隊就是由鼓吹各部之樂器組合而成的，所以，如此看來，太常四部樂亦與鼓吹樂之五部類略具相同之性質。

故，筆者以爲太常四部樂不僅具有一定樂器分類的意義，還具有音樂表現的功能。換言之，太常四部樂不僅爲四種樂器類別，亦是以這四部類爲基礎而形成的四種不同風格、類別的樂隊組合形式。

岸邊成雄在強調太常四部樂爲樂器分類法的同時，雖注意到了這一點，但並未過多強調，只言「太常四部樂之效用，除了陳列分類法及收藏分類法外，根據南詔四部樂例證，尚有演奏時之樂器配列法。」〔註 105〕

此外，筆者對太常四部樂爲一種樂器分類制度這種觀點，持有一定的懷

〔註 105〕〔日〕岸邊成雄著，梁在平、黃志炯譯：《唐代音樂史的研究》，臺北，臺灣中華書局 1973 年版，第 713 頁。

疑，我們可以比照一下胡部、龜茲部及鼓笛部中所用樂器的種類。綜合南詔樂部與《樂府雜錄》、《樂書》卷一八八所載龜茲部、胡部及鼓笛部組成之樂器，可知：

龜茲部：羯鼓、揩鼓、腰鼓、雞婁鼓、四色鼓、短笛、横笛、（笛）、大小觱篥、長短簫、貝、拍板、方響、大銅鈸等十五種樂器。

胡　部：箏、大小箜篌、五弦、琵琶、笙、短笛、横笛、（笛）、大小觱篥、拍板、方響、小銅鈸子等十三種樂器。

鼓笛部：笛、拍板、答鼓（腰鼓）、兩杖鼓。

比照之，笛、拍板這兩種樂器於三個樂部中均有使用；龜茲部與胡部相同之樂器就有七種，據此看來，各部之間通用和相互交錯的樂器種類如此之多，這樣含混不清的樂器分類法如何能將各種樂器歸類展覽亦或分類庫藏呢？

綜合以上分析，筆者以爲唐時太常四部樂其樂隊之樂器配列法的功能，要遠遠大於樂器分類法的功能。確切而言，唐時太常四部樂就是四種不同風格、類別的樂隊組合形式，即可各部獨立使用，亦可相互配合或混合使用。

（四）唐時太常四部樂之各部

《新唐書・南蠻傳》記述貞元時南詔所獻《南詔奉聖樂》之樂隊，分龜茲部、大鼓部、胡部、軍樂部四部，且《五均譜》之樂隊中記述有鼓笛部的使用。《樂府雜錄》中錄唐樂部名者有八條，爲雅樂部、雲韶部、清樂部、鼓吹部、熊羆部、鼓架部、龜茲部、胡部。《宋史》卷一四二《樂志》云「宋初循舊制，置教坊，凡四部」，其中三部爲法曲部、龜茲部、鼓笛部。宋教坊之法曲部，由其樂隊編制來看，與《南詔奉聖樂》及《樂府雜錄》之「胡部」樂器組成幾乎完全一致（詳見下表）。故三書中所記類同者爲龜茲部、胡部，故此二部亦應爲太常四部之樂，諸多學者對此論斷亦並無異議。

岸邊成雄根據《新唐書・南蠻傳》、《宋史・樂志》、《樂府雜錄》等史料之記載，對唐時太常四部樂考述之後，類推爲龜茲部、胡部、大鼓部及鼓笛部。王小盾《唐代樂部研究》認爲，唐代太常四部樂當爲龜茲部、胡部、鼓架部、鼓吹部。〔註 106〕孫曉輝《兩唐書樂志研究》則認爲是龜茲部、胡部、

〔註 106〕王小盾：《唐代樂部研究》，轉引張國強：《宋代教坊樂制研究》，中國藝術研究院，2004 屆攻讀博士學位論文，第 29 頁。

大鼓部、鼓吹部四部。〔註 107〕黎國韜《唐宋四部樂考略》則認爲「唐太常四部樂當以法部、龜茲部、鼓笛部、雲韶部爲是」。〔註 108〕張國強《宋代教坊樂制研究》，文中經其考述，認爲雲韶部非宋代教坊四部之一〔註 109〕，王小盾及孫曉輝對此持相同觀點，筆者亦贊同此說。由此可見，關於唐太常四部樂的推斷，學者們產生異議較多的是除龜茲部、胡部之外的兩個樂部，其究竟是大鼓部、鼓笛部；還是鼓架部、鼓吹部；亦或是大鼓部、鼓吹部？

在此，需指出一點，孫曉輝在論述此問題時，指出「關於太常四部樂的研究，以岸邊成雄《唐代音樂史的研究》一書最爲詳細。岸邊先生綜合南詔四部樂、宋教坊四部樂等各種資料，判斷此四部樂即龜茲部及胡部（法曲部）、鼓笛部、大鼓部（雲韶部）、軍樂部。在我們看來，這種判斷是很有問題的，這種判斷基於推理宋教坊四部樂中有云韶部。從各種歷史記載看，龜茲、胡樂一直是唐代宮廷音樂的兩大部，不可合而爲一；……」〔註 110〕文中並未準確地解讀岸邊成雄關於太常四部樂的觀點。岸邊成雄在考述四部樂時已明確指出「唐朝之太常四部樂類推爲龜茲部、胡部、大鼓部及鼓笛部」，而並未將其判斷爲「龜茲部及胡部（法曲部）、鼓笛部、大鼓部（雲韶部）、軍樂部」，亦未將四部樂之龜茲、胡樂合爲一部。

關於唐代太常四部樂中是否有鼓吹部，筆者以爲若依宋朝教坊四部樂來看，其中是不包括鼓吹部的。孫曉輝在論述太常四部之鼓吹部時，指出「宋教坊亦有鼓吹」，其依據爲《宋史》卷一四二《樂志》教坊條記錄乾德二年「教坊高班都知郭延美又作《紫雲長壽樂》鼓吹曲」；且春秋聖節宴樂節目「第十七，奏鼓吹曲，或用法曲，或用龜茲」。筆者與張國強持相同看法，認爲僅依據教坊樂人作鼓吹曲及聖節宴樂節目中有鼓吹曲的節目，就判斷鼓吹部爲教坊四部之一，是缺乏說服力的。且宋代鼓吹有專門的機構鼓吹署管理，而鼓吹署則隸屬於太常寺管理。加之鼓吹樂用於祭祀、導引、法駕等場合，其性質和用樂場合均與教坊所奏音樂大有不同，若把鼓吹部作爲宋教坊四部之一，似乎不妥。〔註 111〕既然宋教坊四部樂中無鼓吹部，那麼按陳暘《樂書》

〔註 107〕孫曉輝：《兩唐書樂志研究》，上海音樂出版社，2005 年 8 月版，第 289 頁。

〔註 108〕黎國韜：《唐宋四部樂考略》，《音樂研究》，2003 年第 3 期，第 46 頁。

〔註 109〕張國強：《宋代教坊樂制研究》，中國藝術研究院，2004 屆攻讀博士學位論文。

〔註 110〕孫曉輝：《兩唐書樂志研究》，上海音樂出版社，2005 年 8 月版，第 287 頁。

〔註 111〕張國強：《宋代教坊樂制研究》，中國藝術研究院，2004 屆攻讀博士學位論文，第 31 頁。

所記「循用唐制，分教坊為四部」，及張侶《大樂玄機論》所載「四部絃管，尚循唐代梨園之遺」，如此看來，由宋教坊四部來推測唐太常四部，其中亦應無鼓吹部。又由「四部絃管」之語，可知無彈奏樂器的鼓吹部亦不符合其言。故筆者以為隸屬於鼓吹屬的鼓吹樂部不為太常四部樂之一。《舊唐書》卷一五五《崔邠傳》已云「太常卿（崔邠）初上，大閱四部樂於署」，此「署」當係指太樂署而言，故這亦是隸屬於鼓吹屬之鼓吹樂部不為太常四部之一的佐證。

需另外提及一點，孫曉輝《兩唐書樂志研究》，其中將鼓吹部作為太常四部樂之一，在論述時指出「鼓吹部：唐樂府有此部，南詔稱『軍樂部』。二者所用樂器大致相同。南詔軍樂用金鉦、金鐸、䩙鼓、金鉦等樂器，《樂府雜錄・鼓吹部》則云：『即有鹵簿、鉦、鼓及角。』」〔註 112〕認為唐時鼓吹部，南詔稱「軍樂部」，且二者所用樂器也大致相同。筆者認為此種推斷有失周詳。南詔軍樂部所用樂器為「金饒、金鐸，皆二；𢫬鼓、金鉦，皆四。」可見，在南詔「軍樂部」中是無吹奏樂器，而只有擊奏樂器。吹奏樂器是「鼓吹部」中必不可少的樂器，若南詔「軍樂部」等同於唐代「鼓吹部」，怎會連鼓吹部最基本的吹奏類樂器都沒有呢？如唐大駕鹵簿鼓吹中，鼓吹部有長鳴 120；鐃吹部有簫、笳各 48；羽葆部有中鳴 120，簫、笳各 48；大橫吹部有大橫吹 120，笛、簫、觱篥、笳、桃皮觱篥各 24；小橫吹部有小橫吹 120，笛、簫、觱篥、笳、桃皮觱篥各 24；大角 120。在整個大駕鹵簿鼓吹樂隊中擊奏類樂器有 326 件，而吹奏類樂器有 1032 件，占整個鼓吹樂隊樂器總數的 76%。故南詔樂所稱「軍樂部」並不符合鼓吹部所用樂器的基本特點。由以上分析，筆者認為暫不論「鼓吹部」是否為唐代太常四部樂之一，都不能簡單地等同於僅有擊奏類樂器的南詔樂之「軍樂部」。

筆者認為考察唐太常四部樂，應以南詔所獻之樂的分類為主要依據。南詔所獻《南詔奉聖樂》之樂隊中用龜茲部、胡部、大鼓部、軍樂部，而《五均譜》樂隊中使用了鼓笛部，如（太簇商曲）「樂用龜茲、鼓笛各四部，與胡部等合作」；（姑洗角曲）「樂用龜茲、胡部。……而加鼓笛四部」；（林鍾徵曲）「樂用龜茲，鼓笛每色四人」，可知南詔所獻之樂的樂隊中涉及到唐時五個樂部的運用，即龜茲部、胡部、大鼓部、軍樂部、鼓笛部，並且文中將鼓笛部與龜茲部、胡部同時、同等記載，可見鼓笛部當為太常四部樂之一。且《舊唐書》卷一〇五《韋堅傳》載：開元二十九年，「（陝縣尉崔）成甫又作歌詞十

〔註 112〕孫曉輝：《兩唐書樂志研究》，上海音樂出版社，2005 年 8 月版，第 288 頁。

首，白衣缺胯綠衫，錦半臂，偏袒膊，紅羅抹額，於第一船作號頭唱之。和者婦人一百人，皆鮮服靚妝，齊聲接影，鼓笛、胡部以應之。」這條文獻亦可謂是唐時鼓笛部存在之佐證。綜合以上，可知鼓笛部在《新唐書》所載南詔《五均譜》的樂隊中，《樂府雜錄》記述的唐時各樂部中，及《宋時・樂志》著述的宋教坊四部樂中均有記述，據此，可推斷鼓笛部係唐太常四部樂之一。

至於軍樂部，筆者較爲贊同岸邊成雄之觀點，認爲「該軍樂部原無此種名稱，係南詔奉聖樂作者，將此曲所用樂器，根據太常四部樂制分類，將數種軍樂器歸納一起，認有稱『部』必要；而太常四部樂之鼓笛部樂器，本曲內並未使用，故代以軍樂部者（太常四部樂則無軍樂部）」。〔註 113〕

綜合以上分析，筆者以爲唐代太常四部樂爲龜茲部、胡部、鼓笛部、大鼓部。

二、唐時太常四部樂各部之樂器組成

（一）龜茲部

1、太常四部樂之龜茲部樂隊形式

《南詔奉聖樂》之樂隊所用樂器（下文簡稱「南詔樂部」），《新唐書》卷二二二《南蠻傳》載「龜茲部」樂隊的樂器構成爲：

> 龜茲部，有羯鼓、揩鼓、腰鼓、雞婁鼓、短笛、大小觱篥、拍板，皆八；長短簫、橫笛、方響、大銅鈸、貝，皆四。凡工八十八人，分四列，屬舞筵四隅，以合節鼓。

《樂府雜錄》「龜茲部」條云：

> 樂有觱篥、笛、拍板、四色鼓、揩羯鼓（引者按：應爲揩鼓和羯鼓）、雞樓鼓。戲有五方獅子，高丈餘，各衣五色。每一獅子有十二人，戴紅抹額，衣畫衣，執紅拂子，謂之「獅子郎」，舞《太平樂》曲、《破陣樂》曲亦屬此部，秦王所製，舞人皆衣畫甲，執旗旆；外藩鎮春冬犒軍亦舞此曲，兼馬軍引入場，尤甚壯觀也。《萬斯年》曲，是朱崖李太尉進此曲名，即《天仙子》是也。

《樂書》卷一八八「龜茲部」條亦云：

> 隋開皇中，龜茲樂大盛於世。新聲音變，朝改暮易。文帝深疾

〔註 113〕〔日〕岸邊成雄著，梁在平、黃志炯譯：《唐代音樂史的研究》，臺北，臺灣中華書局 1973 年版，第 701 頁。

而敕止之，終莫能救。浸以靡曼，遂至於亡。至唐，龜茲部樂有觱篥、笛、拍板、四色鼓、楷鼓、腰鼓、羯鼓、雞婁鼓。戲有五方師子，高丈餘，各依方色。每一師子有十二人，戴緋抹額，衣執紅拂，謂之列師子郎，舞《太平樂》曲。而《破陣樂》亦屬此部，秦王所製，舞用一千人皆畫衣甲，執旗旆；外藩鎮春冬犒軍設亦舞此曲，兼馬軍引入場，尤壯觀也。《萬斯年》曲，是朱崖李太尉進曲名，即《天仙子》是也。聖朝大中祥符中諸工請增龜茲部，如教坊云：其曲有雙調宇宙清感皇恩也。

《宋史》卷一四二《樂志》記述宋教坊四部之「龜茲部」樂隊配置，曰：

龜茲部，其曲二，皆雙調，一日《宇宙清》，二日《感皇恩》。樂用觱栗、笛、羯鼓、腰鼓、揩鼓、雞樓鼓、鼗鼓、拍板。〔註 114〕

茲將三書中所載「龜茲部」樂隊之配器情況比照之，並列於下表：

表 59　南詔樂部與《樂府雜錄》、《樂書》載「龜茲部」樂隊配器比照表

	南詔樂部	《樂府雜錄》	《樂書》	教坊四部
擊奏樂器	羯鼓	羯鼓	羯鼓	羯鼓
	揩鼓	揩鼓	楷鼓	揩鼓
	雞婁鼓	雞樓鼓	雞婁鼓	雞樓鼓
	腰鼓		腰鼓	腰鼓
		四色鼓	四色鼓	
				鼗鼓
	拍板	拍板	拍板	拍板
	方響			
	大銅鈸			
吹奏樂器	短笛	笛	笛	笛
	橫笛			
	大、小觱篥	觱篥	觱篥	觱栗
	長、短簫			
	貝			

〔註 114〕〔元〕脱脱：《宋史》，北京，中華書局 1977 年版，第 3349 頁。

由表中所列，可看出三書中所述龜茲部樂隊之樂器構成，除各別樂器不同外，就整個樂隊編制而言並無較多相異之處。從樂隊之樂器種類的構成來看，龜茲部以擊奏樂器和吹奏樂器爲主體，且擊奏樂器在龜茲樂的樂隊中佔有很爲重要的位置，此外最爲顯著的特點是樂隊中並無彈奏樂器的運用。換言之，龜茲樂與吹打樂的樂隊性質極爲接近，應屬於其範疇之列。

2、太常四部樂之「龜茲部」不同於十部樂之「龜茲伎」的樂隊形式

太常四部樂之「龜茲部」與十部樂之「龜茲伎」同以龜茲命名，二者之間究竟爲何樣的關係，其樂隊形式又有怎樣的聯繫？茲將文獻所載有關兩種樂部之樂器編配情況比照如下：

表 60　太常四部樂之「龜茲部」與十部樂之「龜茲伎」樂器編配比照表

		十部伎之「龜茲伎」					太常四部之「龜茲部」	
類型	出處 樂隊構成	《隋書・音樂志》	《唐六典・太常寺》	《通典・樂六》	《舊唐書・音樂志》	《新唐書・禮樂志》	南詔樂部	《樂府雜錄》
擊奏樂器	毛員鼓	*	*	*	*	*		
	都曇鼓	*	*		*	*		
	答臘鼓	*	*	*	*	*		
	腰鼓	*	*	*	*	*	*	
	羯鼓	*	*	*	*		*	*
	雞婁鼓	*	*	*	*	*	*	*
	齊鼓					*		
	揩鼓						*	*
	檐鼓					*		
	侯提鼓		*			*		
	四色鼓							*
	拍板						*	*
	銅鈸	*	*	*	*	*	大銅鈸	
	方響						*	

<table>
<tr><td rowspan="4">彈奏樂器</td><td>豎箜篌</td><td>*</td><td>*</td><td>*</td><td>*</td><td>*</td><td></td><td></td></tr>
<tr><td>琵琶</td><td>*</td><td>*</td><td>*</td><td>*</td><td>*</td><td></td><td></td></tr>
<tr><td>五弦</td><td>*</td><td>*</td><td>*</td><td>*</td><td>*</td><td></td><td></td></tr>
<tr><td>彈箏</td><td></td><td></td><td></td><td></td><td>*</td><td></td><td></td></tr>
<tr><td rowspan="7">吹奏樂器</td><td>笙</td><td>*</td><td>*</td><td>*</td><td>*</td><td>*</td><td></td><td></td></tr>
<tr><td>橫笛</td><td rowspan="2">笛</td><td>*</td><td>*</td><td>*</td><td>*</td><td>*</td><td rowspan="2">笛</td></tr>
<tr><td>短笛</td><td></td><td></td><td></td><td></td><td>*</td></tr>
<tr><td>簫</td><td>*</td><td>*</td><td>*</td><td>*</td><td>*</td><td>長短簫</td><td></td></tr>
<tr><td>篳篥</td><td>*</td><td>*</td><td>*</td><td>*</td><td>*</td><td>大小篳篥</td><td>*</td></tr>
<tr><td>貝</td><td>*</td><td>*</td><td>*</td><td>*</td><td>*</td><td>*</td><td></td></tr>
<tr><td>樂器種類</td><td>15</td><td>16</td><td>14</td><td>15</td><td>18</td><td>12</td><td>7</td></tr>
</table>

由上表所列，可明顯看出太常四部樂之「龜茲部」（下文簡稱「太常龜茲部」）不同於十部樂之「龜茲伎」（下文簡稱「十部龜茲伎」）的樂隊形式。太常龜茲部較之十部龜茲伎，其樂隊形式略顯簡單，其中所用樂器種類較少。兩種樂部之名同以「龜茲」而命，但其樂隊形式又存在著諸多差異，那麼，二者之間是怎樣的一種關係呢？隋文帝設七部樂，煬帝又更設九部樂，其中龜茲伎是其中較為重要之一部，可見「十部龜茲伎」之樂隊形式隋代便已形成，唐初循隋制設十部樂，由文獻所述可看出，盛唐及中唐時期「十部龜茲伎」之樂隊形式與隋時亦並無太多變化。據《玉海》卷一〇五「唐太常四部樂」條引《玄宗實錄》云：「玄宗先天元年八月乙酉，吐蕃遣使朝賀，帝宴之於武德殿，設太常四部樂於庭。」說明太常四部樂於玄宗朝時已有，岸邊成雄推測其創設在玄宗「即位十天內頒佈實施，亦並非不可能也」〔註 115〕。盛唐時期「太常龜茲部」之樂隊構成，因缺乏史料記載，現未能盡知其詳，其樂隊形式是否與「十部龜茲伎」相同或相似，亦都不可得知。但將「十部龜茲伎」與德宗時期南詔樂之龜茲部相比較，雖後者缺之諸多樂器，然前者樂隊中較為核心之樂器均有保留和使用，諸如羯鼓、腰鼓、雞婁鼓、笛、篳篥、銅鈸等樂器。但二者最為重要的不同之處，是「太常龜茲部」中並無彈奏樂器的配置，這一點使得其樂隊形式更具特色，亦將龜茲樂所具有「震厲」的特點更為突出化。「太常龜茲部」自建立之始便已有「十部龜茲伎」，這樣的樂隊

〔註 115〕〔日〕岸邊成雄著，梁在平、黃志炯譯：《唐代音樂史的研究》，臺北，臺灣中華書局 1973 年版，第 709 頁。

構成或許是創設者爲區分二者之不同而有意如此編配，亦或是隨著時間的推移後來逐漸形成，這些都未嘗可知。

綜合以上可知，唐「太常龜茲部」之樂器編配源於「十部龜茲伎」，換言之，前者是以後者爲基礎而形成的樂隊形式，德宗時「太常龜茲部」已減至 12 種樂器。且至晚唐時期，「太常龜茲部」的樂隊形式就更爲簡單化了，其中僅有樂器 7 種。

（二）胡部

《新唐書》卷二二二《南蠻傳》載南詔樂部之「胡部」樂器組合爲：

> 胡部，有箏、大小箜篌、五弦、琵琶、笙、橫笛、短笛、拍板，皆八；大小觱篥，皆四。工七十二人，分四列，屬舞筵之隅，以導歌詠。

《樂府雜錄》「胡部」條云：

> 樂有琵琶、五弦、箏、箜篌、觱篥、笛、方響、拍板。合曲時，亦擊小銅鈸子。合曲後立唱歌，涼府所進，本在正宮調，大遍、小遍，至貞元初，康崑崙翻入琵琶玉宸宮調。初進曲在玉宸殿，故有此名。合諸樂，即黃鍾宮調也。《奉聖樂曲》，是韋南康鎮蜀時南詔所進，在宮調，亦舞伎六十四人，遇內宴，即於殿前立奏樂，更番替換；若宮中宴，即坐奏樂。俗樂亦有坐部、立部也。

《樂書》卷一八八「胡部」條亦云：

> 唐胡部，樂有琵琶、五弦、箏、箜篌、笙、觱篥、笛、拍板。合諸樂，擊小銅鈸子。合曲後，立唱歌。戲有《參軍》、《婆羅門》。《涼州曲》，此曲本在正宮調，有大遍者，即貞元初，康崑崙翻入琵琶也，玉宸宮調，初進曲時在玉宸殿也。合諸樂，即黃鍾宮調也。《奉聖樂曲》，韋南康鎮蜀時南詔所進，在宮調，並進舞伎六十四人，遇內宴，於殿前更番立奏樂；若宮中宴，即坐奉之。故俗樂有坐部伎、立部伎也。

《宋史》卷一四二《樂志》載宋教坊四部樂之「法曲部」樂器配置，曰：

> 法曲部，其曲二，一曰道調宮《望瀛》，二曰小石調《獻仙音》。樂用琵琶、箜篌、五弦、箏、笙、觱篥、方響、拍板。〔註 116〕

〔註 116〕〔元〕脫脫：《宋史》，北京，中華書局 1977 年版，第 3349 頁。

茲將三書中所載「胡部」、「法曲部」樂隊之配器情況對照之，列於下表：

表 61　宋教坊四部之「法曲部」與南詔樂部及唐太常四部之「胡部」樂隊編配比照表

<table>
<tr><th></th><th>南詔樂部</th><th>《樂府雜錄》</th><th>《樂書》</th><th>教坊四部</th></tr>
<tr><td rowspan="5">彈奏樂器</td><td>琵琶</td><td>琵琶</td><td>琵琶</td><td>琵琶</td></tr>
<tr><td>五弦</td><td>五弦</td><td>五弦</td><td>五弦</td></tr>
<tr><td>箏</td><td>箏</td><td>箏</td><td>箏</td></tr>
<tr><td>大箜篌</td><td rowspan="2">箜篌</td><td rowspan="2">箜篌</td><td rowspan="2">箜篌</td></tr>
<tr><td>小箜篌</td></tr>
<tr><td rowspan="5">吹奏樂器</td><td>大觱篥</td><td rowspan="2">觱篥</td><td rowspan="2">觱篥</td><td rowspan="2">觱篥</td></tr>
<tr><td>小觱篥</td></tr>
<tr><td>笙</td><td></td><td>笙</td><td>笙</td></tr>
<tr><td>橫笛</td><td rowspan="2">笛</td><td rowspan="2">笛</td><td></td></tr>
<tr><td>短笛</td><td></td></tr>
<tr><td rowspan="3">擊奏樂器</td><td>拍板</td><td>拍板</td><td>拍板</td><td>拍板</td></tr>
<tr><td></td><td>方響</td><td></td><td>方響</td></tr>
<tr><td></td><td>小銅鈸子</td><td>小銅鈸子</td><td></td></tr>
</table>

由表中所列，可清晰地看到宋教坊四部之「法曲部」與南詔樂部及《樂府雜錄》、《樂書》記述之「胡部」的樂隊編配極爲近似，除各別樂器稍有出入，這說明唐朝太常之「胡部」亦就是宋教坊之「法曲部」，確切而言，兩者之間應爲源與流的關係。

由文獻所云，很顯然，胡部樂器編配以彈奏樂器（絲）、吹奏樂器（竹）爲主體，另加拍板、方響等擊奏樂器組合而成。較之其他三部樂而言，其樂隊形式較爲突出的特點是使用了較多的彈奏樂器，旋律性樂器所佔的比例很大，而擊奏樂器處於次要地位，這亦是決定胡部樂隊風格的重要原因。

「胡部」樂隊這種「絲竹」之風格特點，文獻中亦有較多記載可爲其證。《樂府雜錄》「別樂識五音輪二十八調圖」條云：「舜時調八音，用金、石、絲、竹、匏、土、革、木，計用八百般樂器。至周時，改用宮、商、角、徵、羽，用製五音，減樂器至五百般。至唐朝，又減樂器至三百般。太宗朝，三百般樂器內挑絲、竹爲胡部，用宮、商、角、羽，並分平、上、去、入四聲。

其徵音有其聲，無其調。」其後又云：「初製胡部樂，無方響，只有絲竹，緣方響有直拔聲，不應諸調。太宗於內庫別收一片鐵方響，下於中呂調頭一運，聲名大呂，應高般涉調頭，方得應二十八調。」其中「挑絲、竹爲胡部」與「初製胡部樂，無方響，只有絲竹」之語其意一致，胡部樂隊之「絲竹」風格可見一斑。這亦證明了胡部樂隊之中，起始之時是並無方響的運用，正與南詔樂部之胡部中無方響的記載相吻合，說明至少在德宗朝時期，胡部樂隊中還是沒有加入方響的。此外，《樂府雜錄》「箜篌」條載：「大中末，齊皐尚在，有內官擬引入教坊，辭以衰老，乃止。胡部中此樂妙絕。教坊雖有三十人，能者一兩人而已。」說明箜篌確係胡部樂隊所用之器，這亦恰與所述胡部樂隊配器之制相一致。

（三）鼓笛部

南詔所獻《五均譜》中僅雲使用有「鼓笛部」之語，然未言其樂部的具體樂器構成情況。

《樂府雜錄》「鼓架部」條云：

> 樂有笛、拍板、答鼓，即腰鼓也，兩杖鼓。戲有《代面》，始自北齊神武弟，有膽勇，善鬥戰，以其顏貌無威，每入陣即著面具，後乃百戰百勝。戲者衣紫，腰金，執鞭也。《缽頭》，昔有人父爲虎所傷，遂上山尋其父屍。山有八折，故曲八疊。戲者被髮，素衣，面作啼，蓋遭喪之狀也。《蘇中郎》，後周士人蘇葩，嗜酒落魄，自號《中郎》，每有歌場，輒入獨舞。今爲戲者，著緋，戴帽；面正赤，蓋狀其醉也。即有《踏謠娘》、《羊頭渾脱》、《九頭獅子》、《弄白馬益錢》，以至尋橦、跳丸、吐火、吞刀、旋盤、觔鬥，悉屬此部。

《樂書》卷一八八「鼓架部」條亦云：

> 唐鼓架部，樂有笛、拍板、搭鼓（原注：腰鼓也）、兩杖鼓。戲有《代面》、《撥頭》、《蘇郎中》、《踏謠娘》、《羊頭渾脱》、《九頭師子》、《弄白馬意錢》，尋橦、跳瓦、吞刀、吐火、旋盤、觔鬥之屬。

《通典》一四六「散樂」條云：

> 散樂用橫笛一，拍板一，腰鼓三。〔註117〕

《宋史》卷一四二《樂志》記述宋教坊四部之「鼓笛部」樂器編配，曰：

〔註117〕〔唐〕杜佑：《通典》，北京，中華書局1984年版，第764頁。

鼓笛部，樂用三色笛、杖鼓、拍板。〔註 118〕

表 62　文獻載散樂樂隊編制比照表

出處	《通典》	《樂府雜錄》	《樂書》	教坊四部
名稱／類型	散樂	鼓架部	鼓架部	鼓笛部
吹奏樂器	橫笛	笛	笛	三色笛
擊奏樂器	拍板	拍板	拍板	拍板
		兩杖鼓	兩杖鼓	杖鼓
	腰鼓	荅鼓（腰鼓）	搭鼓（腰鼓）	

由《樂府雜錄》、《樂書》關於「鼓架部」內容的記述來看，所謂太常四部樂之「鼓架部」其實就是指以散樂百戲爲內容的樂部，其樂隊形式亦與《通典》所云散樂之樂隊配器很爲相近，可見鼓架部樂隊編制應源於散樂樂隊的配器之制。《樂府雜錄》、《樂書》所述之「鼓架部」與《宋史》卷一四二《樂志》記述宋教坊四部之「鼓笛部」樂器編配相比較，可以發現其樂器組合的形式極爲相近，可見，宋教坊四部之「鼓笛部」應源於《樂府雜錄》、《樂書》所云之「鼓架部」，且南詔《五均譜》樂隊中亦言及「鼓笛部」的使用，「鼓架部」或爲「鼓笛部」之筆誤，亦或爲「鼓笛部」之變名也未可知。

由構成樂隊的樂器種類來看，唐太常鼓笛部僅由吹奏樂器和擊奏樂器組成。具體而言，是以鼓、板、笛爲其特色的小型樂隊編配之制。這種極具特點及典型意義的樂隊形式，可謂是宋代不同時期教坊樂以鼓、板、笛類樂器爲其樂隊主要成分的樂隊編制之淵源。

（四）大鼓部

有關唐太常四部樂之「大鼓部」的記載，《南詔奉聖樂》中有所著錄，《新唐書》卷二二二《南蠻傳》載：

大鼓部，以四爲列，凡二十四，居龜茲部前。

南詔所獻《五均譜》亦有關於大鼓部使用情況的記述：

（黃鍾宮曲）樂用龜茲、胡部，金鉦、㧓鼓、鐃、貝、大鼓。

（太簇商曲）樂用龜茲、鼓笛各四部，與胡部等合作。……大

〔註 118〕〔元〕脫脫：《宋史》，北京，中華書局 1977 年版，第 3349 頁。

鼓十二分左右，餘皆坐奏。

（姑洗角曲）樂用龜茲、胡部，……貝及大鼓工伎之數，與軍士《奉聖樂》同，而加鼓笛四部。

（林鍾徵曲）樂用龜茲，鼓笛每色四人。……大鼓十二分左右。

由史料記載來看，「大鼓部」所屬樂器應僅爲「大鼓」這一種樂器。據文獻可知，通常使用十二面，亦或更多。與其他三個樂部相比較，其樂器組合形式更爲簡單。大鼓部通常與其他樂器組合使用，以起到弘揚氣勢，擴大聲勢的作用。

《樂書》卷一三九列有「大鼓」條和「常用大鼓」條，並繪有圖示。其中「大鼓」（如圖）條云：

圖 44　《樂書》所繪「大鼓」

> 後世大鼓，古鼖鼓也，其制長八尺。《唐六典》曰：凡大駕鼓吹，並朱漆畫之是也。昔吳王夫差啓虵門，以厭越越人爲雷門以攘之。擊大鼓於雷門之下，而虵門闢焉。唐德宗自山南還宮，而關輔有懷光吐蕃之虞，詔太常習樂去大鼓。至鄭餘慶爲卿，始奏復用大鼓，則大鼓之不可廢。如此今太常鼓吹奏嚴用之，雖所以節曲，亦所以待暴也。漢元帝晚年留好音樂，嘗置鼓殿下，自臨軒檻取銅丸，以檛之中嚴鼓之節，可謂窮極幼眇矣，然特戲事爾，天子且無戲言，況戲事哉，此所以爲漢室肇衰之主歟。

「常用大鼓」條亦繪有其圖，文曰：

圖 45　《樂書》所繪「常用大鼓」

> 周鞞者，十人之長執錞，百人之師執鐸，千人之師執鼙，萬人之將執大鼓。隋制大駕用大鼓，飾以葆羽，工人皀地苣，文皇、太子、王公亦得用之，故大駕十五曲，皇太子十二曲，王公十曲，今教坊用焉。（原注：《律書樂圖》云：大鼓十五曲內三曲嚴用，第一曰《元麟

合邏》，第二曰《元麟他固》，第三曰《元麟跋至慮》。餘十二曲警用第一曰《元咳大至遊》，第二曰《阿列乾》，第三曰《破達折利紇》，第四曰《賀羽真》，第五曰《鳴都路》，第六曰《勃鳴路跋》，第七曰《胡雷折槌》，第八曰《元咳赤賴》，第九曰《赤賴》，第十曰《吐該乞物真》，第十一曰《貪失利》，第十二曰《賀粟胡真》。）

可見，大鼓有其專門的樂曲，「大鼓」與「常用大鼓」亦無本質的區別，推測前者應爲宮廷及帝王專用之大鼓。

大鼓亦爲坐立二部伎「立部伎」之特有樂器，《通典》卷一四六「坐立部伎」條言：「自《安樂》以後皆雷大鼓，雜以龜茲樂，聲振百里，並立奏之。」〔註 119〕且《舊唐書》卷二八《音樂志》「玄宗」條述及設宴於勤政樓之情景時，言「太常大鼓，藻繪如錦，樂工齊擊，聲震城闕」。其後又云「又令宮女數百人，自帷出，擊雷鼓，爲《破陣樂》、《太平樂》、《上元樂》。雖太常積習皆不如其妙也」。可見，宮廷宴饗之樂中亦多用大鼓，齊擊雷鳴應是其最爲顯著的特色。《南詔奉聖樂》樂隊演奏之始，「雷鼓作於四隅，舞者皆拜」，推測此亦應爲大鼓，亦或類似於大鼓的鼓類樂器。

《舊唐書》卷一五《憲宗本紀》「元和八年九月」條載：「太常習樂，始復用大鼓」。《唐會要》卷三四「雜錄元和六年」條曰：「六年，太子少傅兼判太常卿鄭餘慶奏，太常習樂，請復用大鼓。從之。先是，德宗自山南還宮，繼有懷光吐蕃之虞，都下人情驚擾，遂詔太常習樂，去大鼓，至是復用之。」且此說《樂書》卷一三九「大鼓」條中亦有記述（詳見上文引文）。雖年代有所出入，但所述之事是相一致的，可見，德宗時，內憂外患，京師百姓騷亂不安，人心惶惶，爲避免驚擾百姓，下詔命太常習樂時不用大鼓。然至文宗元和年間，太常卿鄭餘慶奏請復用，才又開始使用大鼓。故，言大鼓部爲唐太常四部樂之一是有所根據的。

三、小結

綜合上述分析，唐代太常四部樂應爲龜茲部、胡部、鼓笛部、大鼓部。四個樂部的樂隊各有特點，互不相同，亦互爲補充，可獨立使用，亦可組合演奏。筆者以爲唐時太常四部樂其樂隊之樂器配列法的功能，要遠遠大於樂器分類法的功能。

〔註 119〕〔唐〕杜佑：《通典》，北京，中華書局 1984 年版，第 762 頁。

就樂隊形式之淵源及其樂器構成而言：

唐「太常龜茲部」之樂器編配應源於「十部龜茲伎」，換言之，前者是以後者爲基礎而形成的樂隊形式。「太常龜茲部」以擊奏樂器和吹奏樂器爲主體，且擊奏樂器在龜茲樂的樂隊中佔有很爲重要的位置，此外最爲顯著的特點是樂隊中並無彈奏樂器的運用，具有吹打樂的樂隊性質。德宗時「太常龜茲部」已減至 12 種樂器。且至晚唐時期，其樂隊形式就更爲簡單化了，僅有樂器 7 種。

「胡部」樂器編配以彈奏樂器（絲）、吹奏樂器（竹）爲主體，另加拍板、方響等擊奏樂器組合而成。較之其他三部樂而言，其樂隊形式較爲突出的特點是使用了較多的彈奏樂器，旋律性樂器所佔的比例很大，而擊奏樂器處於次要地位，這亦是決定胡部樂隊風格的重要原因。唐朝太常之「胡部」亦就是宋教坊之「法曲部」，確切而言，兩者之間應爲源與流的關係。

「鼓笛部」亦就是《樂府雜錄》、《樂書》所言之「鼓架部」。由相關記述來看，所謂太常四部樂之「鼓笛（架）部」其實就是指以散樂百戲爲內容的樂部，其樂隊形式亦與《通典》所云散樂之樂隊配器很爲相近，可見鼓笛（架）部樂隊編制應源於散樂樂隊的配器之制。「鼓笛部」僅由吹奏樂器和擊奏樂器組成。具體而言，是以鼓、板、笛爲其特色的小型樂隊編配之制。這種極具特點及典型意義的樂隊形式，可謂是宋代不同時期教坊樂以鼓、板、笛類樂器爲其樂隊主要成分的樂隊編制之淵源。

「大鼓部」所屬樂器應僅爲「大鼓」這一種樂器。與其他三個樂部相比較，其樂器組合形式更爲簡單。大鼓部通常與其他樂器組合使用，以起到弘揚氣勢，擴大聲勢的作用。

第五章　結語——隋唐宮廷器樂組合之發展變化

唐代是中國古代樂舞藝術發展的極盛時期，繁花似錦的宮廷音樂舞蹈，代表了當時樂舞藝術所達到的最高水平。

唐代也是我國古代器樂藝術發展的顛峰時期。宮廷器樂規模宏大，樂器、樂種眾多，人才輩出，不僅成功地烘托、伴奏其時繁盛的歌舞藝術，承擔各種浩大的宮廷祭祀、朝會宴享、出行儀仗等禮樂活動之用樂任務，自身還培育發展出許多獨立的器樂合奏、獨奏形式，例如，出現了「皇帝梨園弟子」這樣龐大的絲竹樂團，專門演奏玄宗皇帝酷愛之法曲。璀璨的唐代宮廷器樂藝術，爲多姿多彩的唐代表演藝術增添了無比耀眼的光輝，也在中國器樂史上濃墨重彩地書寫了燦爛篇章。

秦漢以來，宮廷樂舞主要分爲雅、俗兩類。所謂雅樂，有廣、狹兩種含義。狹義的雅樂，專指專供郊、廟祭祀所使用的樂舞樂曲，廣義雅樂即所謂「正樂」，即有狹義的雅樂，也有狹義的雅樂之外的配合各種宮廷、國家盛大禮儀活動的樂舞樂曲，如朝會大典、重大宴享等活動，以及帝王貴冑儀仗出行、軍隊進行奏凱等活動所演奏的樂曲歌曲等，均屬廣義的雅樂即正樂。從樂器組合看，典型的祭祀雅樂及朝會宴享大典所用代表雅樂樂隊，是以大型鍾、磬類編懸樂器爲主體、加以琴、瑟、簫、篪、笙、竽、建鼓等組合而成的「金石樂隊」形式，亦即所謂的八音之樂；從組合運用看，又有「堂上」「堂下」之分，即「堂上登歌」、「堂下樂懸」兩類。當然，還有其他多種組合形式和變化的配置，如我們前面章節所述，唐代宮廷之「正樂」中，狹義雅樂之外，還有坐、立二部伎，其中不僅有坐部、立部的樂器組合的明顯區別，還有下屬各具體樂曲分部（坐部曲，立部曲）樂器組合的更加細緻的區別。從白居易的新樂府詩《立部伎——刺雅樂之替也》所描寫「堂上坐部笙歌清，堂下立部鼓笛鳴」〔註 1〕狀況看，坐部、立部不同樂器組合，造成彼此之間非常明顯的音樂風格差異。

在體現統治者合法傳承「正統」的政治需要下，在維護舊有禮樂體制的崇古觀念下，各朝各代之帝王，均盡量保持舊有雅樂體系的基本構架，努力保守雅樂的傳統特徵。以金石樂懸爲核心的八音樂隊，是雅樂的核心形式要件，是雅樂基本特性的重要表徵，所以，「王者功成作樂」，決少不了雅樂金石樂隊的建設。

但是，即使是狹義的雅樂的金石樂隊，作爲一種管絃合奏形式，其所演奏之樂曲，所表演之歌舞，總是隨朝代的變遷及帝王的更替而有所改變。這些變遷和改變也直觀地體現於雅樂樂隊組合形式這一層面上。

俗樂，在古代一般泛指各種民間音樂。源於與先王之樂相對而言的「世俗之樂」。但俗樂也被用於宮廷，指稱宮廷盛大朝會宴享等活動所用的「正樂」之外，其他來自民間的音樂、來自國內少數民族地區以及周邊各國的所謂「胡樂」、「夷樂」，以及百戲散樂等等。

其實，宮廷所謂的雅正之樂，與來自民間的世俗之樂，從音樂材料上講，本來並沒有截然不同，大量宮廷雅樂正樂，其實來自民間音樂。例如西周時期的宮廷雅樂，其實就是「夏樂」，就是來自周人居處地（夏）之音樂，〔註 2〕是周人自己的傳統音樂和民間音樂。漢代帝王來自楚地，故漢之宮廷重楚聲，宮廷雅樂因而也混雜著大量的楚聲。漢時最初先出現在民間的相和歌、清商樂等等，後來也進入魏晉及南朝宮廷，後來更被隋文帝奉爲「華夏正聲」，專設清商署管理，變成了地地道道的「雅正之樂」，至唐仍被歸屬爲宮廷「正樂」。唐初宮廷朝會儀式三大舞之首《七德舞》，也作爲太宗皇帝的「廟樂」，可謂唐初最重要的雅樂作品，其前身卻原來是軍中歌曲發展而來的《秦王破陣樂》，顯然也是由俗變雅的實例。

漢晉以來，被稱爲「胡樂」或「夷狄之樂」的少數民族及域外各國樂舞、百戲，不斷傳入，南北朝時期，少數民族大量進入中原，先後建立多個王朝，

〔註 1〕〔唐〕白居易：《白居易集》，北京，中華書局 1999 年版，第 57 頁。
〔註 2〕周人之語言，當時便被稱爲「雅言」，故周人之樂，自然而然就是「雅樂」。

黃河流域出現了各民族空前的大融合局面，胡樂、胡舞湧入，出現了大盛於宮庭、閭閻的盛況。

隋、唐兩個相繼建立的統一大帝國，經濟發展，國力強盛，大大加快絲綢之路的文化藝術交流。許多學者指出，從隋至唐初，宮廷樂舞基本形成了雅、胡、俗三類樂舞並立興盛的多彩局面。從本質上講，「胡樂」、「夷樂」屬於藝術性、娛樂性更強的俗樂，與中國原有的雅、俗樂舞風格迥然不同，它們各具民族特色地方特色，尤其在樂器的組合形式方面，多姿多彩，對中原音樂及原有之樂器組合方式產生了巨大的影響。所以唐末徐景安的音樂著述《歷代樂儀》和北宋樂學家陳暘的《樂書》等書中，均將唐代音樂明確區分爲雅、胡、俗三大類，分別記述。

隋唐以音樂歌舞爲中心的多層級的表演藝術，隨著時代的發展亦不斷地發生變化。隋至唐初的雅、胡、俗並立的局面，隨南北文化藝術和中外各民族樂舞的長期交流彙集，逐漸交融結合。在盛唐時期，在最高統治者唐玄宗的大力推進下，以天寶十三載（754）的樂制改革爲標誌，終於拆除橫亙在道調法曲與胡部新聲之間的最後藩籬，實現了胡、俗樂的高度大融合，唐代樂舞器樂的發展，由此進入了一個新的歷史階段。日本學者岸邊成雄稱這種新型宮廷音樂爲「新俗樂」，認爲它們融雅、胡、俗樂爲一體，眞正實現了雅、胡、俗的高度融合。

初唐雅、胡、俗三樂鼎立並行，不斷交流融合；盛唐胡、俗樂高度融合，直至形成新俗樂；至晚唐，雅、俗（新俗樂）的分立，雖依然存在，但雅樂日益衰退，而俗樂的內容、形式等等，也在中華藝術史上代表性表演藝術形式大轉型的漫長過程中，悄然改變。以上概論勾勒，可謂唐代樂舞音樂發展的基本趨勢，而唐代宮廷器樂組合發展的歷史軌迹，則是這一大趨勢所刻寫下的特殊物質記錄，是這一音樂發展大趨勢的更爲明確具體的體現。換一個角度講，唐代宮廷雅樂、俗樂、胡樂等各種樂舞活動中所運用的各式各樣的樂器組合，以及這些組合的不斷發展、變化，也反映出隋唐音樂歌舞發展的趨勢和特點。

第一節　隋時南、北音樂之大融合

自西晉末年，中國歷史上出現了近三百年的分裂割據局面，南北對峙，戰亂無休。隋朝的統一，爲南北音樂文化的融合與發展起到了至關重要的作用。從樂器組合的層面而言，基於微觀與宏觀兩種視角來看，這種融合分別體現於隋朝雅樂、胡樂、俗樂的交融及並立兩個方面。

一、微觀：隋朝雅、胡、俗之融合——樂隊之構成

隋文帝統一南北，掌國家政權後，立足未穩，爲了維持「禪讓」假象，鞏固其統治地位，所以排斥南朝音樂，沿用「雜有胡聲」的北周舊樂。開皇元年（581 年），隋文帝便依循周樂開始制禮作樂，定宗廟樂、樂懸、鹵簿鼓吹及朝會用樂之制。對雅樂宮懸、軒懸、登歌、文武二舞的「樂器工衣」皆有明確規定。

《隋書》卷十四《音樂志》云：

> 高祖既受命，定令，宮懸四面各二虡，通十二鎛鍾，爲二十虡。虡各一人。建鼓四人，柷敔各一人。歌、琴、瑟、簫、筑、箏、搊箏、臥箜篌、小琵琶，四面各十人，在編磬下。笙、竽、長笛、橫笛、簫、篳篥、篪、塤，四面各八人，在編鍾下，舞各八佾。……天神懸内加雷鼓，地祇加靈鼓，宗廟加路鼓。登歌，鍾一虡，磬一虡，各一人；歌四人，兼琴、瑟、簫、笙、竽、橫笛、篪、塤各一人。……文舞，……左執籥，右執翟。……武弁，……二人執鼗，二人執鐸，二人執鐃，二人執錞。……皇帝宮懸及登歌，與前同。應漆者皆五色漆畫。懸内不設鼓。〔註 3〕

可見，作爲隋初雅樂之宮懸樂隊的樂器編配，較之其後隋宮懸之制及唐時宮懸樂隊中樂器的編配，最爲特殊之處是使用了多種外來樂器，如彈奏類樂器中使用了臥箜篌、小琵琶，吹奏類樂器中運用了橫笛、篳篥。這些外來西域樂器在隋後期及唐時的雅樂樂隊中均未見使用。

故，開皇二年（582 年），原北齊黃門侍郎顏之推上言：「禮崩樂壞，其來自久。今太常雅樂，並用胡聲，請馮（憑）梁國舊事，考尋古典。」〔註 4〕請求以正雅樂。

由此可見，隋初雅樂中胡樂因素之濃重。

〔註 3〕〔唐〕魏徵、房玄齡、長孫無忌等：《隋書》，北京，中華書局 1973 年版，第 343～344 頁。

〔註 4〕〔唐〕魏徵、房玄齡、長孫無忌等：《隋書》，北京，中華書局 1973 年版，第 345 頁。

開皇九年至十四年（589 ~594 年）隋文帝詔牛弘等人重新詳定的雅樂樂懸之制，較之開皇元年所定之制，最爲主要的變化在於將臥箜篌、小琵琶、篳篥這些西域外來樂器減去，以正太常之雅樂。雖然從表面來看，隋雅樂樂隊中未有胡樂之因素的融入，然而，剖析其內在之實質，並非如此。

開皇九年（589 年）正月，隋師渡江進軍建康，俘獲陳後主，陳朝滅亡。平陳後所得清商樂、樂器和樂官等皆入隋朝宮廷之中。滅陳之後，隋文帝爲了顯示自己是一統天下的眞命天子，受天命繼承了南朝所代表的「正統」，所以一反舊態，將南朝清商樂贊爲「九代遺聲」，奉之爲「華夏正聲」，隨後隋文帝下詔議樂，以之爲古法，詳定雅樂。《隋書》卷十五《音樂志》載：「開皇九年，平陳，獲宋、齊舊樂，詔於太常置清商署以管之。求陳太樂令蔡子元、於普明等，復居其職。」〔註 5〕又云「高祖時，宮懸樂器，唯有一部，殿庭饗宴用之。平陳所獲，又有二部，宗廟郊丘分用之。」〔註 6〕《舊唐書》卷二八《音樂志》亦云：「開皇九年平陳，始獲江左舊工及四懸樂器，帝令廷奏之，歎曰：『此華夏正聲也，非吾此舉，世何得聞。』乃調五音爲五夏、二舞、登歌、房中等十四調，賓、祭用之。」可見，隋文帝雅樂樂隊所奏實爲前朝俗樂——清商之樂。

先前主要流行於民間的清商舊樂及南朝新聲，以及北齊時歸之於雜樂範疇的清樂，可以說原來都是秦漢以來歷朝之俗樂。然至隋統一南北時，文帝竟將之推崇爲「華夏正聲」，推崇爲「九代之遺聲」，並將清商樂列爲隋初所置宮廷儀式音樂「七部樂」之首部，並據之改編宮廷之雅樂。當然隋文帝此舉的最主要的考慮，出於政治需要，然而，所謂的「華夏正聲」，其樂隊是否純粹係由中原之傳統舊有樂器編配而成的呢？其中是否亦融入有胡樂之因素呢？

《隋書》卷十五《音樂志》云清樂（清商樂）：

> 其樂器有鍾、磬、琴、瑟、擊琴、琵琶、箜篌、筑、箏、節鼓、笙、笛、簫、篪、塤等十五種，爲一部。工二十五人。〔註 7〕

〔註 5〕〔唐〕魏徵、房玄齡、長孫無忌等：《隋書》，北京，中華書局 1973 年版，第 349 頁。

〔註 6〕〔唐〕魏徵、房玄齡、長孫無忌等：《隋書》，北京，中華書局 1973 年版，第 374 頁。

〔註 7〕〔唐〕魏徵、房玄齡、長孫無忌等：《隋書》，北京，中華書局 1973 年版，第 378 頁。

很顯然，樂隊中有中原俗樂器如箏，也採用了琵琶、箜篌等外來胡樂器，可見已有胡樂因素融入其中。此外，最爲重要的是清樂樂隊中加入了象徵禮樂制度的編鍾、編磬，增加清樂自身所蘊含的禮樂成分，以顯示其「華夏正聲」的崇高身份。換言之，胡、俗樂之中亦融入了雅樂之成分。類似情況也見諸西涼樂，《舊唐書》卷二九《音樂志》載：「宴享陳《清樂》、《西涼樂》。架對列於左右廂，設舞筵於其間。」說明兩樂性質近似。《隋書》卷十五《音樂志》〔註 8〕載西涼樂的樂器組合如下：

> 其樂器有鍾、磬、彈箏、搊箏、臥箜篌、豎箜篌、琵琶、五弦、笙、簫、大篳篥、豎（引者按：豎笛）〔註 9〕、小篳篥、橫笛、腰鼓、齊鼓、擔鼓、銅拔、貝等十九種，爲一部。工二十七人。〔註 10〕

可見西涼樂的樂器組合，也是胡樂與俗樂融合的產物——其中亦有雅樂之因素，雅樂之典型樂器編鍾、編磬等，也有臥箜篌、豎箜篌、五弦、篳篥等許多胡樂器。

綜上，以樂器組合之角度來看，隋初雅樂中含有胡樂、俗樂之因素，而被視爲「華夏正聲」之前朝俗樂——清樂，其中胡樂、雅樂之因素亦顯而易見，而胡樂、俗樂融合之產物，即西涼樂亦有雅樂樂器的編入。其時雅樂、俗樂、胡樂融合發展之景況，可略知一斑。

二、宏觀：隋朝雅、胡、俗之並立——樂部之設立

隋開皇初年置「七部樂」，《隋書》卷十五《音樂志》載，各樂部爲：國伎（即西涼伎）〔註 11〕、清商伎、高麗伎、天竺伎、安國伎、龜茲伎、文康伎。此外疏勒、扶南、康國、百濟、突厥、新羅、倭國等樂伎，未立爲「部」。

〔註 8〕此處據文淵閣四庫全書本。

〔註 9〕《隋書・音樂志》中華書局 1973 年版《校勘記》載：「長笛」原作「豎」，據《通典》一四六改。《舊唐書・音樂志二》作「笛」無「長」字。（〔唐〕魏徵、房玄齡、長孫無忌等：《隋書》，北京，中華書局 1973 年版，第 383 頁。）

〔註 10〕據文淵閣四庫全書本。

〔註 11〕國伎即西涼樂。《隋書》卷十五《音樂志》載：「《西涼》者，起苻氏之末，呂光、沮渠蒙遜等，據有涼州，變龜茲聲爲之，號爲秦漢伎。魏太武既平河西得之，謂之《西涼樂》。至魏、周之際，遂謂之《國伎》。」（〔唐〕魏徵、房玄齡、長孫無忌等：《隋書》，北京，中華書局 1973 年版，第 378 頁。）

隋煬帝即位後又置「九部樂」，將雜伎中之疏勒、康國兩伎立「部」，並以「西涼」之名代替「國伎」。各樂部爲：清樂、西涼、龜茲、天竺、康國、疏勒、安國、高麗、禮畢。其中各樂部演出順序，所用樂器種類、數量，樂工、歌工、舞伎人數，以及歌曲、舞曲、解曲等曲目均有所規定，可謂「樂器工衣創造既成，大備於茲矣。」〔註 12〕

其中西域系五支：龜茲樂、天竺樂、康國樂、疏勒樂、安國樂；東夷係一支：高麗樂；俗樂二支：清樂、禮畢（文康樂）；胡俗融合樂一支：西涼樂。各樂樂隊編成均有各自之獨特風格與特點。

七部樂、九部樂是選擇俗樂、胡樂中最具特色、亦最具代表性的音樂而編成的，這種音樂制度、音樂形式的設立，本身就是對俗樂、胡樂的一種分類，不僅達到了雅、鄭不相混淆的目的，而且將淩亂的四夷之樂加以了整理分類，並保存了正在衰退的俗樂。從一定程度上反映了隋時俗樂、胡樂並立之景況，且與隋朝復興雅樂之措施，共同形成一種雅、胡、俗三樂並立的局面。

第二節　初唐雅、胡、俗三樂之鼎立

一、唐代雅樂樂隊性質之純正

本書第一章之「隋唐雅樂的樂器組合方式」一節，通過對唐朝各代不同歷史時期雅樂樂隊形式之釐證，可以較爲清晰地得出唐代雅樂樂隊性質比較純正的結論。

首先，雅樂樂隊之組合形式，在維護、復興古有禮樂體制的觀念下，唐朝各代帝王亦均以盡量保持舊有雅樂體系爲先爲重，故自初唐、盛唐、中唐、晚唐各個時期，均未發生有較大之變化，甚至較之漢時雅樂樂器之編成，就樂器種類而言亦未有很多變化，只是規模必較漢朝爲大。有關此部分的考析可詳見本書之第一章第一節的內容。

其次，唐代「宮懸樂隊」中所使用的樂器，其種類較爲豐富，涵蓋八音之各類，然考證各種樂器之性質，可發現它們多爲華夏之舊有樂器，其中幾乎不使用外來樂器。如《新唐書》卷二一《禮樂志》中記述：

〔註 12〕〔唐〕魏徵、房玄齡、長孫無忌等：《隋書》，北京，中華書局 1973 年版，第 377 頁。

> 凡樂八音，自漢以來，惟金以鍾定律呂，故其制度最詳，其餘七者，史官不記。至唐，獨宮縣與登歌、鼓吹十二案樂器有數，其餘皆略而不著，而其物名具在。八音：一曰金，爲鎛鍾，爲編鍾，爲歌鍾，爲錞，爲鐃，爲鐲，爲鐸。二曰石，爲大磬，爲編磬，爲歌磬。三曰土，爲塤，爲缶，缶，大塤也。四曰革，爲雷鼓，爲靈鼓，爲路鼓，皆有鼗；爲建鼓，爲鼗鼓，爲縣鼓，爲節鼓，爲拊，爲相。五曰絲，爲琴，爲瑟，爲頌瑟，頌瑟，箏也；爲阮咸，爲筑。六曰木，爲柷，爲敔，爲雅，爲應。七曰匏，爲笙，爲竽，爲巢，巢，大笙也；爲和，和，小笙也。八曰竹，爲簫，爲管，爲篪，爲笛，爲舂牘。此其樂器也。〔註13〕

綜上可見，唐時雅樂的發展，一直遵循著循古制樂的觀念而趨向前行。其中幾乎未受到過俗樂、胡樂的衝擊和影響。僅至中唐、晚唐時期由於安史之亂、黃巢起義這些政治原因，而使唐王朝雅樂之制遭受到重創甚至是斷裂。然經過後代帝王之恢復、重建，亦未斷其發展及延續。

二、唐初置十部樂

據《春官・宗伯・鞮鞻氏》，周代便設有「鞮鞻氏，掌四夷之樂，與其聲歌」。鄭玄注云：「王者必作四夷之樂，一天下也。」《宋書》卷一九《樂志》：「古今夷夏之樂，皆主之於宗廟，而播及其餘也。夫作先王樂者，貴能包而用之，納四夷之樂者，美德廣之所及也。」

故歷代宮廷禮樂中，均需備設「四夷之樂」，這是中原帝王籍以顯示其統領天下、四海景從的王者風範的重要標誌。

（一）唐初十部樂的設置

唐初，沿襲隋代樂制。《通典・樂六》卷一四六所載：「武德初，未暇改作，每讌享，因隋舊制，奏九部樂。」 即唐高祖武德（618～626）初期，宮廷所奏之九部樂爲隋大業時煬帝所置。至唐太宗貞觀十一年（637年），「去《禮畢曲》」（即文康伎），十四年（640年）協律郎「張文收採古《硃雁》、《天馬》之義，製《景雲河清歌》，名曰宴樂，奏之管絃，爲諸樂之首，元會第一奏者是也。」〔註14〕至此，唐代「九部樂」形成，正如《唐六典》卷十四所載：「一

〔註13〕〔宋〕歐陽修：《新唐書》，北京，中華書局1975年版，第464頁。
〔註14〕〔後晉〕劉昫：《舊唐書》，北京，中華書局1975年版，第1046頁。

曰燕樂會……二曰清樂伎……三曰西涼伎……四曰天竺伎……五曰高麗伎……六曰龜茲伎……七曰安國伎……八曰束勒伎……九曰高昌伎……十曰康國伎。」同年八月（640 年），唐太宗「伐高昌，收其樂，付太常」。（今新疆吐魯番地區）〔註 15〕十六年十一月（642 年）加奏「高昌伎」，「至是增爲十部伎。」〔註 16〕茲將多部樂各部變化及名稱列表如下：

〔註 15〕〔唐〕杜佑：《通典・樂六》，北京，中華書局 1984 年版，第 762 頁。

〔註 16〕有關唐九部樂、十部樂之文獻記載擇主要條目摘要如下：
《唐六典》卷十四《太常寺》，一曰燕樂會；二曰清樂伎；三曰西涼伎；四曰天竺伎；五曰高麗伎；六曰龜茲伎；七曰安國伎；八曰束勒伎；九曰高昌伎；十曰康國伎。（〔唐〕李林甫等：《唐六典》，北京，中華書局 1992 年版，第 404 頁。）
《通典》卷一四六《樂六》載：「讌樂，武德初，未暇改作，每讌享，因隋舊制，奏九部樂。（原注：一讌樂，二清商，三西涼，四扶南，五高麗，六龜茲，七安國，八疏勒，九康國。）至貞觀十六年十一月，宴百僚，奏十部。先是，伐高昌，收其樂，付太常。至是增爲十部伎，其後分爲立坐二部。……貞觀中，景雲見，河水清。協律郎張文收採古朱雁天馬之義，製景雲河清歌，名曰讌樂，奏之管絃，爲諸樂之首，今元會第一奏者是。……至煬帝，乃立清樂、龜茲、西涼、天竺、康國、疏勒、安國、高麗、禮畢爲九部。平林邑國，獲扶南工人及其匏瑟琴，陋不可用，但以天竺樂傳寫其聲，而不列樂部。……大唐平高昌，盡收其樂，又進讌樂，而去禮畢曲。今著令者，唯十部。（注：龜茲、疏勒、安國、康國、高麗、西涼、高昌、讌樂、清樂伎、天竺，凡十部。）」（〔唐〕杜佑：《通典》，北京，中華書局 1984 年版，第 762 頁。）
《舊唐書》卷二八《音樂志》載：「十四年，有景雲見，河水清。張文收採古《硃雁》、《天馬》之義，製《景雲河清歌》，名曰宴樂，奏之管絃，爲諸樂之首，元會第一奏者是也。」卷二九《音樂志》載：「隋文帝平陳，得《清樂》及《文康禮畢曲》，列九部伎，百濟伎不預焉。煬帝平林邑國，獲扶南工人及其匏琴，陋不可用，但以《天竺樂》轉寫其聲，而不齒樂部。西魏與高昌通，始有高昌伎。我太宗平高昌，盡收其樂，又造《宴樂》，而去《禮畢曲》。今著令者，惟此十部。雖不著令，聲節存者，樂府猶隸之。」（〔後晉〕劉昫：《舊唐書》，北京，中華書局 1975 版，第 1046、1069 頁。）
《唐會要》卷三三載：「讌樂武德初，未暇改作，每讌享，因隋舊制，奏九部樂。一讌樂、二清商、三西涼、四扶南、五高麗、六龜茲、七安國、八疏勒、九康國。至貞觀十六年十二月，宴百僚，奏十部樂。先是，伐高昌，收其樂付太常，乃增九部爲十部伎。今通典所載十部之樂，無扶南樂，祇有天竺樂，不見南蠻樂。其後分爲立坐二部。……貞觀十四年，有景雲見，河水清，協律郎張文收採古朱雁天馬之義，製景雲河清歌，名曰讌樂，奏之管絃，爲諸樂之首，今元會第一奏者是也。」（〔宋〕王溥：《唐會要》，北京，中華書局 1955 年版，第 614 頁。）
《通志》卷四九載：「因隋文帝篤好清樂，以爲華夏正聲，故特盛於隋焉。大業中，煬帝乃定清樂、西涼、龜茲、天竺、康國、疏勒、安國、高麗、禮畢

表 63　多部樂各部名稱及前後變化簡表

隋開皇初年	七部樂		清商伎	國伎	高麗伎	天竺伎	龜茲伎			安國伎		文康伎
隋大業五年	九部樂		清商	西涼	高麗	天竺	龜茲	疏勒		安國	康國	禮畢
唐初	九部樂	讌樂	清商	西涼	高麗	天竺	龜茲	疏勒		安國	康國	
唐貞觀十四年	十部樂	讌樂	清商	西涼	高麗	天竺	龜茲	疏勒	高昌	安國	康國	

根據本書第一章第三節對讌樂樂隊編制的考述，及第二章「唐代四夷樂之樂隊組合研究」的相關內容，十部樂中西域系有六支：龜茲樂、天竺樂、疏勒樂、安國樂、康國樂、高昌樂；東夷系有一支：高麗樂；俗樂有一支：清樂；胡、俗樂融合有一支：西涼樂；雅、胡、俗融合之一支：讌樂。就樂器編成的角度而言，因清樂、西涼樂、讌樂中使用有雅樂之典型樂器，即有編懸類擊奏樂器編鍾、編磬的編入，且以華夏樂器爲主，故此三樂應屬華樂，亦就是雅正之樂（廣義的雅樂）的範疇。十部樂中以此三部樂爲首，其意蓋有「以華領夷」之含義。

備四夷樂、設十部樂，不僅顯示帝王一領天下的王者風範，達到以華領夷的政治目的，而且將胡樂與俗樂有效地分而管理，即將皇室所喜愛的各具異域風格之四夷樂，以其冠冕堂皇的政治理由，使其於宮廷音樂中制度化，並且保存了正在衰退的俗樂。從一定程度上反映了隋時俗樂、胡樂並立之景況。

（二）多部樂的演出形式

多部樂音樂形式的較早之雛形，孕育於北魏宮廷音樂中。〔註 17〕至隋代，

以爲九部。西涼五曲（……），龜茲（……），天竺二曲（……），康國四曲（……），疏勒三曲（……），安國三曲（……），高麗二曲（……），禮畢二曲（……），禮畢者九部樂終則陳之。（〔宋〕鄭樵：《通志》，北京，中華書局 1987 版，第 630 頁。）

〔註 17〕由史料記載可知，北魏時期就已存在有清樂、西涼樂、龜茲樂、天竺樂、疏勒樂、安國樂、高麗樂、百濟樂、北狄樂等四夷之多種樂種。隋朝開皇初所置七部樂中，除文康伎之外，其餘六種北魏時期就已經存在。大業中，煬帝置定的《清樂》、《西涼》、《龜茲》、《天竺》、《康國》、《疏勒》、《安國》、《高麗》、《禮畢》九部樂之中，北魏時期也已經存在七種。

這些四夷樂舞皆爲世祖太武皇帝統一北方時所獲。《隋書・音樂志》卷十五

通過官方的形式將其規範化、程序化、制度化，成爲隋唐時期宮廷朝會儀式音樂中最重要的一套音樂節目。一般而言，多部樂按照一定的先後次序演出，原則上多部樂還必須依次從第一伎（部）演至最後一伎（部）。茲將文獻所載多部樂之上演順序列表如下：

表 64　文獻載多部樂上演各部順序表

<table>
<tr><td rowspan="2">《隋書·音樂志》</td><td colspan="2">七部樂
開皇初</td><td>國伎</td><td>清商</td><td>高麗</td><td>天竺</td><td>安國</td><td>龜茲</td><td>文康</td><td></td><td></td><td></td></tr>
<tr><td colspan="2">九部樂
煬帝</td><td>清樂</td><td>西涼</td><td>龜茲</td><td>天竺</td><td>康國</td><td>疏勒</td><td>安國</td><td>高麗</td><td>禮畢</td><td></td></tr>
<tr><td>《通志·樂略第一》〔註 18〕</td><td colspan="2">九部樂
煬帝</td><td>清樂</td><td>西涼</td><td>龜茲</td><td>天竺</td><td>康國</td><td>疏勒</td><td>安國</td><td>高麗</td><td>禮畢</td><td></td></tr>
<tr><td rowspan="2">《通典·樂六》</td><td rowspan="2">九部樂</td><td>煬帝</td><td>清樂</td><td>龜茲</td><td>西涼</td><td>天竺</td><td>康國</td><td>疏勒</td><td>安國</td><td>高麗</td><td>禮畢</td><td></td></tr>
<tr><td>唐初</td><td>讌樂</td><td>清商</td><td>西涼</td><td>扶南</td><td>高麗</td><td>龜茲</td><td>安國</td><td>疏勒</td><td>康國</td><td></td></tr>
</table>

載：「《疏勒》、《安國》、《高麗》，並起自後魏平馮氏及通西域，因得其伎。後漸繁會其聲，以別於太樂。」407 年馮跋弒後燕慕容熙建立北燕，436 年北燕君主馮宏被北魏世祖所滅，獲北燕《疏勒》、《安國》、《高麗》諸樂。世祖通西域，將悅般國音樂納入樂府。後於都城洛陽設四夷館，四夷之樂彙集於此。

北魏統治階級重視廣陳四夷之樂，用於朝會饗享，以備華夷。太祖天興定樂之初，朝會、饗享之樂朝會備五方之樂，有「吳夷、東夷、西戎之舞」。北魏太和五年，太后與孝文帝享群臣之時令諸夷展其方舞。《魏書》卷十三記載馮太后與孝文帝幸靈泉池，燕群臣及藩國使人、諸方渠帥，「各令爲其方舞」。「方舞」乃指四夷之樂舞。《魏書·樂志》卷一〇九記載孝文帝時將世祖統一北方所得的夷樂進行取捨，選擇了慕容鮮卑等「方樂」納入「雅樂」，於太和初年將「方樂之制及四夷歌舞，稍增列於太樂。」

北魏時的「方樂夷舞」至隋代，通過官方的形式將其規範化、程序化、制度化，成爲宮廷音樂中一套主要的音樂節目。因此，北魏的「方樂之制及四夷歌舞」是隋唐七部樂、九部樂、十部樂等樂部之雛形，對隋唐樂部制度的建立起到了直接的推動作用。

〔註 18〕《通志》卷四九載：「因隋文帝篤好清樂，以爲華夏正聲，故特盛於隋焉。大業中，煬帝乃定清樂、西涼、龜茲、天竺、康國、疏勒、安國、高麗、禮畢以爲九部。西涼五曲，龜茲，天竺二曲，康國四曲，疏勒三曲，安國三曲，高麗二曲，禮畢二曲，禮畢者九部樂終則陳之。(〔宋〕鄭樵：《通志》，北京，中華書局 1987 年版，第 630 頁。)

	十部樂	龜茲	疏勒	安國	康國	高麗	西涼	高昌	讌樂	清樂	天竺
陳暘《樂書》〔註 19〕	九部樂 煬帝	清樂	西梁	龜茲	天竺	康國	踈勒	安國	高麗	禮畢	
	十部樂	醼樂	清樂	西涼	天竺	高麗	龜茲	安國	踈勒	高昌	康國
《唐會要》	九部樂 唐初	讌樂	清商	西涼	扶南	高麗	龜茲	安國	疏勒	康國	
《唐六典》	十部樂	燕樂	清樂	西涼	天竺	高麗	龜茲	安國	束勒	高昌	康國
《玉海》引徐景安《樂書》及《古今樂纂》〔註 20〕	十部樂	燕樂	清樂	西涼	天竺	高麗	龜茲	安國	疏勒	高昌	康國
《唐音癸籤》〔註 21〕	十部樂	讌樂	清樂	西涼	天竺	高麗	龜茲	安國	踈勒	高昌	康國
《新唐書·禮樂志》	十部樂	燕樂	清商	西涼	天竺	高麗	龜茲	安國	疏勒	高昌	康國

從各文獻所載多部樂上演之次序，可看出除《通典・樂六》未按演奏順序記載十部樂外，其他文獻陳暘《樂書》、《唐六典》、徐景安《樂書》引《古今樂纂》所云（《玉海》引）、《唐音癸籤》、《新唐書・禮樂志》所載十部樂演出之先後順序，都完全一致，據此可推斷十部樂演奏之次序爲：讌樂、清商、西涼、天竺、高麗、龜茲、安國、疏勒、高昌、康國。

《唐會要》與《通典・樂六》所載唐初九部樂順序相同，若取岸邊成雄

〔註 19〕〔宋〕陳暘：《樂書》卷一五九「九部樂」條目載：「隋大業中，備作六代之樂，華夷交錯，其器千百，隋煬帝分爲九部……樂苑又以清樂、西梁、龜茲、天竺、康國、踈勒、安國、高麗、禮畢爲九部……」《樂書》卷一五九「十部樂」條目載：「唐分九部伎，樂以漢部醼樂爲首外，以清樂、西涼、天竺、高麗、龜茲、安國、踈勒、高昌、康國合爲十部也。」

〔註 20〕〔宋〕王應麟：《玉海》卷一〇五引：「徐景安《樂書》：『《古今樂纂》云：……唐分九部伎樂，以漢部燕樂爲首外，次以清樂、西涼、天竺、高麗、龜茲、安國、疏勒、高昌、康國合爲十部俗樂。』」且《古今圖書集成・樂考十一》中也引有徐景安《樂書》、《古今樂纂》此段記載，所述十部樂之次序與《玉海》所引完全一致。

〔註 21〕〔明〕胡震亨：《唐音癸籤》卷十二「十部伎」條目云：「十部伎，燕饗設之，所以備華夷也。一曰燕樂伎、二曰清樂伎、三曰西涼伎、四曰天竺伎、五曰高麗伎、六曰龜茲伎、七曰安國伎、八曰踈勒伎、九曰高昌伎、十曰康國伎，各有曲。」

之說，「扶南樂」恐係誤載〔註22〕。依上文所述，則「扶南樂」因其過於簡陋，並未予單獨將其立部而以天竺樂器演奏其曲，故可知《唐會要》與《通典・樂六》將第四位的「天竺樂」載爲「扶南樂」，當誤。與《唐六典》、徐景安《樂書》引《古今樂纂》（《玉海》引）、《新唐書・禮樂志》及《唐音癸籤》等文獻所載十部樂演出順序相比照，可以看出十部樂之前九部樂（高昌伎最後立，除外），順序一致。因此，《唐會要》與《通典・樂六》所載唐初九部樂之次序，除「天竺樂」誤爲「扶南樂」外，其餘樂部的演奏順序也可能爲：讌樂、清商、西涼、天竺（誤載爲「扶南」）、高麗、龜茲、安國、疏勒、康國。

在此需指明的是，各樂部按照一定順序上演，然各樂部每次上演演奏之樂舞節目（歌曲、樂曲、舞曲）是可以根據需要調整變化的。如《舊唐書》卷二九《音樂志》載：「《清樂》者，南朝舊樂也。……隋室已來，日益淪缺。武太后之時，猶有六十三曲，今其辭存者，惟有《白雪》……等三十二曲，《明之君》……合三十七首。又七曲有聲無辭：《上林》……，通前爲四十四曲存焉。又《通典》卷一四六《樂六》「四方樂」條目云：「高麗樂……大唐武太后時尚二十五曲，今唯能習一曲，衣服亦寖衰敗，失其本風。」〔註23〕正如秦序所指出「這說明同一樂部中的多首樂曲，相互間缺少緊密結合關係。一個樂部中擁有大量的、各自獨立的樂曲，這些樂曲往往具有不同來源、不同情感內容，有的本身就有相當篇幅和豐富內容，本身就是一首大曲。因此，每次表演，只能從各部伎中選取部分曲目，以靈活變化的方式，或歌曲、舞曲分開，或歌曲、舞曲結合，形成臨時或相對固定的組合上演。多數樂部內部，不一定按照某種固定順序或嚴密的藝術邏輯，整體組合爲一首完備的大曲。它們大都不是一部作品，不是具有完整邏輯和組織結構的一首曲體，甚至是非組合的分散節目。」〔註24〕

據此可知，各樂部的演奏形式，即樂隊的形式，是較爲穩定的、不變的，而演奏的內容是靈活的、多變的。最爲重要的是這些少數民族或外國的樂部，特色鮮明，各具風格，其舞曲、歌曲、樂曲、樂器、舞具、服飾

〔註22〕〔日〕岸邊成雄著，梁在平、黃志炯譯：《唐代音樂史的研究》，臺北，臺灣中華書局，1973年版，第485頁。

〔註23〕〔唐〕杜佑：《通典・樂六》，北京，中華書局1984年版，第762頁。

〔註24〕秦序：《中華藝術通史・隋唐卷（上編）》，北京師範大學出版社，2006年6月版，第98頁。

等等，均長期保持原有風貌，演員、樂工也來自他們各自國家或地區。若有人員缺額或需更新，甚至會出現在中原無法找人替代的情況，仍需要由本國或原地再派人來補充。總之，各樂均擁有自己專門的「樂、器、工、衣」，相互之間是各自獨立的。由此可見，唐初宮廷之中雅、胡、俗樂界限較爲分明之景況。

第三節　唐初胡、俗二樂融合之萌芽

一、唐初始設坐、立二部伎

坐、立二部伎是唐代宮廷音樂制度之一，大約設置於唐高宗時，演奏歷代編創的歌頌帝王功德的樂曲，是一種演奏於朝會宴饗的特殊雅樂（廣義的雅樂），屬「正樂」之範疇。依照坐奏和立奏兩種演奏方式的不同，將其分爲坐部伎和立部伎。

其內容據《通典》等史料的記述，主要爲舞曲與樂隊形式兩個方面。二部伎是由十四首樂曲編成，各曲內容不同，創作時間不同，爲其伴奏使用的具體的樂隊編配亦是不相同的。

據本書第一章第二節對其詳加考析，可知坐、立二部伎各曲樂隊的配置，根據樂曲的不同，其形式亦是不同的。

立部伎有八曲，依次爲《安樂》、《太平樂》、《破陣樂》、《慶善樂》、《大定樂》、《上元樂》、《聖壽樂》、《光聖樂》。樂隊演奏形式爲立奏。由文獻記述，主要有四種樂隊形式：

第一種：由大鼓、龜茲樂器構成的樂隊形式。〔註 25〕

第二種：由大鼓、龜茲樂器加金鉦組成。〔註 26〕

第三種：爲西涼樂的樂隊形式，具體配置爲鍾 1 架，磬 1 架，彈箏 1 具，搊箏 1 具，臥箜篌 1 具，豎箜篌 1 具，琵琶 1 具，五弦琵琶 1 具，笙 1 具，簫 1 具，大篳篥 1 具，小篳篥 1 具，長笛 1 具，橫笛 1 具，腰鼓 1 具，齊鼓 1 具，擔鼓 1 具，貝 1 具，銅

〔註 25〕關於演奏立部伎中的樂曲，有兩種記載，一種爲立部伎中除《慶善樂》之外的七曲均使用此種樂隊形式，亦或以此爲基礎的樂隊形式；另一種記載爲立部伎之《聖壽樂》、《光聖樂》的樂隊形式，《破陣樂》、《大定樂》、《上元樂》、《聖壽樂》、《光聖樂》四曲樂隊均是以此爲基礎構成的。

〔註 26〕爲《大定樂》之樂隊形式。

鈸 2 具。〔註 27〕

第四種：由大鼓、龜茲樂器、鍾、磬編配而成。〔註 28〕

坐部伎有六曲，依次為《讌樂》、《長壽樂》、《天授樂》、《鳥歌萬歲樂》、《龍池樂》、《小破陣樂》。為坐奏的樂隊演奏形式。根據文獻所言，大致有三種樂隊形式：

第一種：讌樂的樂隊形式，具體樂器構成為玉磬 1 架，大方響 1 架，搊箏 1 具，筑 1 具，臥箜篌 1 具，大箜篌 1 具，小箜篌 1 具，大琵琶 1 具，小琵琶 1 具，大五弦琵琶 1 具，小五弦琵琶 1 具，吹葉 1 具，大笙 1 具，小笙 1 具，大篳篥 1 具，小篳篥 1 具，大簫 1 具，小簫 1 具，正銅鈸 1 具，和銅鈸 1 具，長笛 1 具，尺八 1 具，短笛 1 具，揩鼓 1 具，連鼓 1 具，鞉鼓 2 具，浮鼓 2 具，歌 2 人。

第二種：由龜茲樂器構成的樂隊形式。〔註 29〕

第三種：由雅樂樂器組合而成的樂隊，亦或為雅樂的樂隊形式。〔註 30〕

坐部、立部之分，亦倣古代雅樂「堂上坐奏」與「堂下立奏」的形式。但由樂曲伴奏樂隊的樂器構成來看，其音樂、樂器，與各具特色的多部伎顯然不同，它打破了十部樂以胡、俗分類的標準，而是採取了雜糅胡、俗於一爐的方式。坐、立二部伎的設立，可謂是融合胡、俗樂進行創新的實例，也是初唐時期宮廷中雅、胡、俗樂（包括樂器）相互交流、結合的萌芽。

二、唐初置太常四部樂

太常四部樂是唐代宮廷音樂制度中的一項樂制。唐代太常四部樂之說最早出於《玉海》所載。據《玉海》卷一〇五「唐太常四部樂」條引《玄宗實錄》云：

> 玄宗先天元年八月乙酉，吐蕃遣使朝賀，帝宴之於武德殿，設太常四部樂於庭。〔註 31〕

〔註 27〕此為《慶善樂》之樂隊形式。

〔註 28〕主要為立部伎之《破陣樂》和《上元樂》的樂隊形式。

〔註 29〕坐部伎六曲中，除《龍池樂》之外的《長壽樂》、《天授樂》、《鳥歌萬歲樂》、《小破陣樂》的樂隊皆是以龜茲樂器構成。此種樂隊編配應是坐部伎中主要的樂隊形式。

〔註 30〕此為坐部伎之《龍池樂》的樂隊構成。

〔註 31〕〔宋〕王應麟：《玉海》，江蘇古籍出版社，上海書店 1988 年縮印本，第 1918 頁。

由文獻可知唐代太常四部樂確實是存在的，且早在玄宗時期即已出現。本書第四章第四節對其所作考證可知，唐代太常四部樂應爲龜茲部、胡部、鼓笛部、大鼓部。四個樂部的樂隊各有特點，互不相同，亦互爲補充，可獨立使用，亦可組合演奏。

就樂隊形式之淵源及其樂器構成而言：

唐「太常龜茲部」由 7 種非旋律性擊奏樂器：羯鼓、揩鼓、腰鼓、雞婁鼓、方響、拍板、銅鈸；3 種吹奏樂器：笛、觱篥、簫，共計約 10 種樂器組成。其樂器編配應源於「十部龜茲伎」，換言之，前者是以後者爲基礎而形成的樂隊形式。「太常龜茲部」以擊奏樂器和吹奏樂器爲主體，且擊奏樂器在龜茲樂的樂隊中佔有很爲重要的位置，此外最爲顯著的特點是樂隊中並無彈奏樂器的運用，具有吹打樂的樂隊性質。德宗時「太常龜茲部」已減至 12 種樂器。且至晚唐時期，其樂隊形式就更爲簡單化了，僅有樂器 7 種。

「胡部」樂器編配以 4 種彈奏樂器（絲）：箏、箜篌、五弦、琵琶；3 種吹奏樂器（竹）：笙、笛、觱篥爲主體，另加拍板、方響、銅鈸等擊奏樂器組合而成。較之其他三部樂而言，其樂隊形式較爲突出的特點是使用了較多的彈奏樂器，旋律性樂器所佔的比例很大，而擊奏樂器處於次要地位，這亦是決定胡部樂隊風格的重要原因。唐朝太常之「胡部」亦就是宋教坊之「法曲部」，確切而言，兩者之間應爲源與流的關係。

「鼓笛部」亦就是《樂府雜錄》、《樂書》所言之「鼓架部」。樂隊由笛、杖鼓（腰鼓）、拍板構成。由相關記述來看，所謂太常四部樂之「鼓笛（架）部」其實就是指以散樂百戲爲內容的樂部，其樂隊形式亦與《通典》所云散樂之樂隊配器很爲相近，可見鼓笛（架）部樂隊編制應源於散樂樂隊的配器之制。「鼓笛部」僅由吹奏樂器和擊奏樂器組成。具體而言，是以鼓、板、笛爲其特色的小型樂隊編配之制。這種極具特點及典型意義的樂隊形式，可謂是宋代不同時期教坊樂以鼓、板、笛類樂器爲其樂隊主要成分的樂隊編制之淵源。

「大鼓部」所屬樂器應僅爲「大鼓」這一種樂器。與其他三個樂部相比較，其樂器組合形式更爲簡單。大鼓部通常與其他樂器組合使用，以起到弘揚氣勢，擴大聲勢的作用。

岸邊成雄先生曾指出，太常四部樂爲唐時太常寺內的一種樂器分類法，以便分類展出樂器或歸類庫藏之用。然比照四部樂隊之樂器構成，笛、拍板這兩種樂器，於三個樂部中均有使用；而龜茲部與胡部間，相同的樂器就有七種之多。據此看來，各部之間通用和相互交錯的樂器種類，竟會如此之多？這樣含混不清的樂器分類法，怎能將各種樂器很好地歸類展覽亦或分類庫藏？故筆者以爲，唐時太常四部樂其樂隊之樂器配列法的功能，要遠遠大於其樂器分類法的功能。確切講，唐時太常四部樂，就是四種不同風格、類別的樂隊組合形式，既可單獨使用各部，也可以相互配合或混合使用。

綜合以上分析，唐初所製之太常四部樂，各樂之構成均具有濃厚的西域系風格，各樂部的不同與相異，主要以樂器類型（擊奏、彈奏、吹奏）構成的不同爲形成各自不同風格特徵的主要手段。此與十部樂設立的標準不同，即四部樂不是以胡、俗樂或地域性風格特徵爲界限來劃分的，而是將胡、俗樂摻和於一起而設立的。此點與坐、立二部伎的設置略有相似，只是太常四部樂之中，胡樂之因素更爲濃重而已。

第四節　盛唐胡、俗樂融合之高潮

玄宗時期，宮廷的雅正之樂以及胡樂、俗樂都有很大發展。玄宗時期宮廷國家樂舞機構規模空前宏大，太常音聲人、樂工等專職樂舞人員多達三四萬。坐、立二部伎就經他整理發展，達到極盛狀態。

如果說，從唐初到玄宗朝初期，雅樂、包括二部伎等正樂體制的制定，曾經是宮廷禮樂設置的中心工作，唐朝的雅樂在這一階段很受重視，有了較大發展；而《七德舞》等新創雅樂作品高奏於庭殿，更以「發揚蹈厲」、「聲振百里，動蕩山谷」的雅樂新風貌，令人耳目一新；這些體現著大唐氣象的雅樂，在玄宗朝又通過《大唐開元禮》及《唐六典》等一系列制度性措施的確認，而達於輝煌；則唐玄宗朝的中、後期，則迎來了胡樂、俗樂更加蓬勃興旺的大發展，出現了雅、胡、俗的全面融合。

一、開元二年教坊、梨園之設立

（一）左、右教坊的設置及散樂的繁榮

開元二年（714），玄宗「以太常禮樂之司，不應典倡優雜伎，乃更置左、右教坊，以教俗樂」，並「命右驍衛將軍范（安）及爲之使。」（《資治通鑒》卷 211「開元二年」）同時，還選出坐部伎子弟三百人「爲絲竹之戲」，

于禁苑梨園專習玄宗皇帝「酷愛」之法曲，號「皇帝梨園弟子」。其他還設立太常別教院（亦稱梨園別教院），宮中選「數百」宮女在宜春北院表演歌舞樂器，爲「梨園女弟子」，此外梨園法部下轄還有「小部音聲」即少年樂團。

表明看，設立教坊、梨園等機構，似乎是嫌這些「俗樂」，這些「倡優雜伎」，妨礙太常寺這類國家禮樂機構的嚴肅性莊重性，其實，卻是爲了更好更方便地滿足宮廷對胡樂、俗樂的喜愛需求。正如《中華藝術通史・隋唐卷上》第二章所指出：

> 玄宗實施樂制改革這一重大舉措，應有更深刻的動機。當時宮廷俗樂（包含糊樂、散樂百戲等）發展迅速，規模日盛，按舊有的管理體制，太常屬於政府禮樂機構，既不適應俗樂的蓬勃發展，對滿足皇帝和貴戚們日益膨脹的日常樂舞享樂需求，也多有不便。將俗樂（包括散樂百戲）從太場寺劃分出來，改設左、右教坊，並由中使來管理，形式上似乎是更好維護國家禮樂機構的純潔崇高，實際反使娼優俗樂更接近內庭，更便於皇帝貴戚們享用，還可以遮人眼目，避免因此而起的『物議』。〔註 32〕

擔任教坊使的右驍衛將軍范安及，就是一名宦官。這標誌左右教坊實際由宮廷直接領導，其地位不是比太常寺更低而是更高。

俗樂的樂器組合不同與雅樂，可以散樂百戲爲例說明之。散樂是漢朝以來，由西域傳入的雜伎、幻術、曲藝等藝術形式演變發展而來的。南北朝、隋朝時期，由於西域音樂的大量傳入而相得益彰。

本書第四章第二節對散樂之樂隊形式詳加考述，並分門別類，加以總結。歸納當時的散樂樂隊，主要有三種類型：一爲雜伎類，以擊奏樂器爲主；二爲歌舞戲類，其中編入了彈奏樂器；三爲參軍戲類，以彈奏樂器爲主，擊奏樂器居次。最爲重要的是以西域系樂器——鼓、板、笛爲其樂隊構成之核心樂器，完全是胡、俗樂融合之產物。

由散樂樂隊形式歷時性的演變，可看出其由最先較爲簡單的雜伎、幻術的伴奏樂隊，發展爲音樂表現性能較強的歌舞戲類的樂隊形式，逐漸形成富含故事情節和戲劇性、藝術性更爲豐富的曲藝形式的樂隊，這可謂是宋代雜

〔註 32〕秦序：《中華藝術通史・隋唐卷（上篇）》，北京：北京師範大學出版社，2006 年 6 月版，第 123～124 頁。

劇、戲曲樂隊形式的早期雛形。

（二）梨園等機構的設立與法曲之興盛

開元初期，玄宗在設立左、右教坊的同時，還選出坐部伎子弟三百人「爲絲竹之戲」，于禁苑梨園專習玄宗皇帝「酷愛」之法曲，號「皇帝梨園弟子」。此外，還設立太常別教院（亦稱梨園別教院），安排在太常寺附近。在宮禁中，則選出「數百」宮女，讓她們在宜春北院學習歌舞、樂器表演，稱爲「梨園女弟子」。在成人組成的梨園法部之下，玄宗還專門設立有「小部音聲」，這是由三十名優秀少年樂手組成的傑出樂隊。

梨園可謂專設的演奏、教習「法曲」的宮廷絲竹樂團。梨園演奏的曲目，統稱爲法曲。由於該樂團受玄宗皇帝親自教習、指揮，因而被尊稱爲「皇帝梨園弟子」，而令朝廷上下刮目相看。說明他們在藝人中擁有最高的社會地位。

法曲音樂性質、樂隊形式、樂隊性質等，本書第四章第一節有專門考證與材料梳理，對其歷時性發展也有較全面的認識與總結。

開元初專門演奏法曲的音樂機構梨園成立以後，至天寶十三載（754 年）詔「道調法曲與胡部新聲合作」。說明從唐初到天寶年間，法曲、胡樂二者彼此獨立，各自保持著各自的音樂特色，不相混雜。

唐時法曲，未必就是一種單獨的音樂形式，「法曲」概念的內涵、外延也不是一成不變的。

梁武帝時宮中有「法樂童子伎」，梁武帝崇信、提倡佛教，因此梁時的法樂或法曲，所指應爲表現佛教之法的樂曲。到唐代，法曲所指，發生很大變化。《新唐書》卷二十二《禮樂志》說：「初，隋有法曲，其聲清而近雅，其器有鐃、鈸、鍾、磬、幢簫、琵琶……其聲金石絲竹以次作，隋煬帝厭其聲淡，曲終復加解音。」〔註 33〕看來唐代法曲源於民間，與傳統的「華夏正聲」有密切關係的一種音樂。它的風格比較清雅，曲終比較平淡，所以隋煬帝在曲終加上了「解音」，即綴上一個急促的樂曲，以掀起高潮。這種加「解音」的手法因來自胡樂。但法曲應保留較多漢民族傳統音樂特色。《唐會要》載太常別教院教習的法曲 12 首，其中《王昭君》、《玉樹後庭花》、《堂堂》等曲，都是清商樂之曲，故也見諸武太后以來所保存的 44 首清樂曲中。所以，宋・陳暘《樂書》卷一八八說：「法曲興自於唐，其聲始出清商部，比正律差四，

〔註 33〕〔宋〕歐陽修：《新唐書》，北京，中華書局 1975 年版，第 476 頁。

鄭、衛之間，有鐃、鈸、鍾、磬之音」。

玄宗時期的法曲一方面吸收許多民間歌舞因素，例如清商樂因素，如《舊唐書》卷三十《音樂三》云太常傳《讌樂》五調歌詞各一卷，相傳爲貞觀時所詮集，後有開元末太樂令孫玄成整理補充爲七卷，但「又自開元以來，歌者雜用胡夷里巷之曲，其孫玄成所集者，工人多不能通，相傳謂爲『法曲』。」這說明開元末孫玄成整理太常舊傳《讌樂》五調歌詞，也被樂工們稱爲「法曲」。

另方面，玄宗所酷愛之並令梨園弟子們演奏的法曲，則主要是器樂，雖源自清商樂，但有濃厚的道教色彩，故常與「道調」並提，或包含與「道調」之內。唐時「道調」有時作爲宮調名稱，因《唐會要》卷三十三有「林鍾宮，時號道調宮」的記載；但有時至一首專門的道教樂曲，如唐高宗時便「命樂工製道調」〔註 34〕；更多時候泛指道教之曲調。唐玄宗帶頭崇道，故玄宗時期是唐代道教崇拜極盛期。玄宗先後創造數十首道教樂曲。故這個時候所說的法曲，指的是道法之曲即道曲。

教坊、梨園的設置，是盛唐宮廷順應歌舞藝術發展的時代潮流的行爲。這些機構集中大批最優秀的藝術家，他（她）們廣採博收胡俗樂養分併加以創新發展，共同推進盛唐歌舞藝術高峰的出現，實現了歌舞藝術及散樂百戲的全面繁榮。僅從教坊上演的曲目看，唐代最流行的一大批樂舞曲，包括各種大曲、歌曲，如《教坊記》、《羯鼓錄》等文獻所記載，均出自教坊或集中於教坊，今天可考的唐代酒筵著辭的三分之二，約 40 曲，也源於教坊。教坊樂伎爲唐代社會貢獻了最優秀的一批歌舞曲。以中原和西域交流爲重點的各民族文化藝術交流融滙所形成的俗樂繁榮局面，也通過教坊樂工、歌伎們的創造加工，得到充實提高。這些樂工、歌伎獲得更廣闊的輝煌的歷史舞臺，他們的才能也得以放射出更加耀眼的光彩。

二、開元二十四年「升胡部於堂上」

胡係器樂藝術迅速發展。加之皇帝玄宗對胡樂的寵愛，如其最喜愛羯鼓，稱之爲，自己下功夫勤學苦練，

盛唐時期，胡、戎等唐周邊各族各地各國樂舞，也以更大規模更多形式暢快地湧入，形成胡樂傳入的新高潮，在內地社會各階層產生巨大的影響。

〔註 34〕〔宋〕歐陽修：《新唐書》，北京，中華書局 1975 年版，第 472 頁。

當時長安胡俗樂器盛行，玄宗喜愛胡樂，尤其喜愛羯鼓，譽之爲「八音領袖」，還作有《春光好》等羯鼓曲。各邊關方鎭投其所好，紛紛進獻樂舞，如西涼節度使等人先後進獻《伊州》、《涼州》以及《婆羅門》（《霓裳羽衣曲》前身）等等大曲，被稱爲「胡部新聲」，風靡一時，使得「諸樂爲之少寢」。並採取了許多項有力的行政措施，以改善、提高胡樂在宮廷樂舞中的地位。

例如，玄宗命「升胡部於堂上」。《新唐書》卷二二《禮樂志》「玄宗」條：

> 開元二十四年，升胡部於堂上。而天寶樂曲，皆以邊地名，若《涼州》、《伊州》、《甘州》之類。〔註35〕

對「升胡部於堂上」有兩種理解：一爲胡部之音樂可以上堂演奏，與俗樂一起演奏；二爲胡部樂隊，可列於堂上，但仍演奏胡樂。按歷代殿庭所陳雅正之樂，一般爲堂上登歌、堂下樂懸的形式，均屬雅樂樂隊。若爲第一種情況，那麼就是指胡樂由堂上雅樂樂隊演奏，從音樂的角度來看，陳舊、老套的樂隊未必能夠勝任演奏繁雜多變、曲調豐富的胡樂，二者的音樂表現性能不相匹配。從政治層面而言，金石樂懸用於宮廷郊廟祭祀，演奏的是歌頌先帝、帝王功德及祭祀天地諸神的樂曲，如此神聖的樂隊怎能演奏四夷之樂呢？故筆者以爲第二種理解較合理，即仍以胡樂之樂隊、樂器演奏其樂。

此前胡樂儘管流行，但在宮廷禮樂體制中，胡樂夷樂表演，其地位仍明顯低於雅、俗（漢樂）之樂，其樂隊仍不能「登堂入室」。在玄宗親自關照下，這一舉措打破過去的樂隊表演慣例，胡樂的地位迅速提升，幾與雅、俗樂齊平，甚至可與雅樂一道「登堂入室」，一起演奏了。這是唐代樂器組合發展歷程中一項重大的變革。

三、天寶十三載「胡部新聲與道調法曲合作」即「藩漢雜奏」

天寶十三載（754 年），玄宗下令並多次督促太常寺更改供奉曲名，將數十首外來佛曲名及其他胡語曲名，通統改爲道教色彩極濃的漢語名。杜佑《理道要訣》中言：「天寶十三年七月十日太樂署供奉曲名及改諸樂名」，列舉有二百二十多曲名，其中胡名改爲唐名的有四十七曲，如將明顯帶有胡樂色彩的《婆羅門》曲，改名爲《霓裳羽衣》，也就是眾所熟知的唐代最著名的法曲大曲《霓裳羽衣曲》。

據多種史籍記載，就在同一年，玄宗還詔令「胡部新聲」與他最爲鍾愛

〔註35〕〔宋〕歐陽修：《新唐書》，北京，中華書局1975年版，第476頁。

的「道調法曲」「合作」。《新唐書》卷二二《禮樂志》「玄宗」條：

> 開元二十四年，升胡部於堂上。……後又詔道調、法曲與胡部新聲合作。明年，安祿山反，涼州、伊州、甘州皆陷吐蕃。〔註36〕

顯然，太常寺更改供奉曲名和詔道調法曲與胡部新聲合作，如果不是一回事，那也是相互關聯的存在內在緊密聯繫的兩件事。因爲要「合作」，才需要確定樂曲，並更改其中許多樂曲名稱；而確定供奉曲並更改其中許多樂曲名，原來正是爲「合作」創造條件。原來，這是推崇道教又喜愛胡曲的玄宗皇帝，對原屬胡部的許多樂曲，將原來使用胡語或佛教色彩較濃的名稱，通通更改爲道教色彩鮮明的名稱，經此改名，便從形式上完成了對胡樂的整編，使之統統變成道教法曲了，從而可以「合作」了。

另一方面，則是將胡樂隊與雅樂、俗樂樂隊的最後一道屏障拆除，全面實現「蕃、漢雜奏」，實現了蕃、漢樂器的全面融合。這一步驟，在文獻記載似乎沒有直接描繪，但從稍後人對這一合作的批評責問中，可以得到明確印象，例如，白居易在其《新樂府》的《法曲歌》中注云：「法曲雖似失雅音，蓋諸夏之聲也，故歷朝行焉。玄宗雖雅好度曲，然未嘗使蕃漢雜奏。天寶十三載，始詔諸道調法曲與胡部新聲合作，識者深異之。」可見，「蕃、漢雜奏」就是這一「合作」在樂器組合方面的具體體現。文中所言「新聲」，即《通典》卷一四六所說的「胡音聲」，該卷「四方樂」條云：「又有新聲自河西至者，號胡音聲，與龜茲樂、散樂俱爲時重，諸樂咸爲之少寢。」〔註37〕河西指涼州、伊州、甘州等河西走廊邊地，「新聲」，即玄宗時期經河西傳入之西域音樂，也就是上述邊地大曲爲代表的音樂歌舞。所謂「新聲」，是與「舊聲」即北朝以來傳入的胡樂及西涼樂。

天寶十三載「胡部新聲與道調法曲合作」，這是前所未有的重大舉措，胡、俗樂的融合，於盛唐時期達到了最高潮。當然，這亦從另一角度說明了開元二年（714年）專門演奏法曲的音樂機構——梨園的成立，至天寶十三載法曲與胡部合奏，在長達四十年的時間裏，法曲與胡樂二者是相對獨立的，它們各自保持著各自的音樂特色。

這種融合胡、俗樂而形成的音樂，研究者稱爲「新俗樂」，是教坊、梨園的代表性樂舞。胡、俗樂的融合，以天寶十三載的「藩漢雜奏」爲契機，逐

〔註36〕〔宋〕歐陽修：《新唐書》，北京，中華書局1975年版，第476～477頁。
〔註37〕〔唐〕杜佑：《通典》，北京，中華書局1984年版，第762頁。

漸具體化，成爲唐末新俗樂一元化形成之端倪。過去的雅、胡、俗樂的並立，至此開始逐漸形成雅樂、俗樂（新俗樂）並立之新局面。

宋・沈括《夢溪筆談》卷五總結說：「外國之聲，前世自別爲四夷樂。自唐天寶十三載，始詔法曲與胡部合奏。自此樂奏全失古法，以先王之樂爲『雅樂』，前世新聲爲『清樂』，合胡部者爲『宴樂』。」所謂「樂奏全失古法」，說明這一重要樂制改革力度、影響之大，從另一角度反映出這一合作在音樂史上產生的劃時代意義。

天寶十三載道調法曲與胡部新聲的「合作」，也是法曲產生重大變革的契機。以後的法曲，成爲囊括了清樂、胡樂、俗樂、雅樂、道曲、佛曲等多種音樂形式的優秀作品的集合體，可謂是多種音樂形式的精華所在。像《霓裳羽衣曲》這樣的法曲大曲，也才能夠成爲唐代歌舞藝術成就的最突出的代表。

集清樂、胡樂、俗樂、雅樂、道曲、佛曲等多種音樂形式的優秀作品於其中的「法曲」，一個非常重要的特點，就在於它的樂隊形式。這些不同形式、不同風格特點的音樂作品之所以均被稱之爲「法曲」，最爲重要的特點便是由於它們是以法曲的樂隊來演奏的。如丘瓊蓀所言：「把性質不同，內容不同，旋律不同，感情不同，風調不同的種種樂曲，冶爲一爐。用法曲的樂器去演奏它，用清曲特有的風格去演奏它，以形成唐代如火如荼的音樂文化。」〔註 38〕而產生法曲這種淡雅的風格，亦多是緣於其樂隊的樂器組合形式及樂隊的演奏方式，這也正是法曲不同於其他音樂形式的根本所在。關於這點，丘瓊蓀在考證「法曲」之後，亦得出相似的結論：「法曲之有異於其他樂曲者，主要在音樂。它的樂器，十之七八爲中國舊器，尤其是用編鍾編磬。所以說它的音聲淡雅，比之龜茲樂迥不相同。再者，它演奏之初，眾樂不齊，金、石、絲、竹，次第發聲，非所有樂器轟然齊鳴，這也是音響上較爲清淡的一項原因。用了編鍾編磬，樂曲的進行自亦比較緩慢些。」〔註 39〕

經本書第四章第一節所作考證，可知盛唐時期（尤其是蕃漢合作的）法曲樂隊中使用了大量的胡樂，這與隋代文帝時期法曲雜有胡樂的原因不同。隋文帝主要出於政治目的，沿用「雜有胡聲」的北周舊樂，而間接造成了隋初「太常雅樂，並用胡聲」的現象，當然其中也包括法曲。而盛唐時期法曲樂隊雜用胡樂，最重要的原因之一就是玄宗個人的喜愛。唐玄宗出於藝術、

〔註 38〕丘瓊蓀：《燕樂探微》，上海古籍出版社，1989 年版，第 99 頁。
〔註 39〕丘瓊蓀：《燕樂探微》，上海古籍出版社，1989 年版，第 99 頁。

娛樂及個人愛好，將各種音樂形式、音樂體裁中最爲優秀的作品集中於法曲，並傳授於梨園弟子，並通過他們把法曲發展爲純器樂演奏的藝術精品。

如果說梨園的建立，以及天寶十三載的蕃、漢合作，將盛唐時期胡、俗樂的融合推向了頂峰，那麼法曲的性質、樂隊的形式、樂隊的屬性，就是這一現象最爲直觀的體現。

自天寶十三載，兩樂「合作」之後，是否還各自獨立？對此有不同觀點。任半塘先生認爲「合作」，是「先後遞奏，同時同場之謂，事實上單位有別，仍各自爲樂，並非將法曲與胡樂揉合於同一曲調中也。」〔註 40〕在他看來，「合作」並亦不是法曲和胡樂二者完全融合爲「一體」表演，換言之，各種音樂形式在法曲中是基本保持各自較爲獨立的狀態，而不是完全融合爲一體的「雜奏」。

我們認爲，這一「合作」之密切，相互融滙結合之深，遠遠超出上述認識。第一：批評這一舉措的白居易、元稹等人認爲，此前從未發生過的「蕃漢雜奏」，在天寶十三載改樂時竟然發生了：「自此樂奏全失古法」。有人甚至還指責這一舉措兆示、招致第二年胡人安錄山叛亂發生。可見「雜奏」之空前出格。第二，如果僅僅是兩樂同場、先後遞奏，則開元二十四年「升胡部於堂上」，已經實現蕃、漢樂同場演奏。說天寶十三載「樂奏全失古法」，當然不只是一個同場遞奏的問題，當然要走得更遠才是。

唐初之十部樂及其後興盛之二部伎至盛唐時期，其勢漸被梨園及教坊之胡、俗融合之樂所壓倒。由法曲及散樂樂隊形式發展之歷程來看，唐末以娛樂性、藝術性爲主的胡、俗樂，二者已達到高度的融合，無法劃清其中之界限，並向新俗樂一元化之方向迅速發展。而雅樂並未受到影響，仍保持其獨有之內容和形式。

第五節　晚唐雅、俗之新局面

一、晚唐雅樂樂隊性質之純正

晚唐時期之雅樂樂隊仍保持著「華夏舊器」的純正性質，且已完全成爲形式層面的禮儀音樂。然每經政局變化、社會動蕩而漸次衰減。安史之亂、黃巢起義後，唐末昭宗在殷盈孫等官臣的輔助下，雅樂嚴依古制而置，可謂是一度復興。

〔註 40〕任半塘：《教坊記箋訂》，北京，中華書局，1962 年版，第 147 頁。

由本書第一章第一節所作考證，可推知晚唐時期宮懸樂隊仍由樂懸樂隊、登歌樂隊、鼓吹樂隊組成，樂懸樂隊及登歌樂隊構成，其樂器組合形式大致如下：

樂懸樂隊：鎛鍾 12 具，編鍾 4 架，編磬 4 架，共計陳樂懸 20 架，分四面擺列，每面鎛鍾 3 具，編鍾、編磬各 1 架，每面陳樂懸 5 架，其中編鍾每架懸數爲 24 具，且依律編懸；四角設鼓 4 座：一爲應鼓（原注：四旁有兩小鼓爲鞞鼓），二爲腰鼓，三爲警鼓，四爲雷鼓。

登歌樂隊：編鍾 1 架，架上懸鍾 24 具，依律編懸；編磬 1 架；堂上設琴、瑟、筑，堂下設簫、笙、竽、塤、篪、龠、跋膝；柷、敔各 1 具。

據此可看出，晚唐雅樂樂隊與初唐、盛唐時期之樂隊形式並無較多改變，除其中由於政治、社會原因曾出現斷層，但總體而言一直保持著舊有之編配原則及固有之陳列方式，雅樂可謂是唐時音樂獨立發展之一支。

此外，於盛唐時期融雅、胡、俗樂爲一體之法曲，至晚唐時期其樂隊最爲重要的變化及特點是樂隊中幾乎已無西域樂器的運用，其樂隊性質亦完全隸爲雅樂之屬。

二、新俗樂之形成與興盛

依據黃翔鵬先生之觀點，夏代以來的中華音樂史發展的歷程，以不同階段的代表性藝術形式之特性爲標準，可大體分爲三大時段，即先秦金石之樂時代，漢魏至隋唐的中古伎樂時代，宋以來的戲曲音樂時代。〔註 41〕秦序認爲對此問題可稍加補充，使之更爲完善。黃先生的主張自有道理。但從整個表演藝術史的角度看，一方面，金石之樂產生（即青銅時代）前，還有一個漫長的原始社會，即舊石器時代與新石器時代，可稱爲原始樂舞階段；另方面，金石之樂時代與中古伎樂時代雖有差別，但若與中古伎樂及戲曲時代的差別相比，可能小得多。可以說後一差別有質的不同，先秦與中古時期，都以音樂歌舞爲代表，不意味著代表性藝術形式的轉換。因此，夏至隋唐或可簡化爲音樂歌舞時代，宋以後至清，仍屬戲曲時代。夏至隋唐音樂歌舞時代，前後近三千年，「可再細分爲以金石之樂爲標誌的先秦宮廷貴族樂舞階段，和以清商樂爲標誌的秦漢魏晉伎樂階段，以及歌舞時代的最後高潮——隋唐歌

〔註 41〕參閱黃翔鵬《論中國古代音樂的傳承關係》，載其論文集《傳統是一條河流》，北京，人民音樂出版社，1990 年 10 月版，第 116 頁。

舞階段。」〔註 42〕

據此中華音樂發展之歷程可以大體劃分爲兩大時段，「其一是音樂歌舞爲代表時代，以宮廷、貴戚所擁有的音樂歌舞爲集中代表；其二是戲曲爲代表時代，以崛起於市井民間的綜合性的戲曲藝術爲集中代表。」〔註 43〕

隋唐音樂歌舞時期在這一歷史大時段中地位至關重要。它集先秦以來樂舞發展之大成，將古代音樂歌舞藝術推向輝煌的顛峰；另方面，它也是表演藝術史上的重大轉折時期，歌舞藝術逐漸轉變讓位於戲曲藝術，而盛唐之後新俗樂的形成與興盛，正是這一重要轉折之關鍵環節，亦是器樂發展史中樂器組合形式發生巨大轉折之關鍵環節。

從歌舞到戲劇，實現了中華表演藝術史上代表性藝術形式的重大轉型。具體來講，這一轉型則通過盛唐以後逐漸表演藝術的兩個重心轉移，逐步發生和確立方向的。

一個重心轉移，是盛唐達到頂峰的歌舞藝術，走向衰落並喪失其在表演藝術中的代表地位，而新興的百戲、說唱、戲曲等形式逐漸崛起和獨立，並逐漸走向時代舞臺的中心位置。〔註 44〕

隋唐時期，音樂歌舞樂受到從宮廷帝王到民間的社會各階層的喜愛。一度達到歌舞藝術發展之巔峰。然而由於安史之亂後宮廷勢力的衰弱，社會、經濟、政治等多方面的因素，使得盛大歌舞難以爲繼；加之音樂藝術體裁、種類的不斷完善和豐富，新的藝術形式的不斷產生，對先前的歌舞藝術形成強烈的衝擊。民間出現俗講、轉變、說話、唱詞等新的說唱藝術形式，逐漸與歌舞分離，自成一體，由此而形成的新的樂器組合形式，亦漸爲興盛；而歌舞戲、參軍戲、傀儡戲等戲曲形式，以及以鼓、板、笛爲核心樂器的新型伴奏樂隊，因其娛樂性強，樂隊規模較小，形式亦較爲簡單，與市民化之音樂現狀很爲適應，故而能夠迅速發展並廣受歡迎。它們爲五代宋元曲藝說唱和戲曲的興旺，奠定了堅實的基礎。

另一個重心轉移，則是表演藝術的舞臺重心，由皇室朝廷，由長安洛陽兩

〔註 42〕 秦序：《中華藝術通史・隋唐卷（上篇）》，北京師範大學出版社，2006 年 6 月版，第 49、50 頁。

〔註 43〕 秦序：《中華藝術通史・隋唐卷（上篇）》，北京師範大學出版社，2006 年 6 月版，第 50 頁。

〔註 44〕 秦序：《中華藝術通史・隋唐卷（上篇）》，北京師範大學出版社，2006 年 6 月版，第 50 頁。

大都城，逐漸轉移至藩鎮地方和大批通都大邑，逐漸沈降於市井民間。〔註45〕

設置於洛陽、長安兩都的太常、教坊、梨園等宮廷音樂機構，曾經薈萃全國器樂、歌舞之精華。然至唐中葉以後，尤其晚唐時期，國勢衰落，藩鎮割據，宮廷樂舞機構衰敗，樂人逃散、樂器遺失，無法再現昔日規模宏大樂隊之輝煌景況，宮廷作爲器樂發展及表演藝術中心的地位動搖了。而地方割據形成，江南等地逐漸成爲朝廷財賦中心，揚州、益州等許多地方城鎮崛起，民眾遊藝聚集於各地寺院、酒樓、妓館等場所，逐漸形成民間器樂藝術發展、新型樂器組合形式產生及興盛的搖籃，大有後來居上可與兩都宮廷相頡頏之勢。晚唐長安民間表演藝術多集中於慈恩、青龍、薦福、永壽等寺院的「戲場」，連萬壽公主也不顧家人有病前往觀賞，爲此還遭到宣宗嚴厲指責。可見，各種民間表演的吸引力，大有超越宮廷、上層之勢，這亦說明包括器樂藝術在內的各種表演藝術發展、興盛之舞臺，重心已由兩都的宮廷貴戚的深宮大宅，轉移向地方民間。

唐代器樂藝術這一歷史性的轉變，爲五代、兩宋以「勾欄」「瓦舍」爲代表的市民器樂及其組合藝術的勃興，埋下伏筆，也兆示著以充滿活力的各種戲曲樂隊新組合爲代表之器樂新時代，即將來臨。

〔註45〕秦序：《中華藝術通史·隋唐卷（上篇）》，北京師範大學出版社，2006 年 6 月版，第 51 頁。

附錄：有關唐代樂器組合形式的實物資料

唐代出土樂器

組合之樂器	說　明	共　計	出　處	年　代	相關文獻
細腰鼓	紅陶質，大口細腰，中空。表面施紅地，中有弦紋 5 周，兩端口沿微向外凸，以便張縛鼓皮。通高 25.7、口徑 10.4～10.5、腰徑 5.4 釐米。唐代的細腰鼓，在繪畫和石刻上比較常見，而實物較少發現，腰陶鼓則更爲罕見。此細腰陶鼓的發現對研究唐代音樂提供了重要的實物依據。	1	1987 年 3 月出土於原沁陽縣山王莊鎮張莊村的一座唐墓中。該墓是張莊磚瓦窯取土時發現的，同墓出土的還有綠釉小壺、深綠釉彩烏龜、玉石小罐形鼎、水晶鏤孔小筐和墓誌一方。據墓誌銘文記載其年代爲唐代。	唐	
腰鼓	腰鼓的形狀爲兩頭大，中間細，通身有 5 道或 7 道竹節狀的凸弦紋，兩端口沿外部均有蒙鼓皮的扣榫。其中最大的長 70.0、腰徑	1	魯山段店花瓷細腰鼓。1986 年河南省文物研究所發掘魯山段店瓷窯時，發現許多瓷腰鼓殘片，經	唐	河南省文物研究所、魯山縣人民文化館：《河南魯山段店窯的新發

	11.0、腰中竹節紋間距 10.0 釐米。中號的長 59.0、腰徑 8.8、口徑 22.2 釐米。最小的長 35.0～40.0、腰徑 9.5、腰中竹節紋間距 3.5、鼓腔徑 20.0 釐米。鼓身施黑色釉，並飾以月白色或天藍色大斑點。花瓷腰鼓比較罕見。北京故宮博物院收藏一件，非常精美，但不知產地和窯口。70 年代以來，先後在河南魯山段店窯址內發現許多花釉腰鼓殘片，經與故宮博物院所藏的花釉瓷鼓相對照，不僅胎色、厚薄、紋飾及花釉彩斑完全一樣，連腰鼓的造型、尺寸也基本相同。由此可知，故宮博物院所藏的花釉瓷鼓當為魯山段店窯口所燒製。		拼合後可大體看出腰鼓形狀。其時代為唐。		現》，《華夏考古》1988 年第 1 期。
拍板、琵琶	拍板 6 片（今存 5 片）同制，保存大致完整。大小相近，長 34～38 釐米，木質，長條形，兩端修削成圓弧。一端稍狹，狹的一端各有 2 個圓孔，應作穿繩連接用。拍板為民間音樂，尤其為戲曲音樂伴奏的重要樂器之一。按唐宋之制，所出 6 片可作一副。該墓規模宏大，有土坑墓道，墓室為磚、石、木混合結構，由墓門、前後兩主室和 4 個側室組成。曾被嚴重盜掘，遺物大多被破壞和翻動。出土樂器有拍板 6 片、琵琶 2 件，另有漆木器、木俑、陶器及金屬器等。據考，可能為五代尋陽公主之墓。	3	邗江蔡莊拍板（6 片）1975 年 4 月經發掘出土於邗江縣原楊廟公社殷湖大隊蔡莊一五代墓。墓室附近有光緒十四年（1888）發現此墓後揚州府甘泉縣所立告示碑文一通。	五代	揚州市博物館：《江蘇邗江蔡莊五代墓清理簡報》，《文物》1980 年第 8 期。
直項五弦琵琶、四弦曲項琵琶	2 件琵琶大小形制不同。大的一件出土於墓室前東側室，頸上部已朽殘，器殘長 46、梨形音箱寬 26 釐米。頸與音箱榫接，頸形修	3	邗江蔡莊琵琶（2 件，附撥子 1 件）1975 年 4 月經發掘出土於邗江縣原楊廟公社殷湖大隊蔡莊五代墓	五代	揚州市博物館：《江蘇邗江蔡莊五代墓清理簡報》，《文物》1980

	長，從頸殘部考察，該器應爲直項的五弦琵琶，簡稱五弦。與該器同出有五弦孔及四弦孔復手，並有樂器殘片和撥子，可證同室還曾置有四弦的曲項琵琶。較小的一件器身實心，長 55、梨形音箱寬 19 釐米。頸後曲呈直角，四軫，應爲曲項琵琶之陪葬明器。二器與今藏日本奈良正倉院的唐代螺鈿紫檀直項五弦和曲項四弦琵琶形制大致相同。風靡盛唐的龜茲琵琶，至五代勢頭不減當年。此墓所出的兩具琵琶爲此增添了珍貴的實物佐證。		（參見《邗江蔡莊拍板》），同出樂器有拍板 6 片。據考該墓爲五代尋陽公主之墓。		年第 8 期。

墓葬壁畫及繪畫中所見樂器組合

樂器組合	說　明	共　計	出　處	時　代	相關文獻
橫笛、箜篌	英山 1 號隋墓奏樂壁畫爲繪於墓室北壁的《徐侍郎夫婦宴享行樂圖》的一部分。整幅圖描繪徐敏行夫婦的宴飲場面，畫面中心是正襟端坐於木榻上的男女主人，面前擺放有果蔬食品，兩側恭立侍女。榻前一人正表演蹴鞠之戲，其左即爲奏樂圖部分。3 個演奏者均爲鐵線勾描，內塡以彩色。在側一人著黃袍，雙手擎橫笛吹奏；中間一人穿藍色長袍，因部分畫面缺損，已無法得知所演奏的是何樂器；右邊一人穿紅袍，目光凝滯，懷中抱持一豎立樂器（箜篌？），雙手正不停地彈撥。	3	嘉祥英山 1 號隋墓奏樂壁畫。1976 年山東省博物館在嘉祥縣英山腳下發掘了一座古墓，即英山 1 號墓。根據出土的墓誌得知，此墓爲隋代駕部侍郎徐敏行夫婦的合葬墓，葬於隋開皇四年（584）。墓葬南向略西，由一斜坡墓道和橢圓形墓室組成，墓室長 4.8、寬 3.2 米，頂呈穹形。以青灰磚砌成，白灰抹面，墓壁及穹頂繪有彩畫。壁畫可分爲兩部分：第一部分繪天象圖，有日、月、星辰等，位於穹頂。第二部分繪在墓室四壁及門洞內、外壁上，北壁繪《徐侍郎夫婦宴享行樂圖》、西壁繪《備騎出行圖》，東壁爲《徐侍郎夫人出遊圖》，南牆與門洞繪武士、門下小吏及司 閽等。英山 1 號隋墓壁畫，是中國首次發現的隋代墓室壁畫，對當時繪畫和音樂藝術的研究具有重要價值。	隋開皇四年	山東省博物館:《山東嘉祥英山一號隋墓清理簡報》,《文物》1981 年 4 期。
排簫	像高 144 釐米。伎樂人頭梳高髻，身穿窄袖赭紅色短衣，下著紅綠色條紋曳地長裙，腰束帶，足蹬	1	李爽墓吹排簫伎樂人壁畫 1956 年陝西西安羊頭鎮李爽墓出土。據墓誌李爽葬於唐高宗總章元年	初唐	陝西省文物管理委員會:《西安羊頭鎮唐李爽墓的發掘》,《文物》

	翹尖鞋。雙手持排簫置於唇下作吹奏狀。墓室壁畫因長期在地下受潮濕浸蝕，畫面脫落嚴重。幸排簫樂人尚清晰完整。壁畫高200、寬101釐米。		（668）。此壁畫在墓室北壁第二位。		1959年第3期。
笙、五弦琵琶、四弦琵琶、豎箜篌和箏	畫面前排爲5名女樂伎，均頭梳低螺髻，著窄袖上衣，束長裙，手持樂器，跪坐於方毯上演奏。5名演奏者之前有舞伎，但因牆皮剝損嚴重，僅能看到飄動舞裙一角。畫面後排站立4名侍女。	5	李壽墓樂舞壁畫（1973年三原縣焦村李壽墓出土）	唐貞觀四年（630）	
北壁：橫笛 東壁：簫	墓室北壁此圖畫一女樂，手持橫笛站立吹奏。女樂著紅色上衣，梳雙鬟，下裙爲白色，上畫紅色豎紋，腰下部垂綠巾。墓室東壁畫一男侍，頭戴襆頭，身著紅色長袍，腰帶上掛一小囊，褲角紮口，身體偏北，神情安然，雙手執簫站立吹奏。	2	李爽墓吹笛、壁畫（1956年4月西安市南郊羊頭鎮李爽墓出土）	唐高宗總章元年（668）	
左側 前排：琵琶、笙、銅鈸 後排：橫笛、拍板、另一人伸左手與右側歌者相對而唱 右側	圖中兩邊均爲舞蹈伴奏所配置的樂隊，各在一黃毯上奏樂。左側樂隊由6人組成，亦分前後兩排，各3人。站在中間地毯上的舞者爲一胡人，頭包白巾，穿長袖衫，腰繫黑帶，腳穿黃靴。舞者揚眉動目，視線向下。右側樂隊由5人組成，分前後兩排，前排3人	11	蘇思勖墓樂舞壁畫（1952年2月西安東郊經五路唐．蘇思勖墓出土。蘇墓距唐興慶宮遺址約一華里。）	唐天寶四年（745）	

前排：箜篌、箏、簫 後排：排簫、伴唱	跪坐，演奏箜篌、箏、簫。後排站立 2 人，一人吹排簫，一人以右手伸向前方，似在伴唱。				
聽樂：琵琶 觀舞：大鼓、拍板 清吹：篳篥、橫笛、板拍	全圖按不同場景分成 5 段：聽樂、觀舞、休息、清吹、送別。本卷僅收其中 3 段，分述如下：(1) 聽樂　圖中描繪韓熙載和眾賓客在欣賞琵琶獨奏。長髯戴高紗帽坐於床上者即韓熙載，其右身著紅衣踑踞而坐者爲狀元郎粲，前面桌旁是太常博士陳致雍和紫薇郎朱銳。正在彈琵琶的女子是教坊副使李家明的妹妹，她坐在凳上，橫抱琵琶，左手按弦，右手持撥，正在演奏。在她左側回首反顧者即是李家明，全場人物都沉浸在音樂欣賞的境界之中，正反映了當時琵琶曲和演奏技藝的高超水平。(2) 觀舞　圖卷第拍板 2 段繪韓熙載親自掌槌擊鼓伴舞的場面。他高挽雙袖，兩手各執拍板一槌，面前有一大鼓，鼓身高大，髹以紅漆，並描金紋飾，鼓面向內傾斜，下有精緻鼓座。鼓前方，有一身材瘦小的女子，就是能歌善舞的王屋山，她身穿窄袖長衫，手叉腰，頭反顧，作迴旋踏步之狀。韓熙載正凝神注	11	韓熙載夜宴圖卷（局部）	南唐	①梁濟海：《韓熙載夜宴圖的現實意義》，《文物》1958 年第 6 期。 ②徐邦達：《顧閎中畫韓熙載夜宴圖》，《中國文物》2，文物出版社 1980 年版。

	視，擊鼓伴奏，他身旁有一男子以手擊拍。在王屋山的右邊有 1 男子拍板應節，左邊有一女子以手擊拍。他們都全神貫注於樂舞之中，反映出極強的節奏感。唯一的觀眾，是坐在椅子上的郎粲。而其中最不協調的，是那位身穿黃色袈裟的和尚，他與眾不同，似乎對目前這場精彩樂舞視而不見。他表情嚴肅，低著頭，皺著眉，雙手緊抱胸前，像是另有所思。他可能就是韓熙載的朋友德明和尚。（3）清吹　圖卷第 4 段描繪的是一個小型的管樂合奏節目。5 個伎樂人，4 人坐成一排，2 人吹篳篥，2 人吹橫笛。左側 1 女橫向而坐，面對 4 女亦吹篳篥。另 1 男子，坐在旁邊，左手托著多片板，右手持一板拍擊。				
箜篌	全圖描繪契丹族可汗出獵、休息、宴飲的情景，人馬雄壯，沙磧荒寒。本圖僅取其中宴飲部分，可汗與夫人盤坐毯上，侍從進酒。席前 1 人作舞，左方 2 人立，彈擘箜篌，爲舞者伴奏，其後 3 人立，拍手應節。這一場面是當時契丹族人樂舞生活的寫照。	5	卓歇圖（局部）胡瓌作。此圖卷曾經清高士奇、高宗弘曆收藏。《石渠寶笈續編》、《石渠隨筆》著錄。	五代	①《中國歷代繪畫・故宮博物院藏畫集》Ⅰ，人民美術出版社 1978 年版。 ②袁荃猷：《談箜篌》,《音樂研究》1984 年第 4 期。

阮	全卷用筆精工，細緻地描繪眾仙女遊樂之景，或乘龍駕雲，或林間作樂。本圖取演奏部分，仙姬、侍者各有所事。左側一仙姬坐石上，懷抱一阮，左手緊握弦軸，似在調弦，右手持有撥子，依稀可見。阮面板中心有圓形捍撥，並繪有花紋。阮四軸、四弦，項上有 10 餘品位，形象清晰。	1	閬苑女仙圖卷（局部） 阮部作。絹本，設色。全卷縱 42.7、横 177.2 釐米。此圖無款印，曾經《宣和畫譜》、《江村銷夏錄》等書著錄，流傳有緒。	五代	①《中國歷代繪畫．故宮博物院藏畫集》Ⅰ，人民美術出版社 1978 年版。 ②袁荃猷:《中國音樂文物大系．北京卷》繪畫撰寫舉例：閬苑女仙圖卷,《音樂學術信息》1989 年第 6 期。

雕刻中所見樂器組合

樂器之組合	說　明	共　計	出　處	時　代	相關文獻
左側：尺八、琵琶、擊鼓 右側：橫笛、細腰鼓	左右共有 5 個奏樂女俑，跽坐在方形毯上。中間的香薰，爲佛教用器。因此，這幅樂舞圖像可能與佛教相關。	5	西安灞橋鎮樂舞雕磚（1986 年西安市東郊灞橋鎮唐墓出土）	唐	
左側：銅鈸、鼓、細腰鼓 右側：梨形四弦曲項琵琶、梨形五弦直項琵琶、豎箜篌 背面：笙、排簫、橫笛	佛座左側有 1 組 3 個盤腿而坐的男樂人，自左至右，第 1 人似持銅鈸，第 2 人右手執桴擊鼓，第 3 人雙手擊細腰鼓；右側有 1 組 3 個女樂人。自左至右，第 1 人盤腿而坐，抱梨形四弦曲項琵琶，右手持撥彈奏；第 2 人，但右腿立起，以支撑所持梨形五弦直項琵琶，右手腕內彎，拇指與食指持撥彈奏；第 3 人坐地，右腿豎起，懷抱豎箜篌，雙手作彈撥狀。背面有 1 組 3 個盤腿而坐的男樂人，自左至右第 1 人雙手捧笙，第 2 人吹排簫，第 3 人吹橫笛。	9	石刻奏樂圖佛座（1977 年西安市出土）	唐	
橫笛、篳篥、拍板、錔鼓兼雞婁鼓	同屬一副玉帶。唐代規定天子、親王、三品官以上才能服用玉帶，可以推測，這幾副玉帶的主人當與規定相合。	4	西安關廟伎樂玉帶（1990 年西安三橋鎮關廟小學出土）	唐	
上：豎箜篌，直頸五弦琵琶、曲頸四弦琵琶、箏 中：笙、橫笛、排簫、篳篥 下：銅鈸、毛員鼓、細腰鼓、貝	坐部伎圖刻於此墓石槨內北壁，畫面上線刻的 12 名女樂伎神態各異，均頭梳低螺髻，著窄袖上衣，束長裙，披巾，跽坐演奏 12 人分爲 3 排。	12	李壽墓石槨坐部伎奏樂圖（1973 年三原縣焦村李壽墓出土）	唐貞觀四年（630）	

上：笙、排簫、豎笛、銅鈸 中：橫笛、篳篥、古琴、箏 下：曲項四弦琵琶、直頸五弦琵琶、豎箜篌	立部伎圖刻於此墓石槨東壁南部，圖上 12 名女樂伎的服飾與坐部伎略同。12 名樂伎分 3 排站立演奏。	12	李壽墓石槨立部伎奏樂圖（1973 年三原縣焦村李壽墓出土）	唐貞觀四年（630）	
琵琶、箜篌、排簫和拍板等	金杯有八棱，八個框格內均浮雕樂伎或舞伎。這些樂舞伎皆深目高鼻，著胡服。	8	西安何家村樂舞浮雕金杯（1970、10 西安南郊何家村唐代窖藏出土）	唐	
南面：曲項琵琶、笙；橫笛、拍板、毛員鼓、都曇鼓、方響 東南面：都曇鼓、方響 西南面：箏、篳篥 西面：曲項琵琶、敲打樂器、笙 西北面：拍板	每塊雕磚雕刻樂伎，高髻、長裙、赤足，手持不同樂器奏樂。南面右爲一女伎屈腿側坐，面向前，左手抱曲項琵琶，右手正在拿撥彈奏。左邊一女伎屈腿側坐於小圓凳上，面向前，雙手抱笙吹奏。笙是唐代清樂中主要樂器之一。壼門外的東西兩側雕有 4 尊胡人像，皆戴氊帽著長靴，身穿緊身衣褲，鷹鼻鷂眼，捲鬚捲髮。其中一人吹橫笛，一人打拍板，一人雙手拍擊毛員鼓。笛、拍板、腰鼓組成的小型樂隊，曾是唐代民間最流行的散樂形式之一。東南面正中一女伎正坐，兩腿微屈，中間放一都曇鼓，兩臂殘。左邊一女伎，面向南，坐於小圓凳上，面前桌上放一方響，雙手持槌，正在敲打。西南面正中一女伎屈腿正坐，兩手執槌正在敲打面前小桌上放置的箏或琴。左邊一女伎亦屈腿側坐，面向前，吹篳篥。西面正中一女伎屈腿正坐，手彈曲項琵琶。右邊一女伎似在敲打樂器，左邊一女伎雙手抱笙吹奏。西北面右邊	15	獨樂寺塔樂舞雕磚（坐落在天津薊縣城內西南隅，在獨樂寺南）	遼	

	一女伎持拍板奏樂。此組雕磚，壺門內的樂伎高髻長裙，飄帶曳地，是典型的唐代舞樂裝束。唐清樂、燕樂或胡樂均有舞者，是樂隊的組成部分，可見於敦煌壁畫。然而，壺門外的小樂隊卻是典型的胡人形象。樂器除箏、笙爲清樂系統外，其餘如琵琶、笛、拍板、方響、毛員鼓、篳篥、都曇鼓等皆爲龜茲樂系統。《夢溪筆談》曰：「自天寶十三載，始詔法曲與胡部合奏，古法以先王之樂爲雅樂，前世新聲爲清樂，合胡部爲燕樂。」此伎樂陣容正表現了這種變化。雕磚鑲於塔座，展現了一個規模宏大的禮佛場面。				
笙、笛、琴、拍板、琵琶 等	龕內伎樂眾多而有別，以此充分表現天國的「極樂」情景。龕楣蓮枝上承伎樂 8 身，分別執笙、笛、琴、拍板等樂器；龕額刻祥雲朵朵，之中裏化佛和諸樂器。龕中上部，在西方三聖座下刻兩排樂伎共 16 身，座的兩側又有相撲和雜技表演者 6 身；龕下部刻三層九曲拱橋，在其橋面勾欄內刻服飾和形態各異的坐式樂伎 27 身。全龕雕刻 50 餘身伎樂的場面，極力表現了《佛說阿彌陀經》中所說「……其國眾生，無有眾苦，但受諸樂，故名極樂」 的內容。琵琶樂伎頭部嚴重殘損，左手剝蝕，頭作高髮髻，身著緊身服，席地盤腿而坐。左手小臂向上曲舉撫琴弦，右手向左側彎曲，手持木撥，斜抱曲項琵琶。	51	仁壽牛角寨 21 號龕伎樂石刻（仁壽縣牛角寨摩崖造像第 21 號《阿彌陀經變》龕）	中唐	鄧仲元、高俊英:《仁壽縣牛角寨摩崖造像》,《四川文物》1990 年第 5 期。
左面：拍板 右面：琵琶	擊拍板樂伎面殘，頭繫髮髻，身著圓領豐臂衣，肩披帔巾，結跏趺坐於祥雲上。以右手托底，左手扶拍板。琵琶樂伎面部和左手殘損，頭作高髮髻，身著半臂衣，肩披帔巾，結跏趺坐。懷抱曲	2	仁壽牛角寨 41 號龕伎樂石刻（第 41 號《千菩薩》又名「二佛」龕中，1982 年發現。爲佛	早於天寶八年（749）晚於貞元十一年（759）	①《中國美術全集》（雕塑編 12・四川石窟雕塑）圖版 96～98 頁，圖版說明

	項琵琶，左手上曲撫弦（未作出弦飾），右手向左側彎曲持撥彈奏，神態輕鬆自如。		道兩教造像。		第31頁。 ②鄧仲元、高俊英：《仁壽縣牛角寨摩崖造像》，《四川文物》1990年第5期。 ③《仁壽縣文化志・第八編・文物》，1989年。
琵琶、箜篌、拍板、笛、篳篥、銅鈸、鼓等（4組伎樂中所持樂器種類較多，一些無法辨認出）	擊拍板樂伎頭部殘損，著緊身服，在橋欄內，身軀向右席地坐。雙手捧拍板。奏琵琶樂伎頭部和左手嚴重殘損，上穿緊身服，下繫裙，席地而跪，臀部託於雙腳後跟上。身軀微向後仰，呈左手伸直向下撫琴弦、右臂彎曲執木撥、倒執琵琶形態。奏箜篌樂伎頭、面均有殘損，頭作高髮髻，身穿緊身服，肩披帔巾，席地曲腿而坐。身軀向右，面帶笑容，懷抱箜篌，左手掌上翹，麼指和無名指微曲。	4組	仁壽牛角寨3號龕伎樂石刻樂伎刻於仁壽縣牛角寨摩崖造像第3號龕《觀經變》圖中	中唐	①《中國美術全集》（雕塑編 12・四川石窟雕塑）圖版 95頁，圖版說明30頁。 ②鄧仲元、高俊英：《仁壽縣牛角寨摩崖造像》，《四川文物》1990年5期。 ③《仁壽縣文化志・第八編・文物》，1989年。
號角、號角、都曇鼓、手鼓	吹奏號角者2身，身著武士服V襠甲，腰繫短裙，皆左手緊握號頭，右手撫托號身，作仰身挺胸、昂頭鼓腮狀。其號頭小尾大，彎如牛角，擊鼓者2身，上面一身側身向右，作右肩左挎式背都曇鼓，手執杖高舉過頭，左手小臂貼於鼓腹。下面一身，左手下垂持手鼓，右手持杖，正擊於鼓面邊沿。左腿彎曲上擡，身軀微向前傾，似爲保持軀幹平衡，又似呈前進狀。雙眼隆突，大嘴半張，面帶	4	仁壽能仁寺伎樂組像石刻（伎樂組（迎佛圖）像，雕鑿於仁壽縣能仁寺摩崖造像第 15 號龕右側壁。）	唐	

	喜色。畫面正中刻一坐騎在大象背上的老者，似爲指揮，兩眼平視前方，左手持繮，右手持杖曲舉過頭，表情嚴肅。				
左側 前排：箜篌、歌唱、吹葉、一橫形樂器、歌唱 後排：琵琶、橫笛、竽、一彎管喇叭狀樂器 右側 腰鼓、小銅鈸、「沙錘」式樂器	伎樂均繫女像。主像左上側 9 身（一組），皆頭繫高髮髻，多數外著對襟廣袖大衣，內著交領衣，少數身著交領長袖緊身服。腰繫帶（無結），無帛飾。以前 5 後 4 分兩排站立。前排右起第一人雙手抱箜篌狀樂器舉向右側，；第二和第五人均雙手合掌於胸，形似歌唱，又似起舞；第三人吹葉，左手持一樹葉（狀似桃葉），右手掌貼其上置胸前，樹葉搭於左肩上；第四人五指伸直，左手貼壓右手，雙手交叉托執一橫形樂器置顎下。後排右起第一人，左手握琴柄撫弦，右手彎曲持撥子，橫抱琵琶於胸，呈彈奏狀；第二人執笛橫向吹奏；第三人右手下托，左手執竽吹奏；第四人右手彎曲隱於身後，左手執一彎管喇叭狀器。主佛右側 7 身伎樂，均站立，以前 3 後 4 排列。服飾與左側相同。從殘存痕迹可辨，除歌、舞伎外，有樂伎 3 人。其中一人腰繫小鼓（毛員鼓？）；第二人雙手執小銅鈸於胸前起奏；第三人雙手高舉「沙錘」式樂器，似乎正左右上下輪番搖擊。		仁壽長虹伎樂群像（刻於仁壽縣長虹村摩崖造像 9 號龕中。1987 年文物普查時發現。）	唐	
琵琶、拍板、箜篌、箏、排簫、篳篥、篪、橫笛、笙、貝、桔葉、和鼓、正鼓、齊鼓、羯鼓、答臘鼓、雞婁鼓、鼗鼓、銅鈸	彈琵琶樂伎刻於須彌座的東邊。琵琶較大較寬，用撥子撥弦。樂伎左手扶琵琶頸，手指按弦部分已剝落，右手握著牙撥，從其排列地位和服飾看來，似爲領奏。擊拍板樂伎之一刻於須彌座前的西邊。伎像的服飾和彈琵琶樂伎相同。拍板擡得較高，按其服飾及排列位置來看，似爲第二位領隊。擊拍板樂伎之二刻於須彌座東面第六格。按	22	王建墓樂舞伎石刻 1942 年發掘，墓內出土文物有玉大帶、哀冊、謚寶等。王建墓封土爲圓形，直徑 80 餘米，高約 15.0 米。墓室由 14 道石劵構成，分前、	前蜀	①馮漢驥：《前蜀王建墓發掘報告》，文物出版社 1964 年版。 ②秦方瑜、朱舟：《試論王建墓石刻的藝術史價值》，《社會科

	其服飾爲樂隊中一般樂手。彈豎箜篌樂伎刻於須彌座西面第五格。這裡只看到樂伎的右手，懷抱著豎箜篌，用中指輕輕地撩撥著絲絃。彈箏樂伎刻於須彌座西面第三格。樂伎偏放箏於左腿，上身也向左傾斜，兩腕按在箏邊，用雙手手指同時撥弦。吹排簫樂伎刻於須彌座西面第二排。排簫十管，樂人端端正正地盤膝而坐，頭部也接近垂直，表明了吹簫時，只移動樂器，不移動嘴唇的特點，神情比較嚴肅。吹篳篥樂伎之一刻於須彌座西面第四格。篳篥短而粗，可能是六孔的篳篥。吹篳篥樂伎之二刻於須彌座東面第五格。樂人所吹篳篥，比前面的較細較長，可能是九孔。她側著上身，緊捏著管身，手指壓著管孔。吹篪樂伎刻於須彌座西面一格。從按孔的手指來看，可能爲七孔。吹橫笛樂伎刻於須彌座東面第四格。樂人眼皮下垂，嘴邊凹起，好像舌尖在舐著嘴唇，嘴已離開了笛管，正值演奏間歇。吹笙樂伎刻於須彌座西面第七格。樂器已大部剝落，但從殘留的痕迹和嘴吹的部分來看，可斷定是笙。樂人側身而坐，右手雖已失去，還可以看出是托著笙的底部和左手一起按孔。吹貝樂伎刻於須彌座西面第八格。吹葉樂伎刻於須彌座西面的第六格。這個樂伎所吹的可能是桔葉，吹的時間長容易破裂，須常更換，所以樂伎左手還拿著兩片備用。其右手食、中兩指在嘴邊按著桔葉，曲膝端坐。打和鼓樂伎刻於須座東面第三格。樂人用左右手輪番拍打著和鼓，右手剛剛擡起，左手又要落下來。打毛員鼓樂伎刻於須彌座東面的第十格。樂人與前面打和鼓樂人的姿勢有所不同，其身體略	中、後 3 室。中室爲主室，係放置棺槨之所，棺床爲須彌式。棺床東、西面刻樂舞伎 24 人，皆爲女伎，其中舞蹈者 2 人，演奏琵琶、拍板、箜篌、箏、排簫、篳篥、篪、笛、笙、貝、葉、和鼓、毛員鼓、正鼓、齊鼓、羯鼓、答臘鼓、雞婁鼓兼鼗鼓、銅鈸等樂器 22 人。	學研究》1994 年第 2 期。 ③〔日〕岸邊成雄：《關於前蜀始祖王建棺座石雕之二十四樂伎》,《國際東方學者會議論文》，1956 年。

	側，右手看起來好像是用指尖輕輕地拍打。她的兩袖微飄，向左右分開擺動，可見擊鼓的動作較爲急速。打正鼓樂伎刻於須彌座東面第一格。樂人把正鼓斜放在腿上，右手的鼓槌已打在鼓上，左手翻腕拳指，置於鼓腰上，好像有間隙地在一定節奏上拍打一下。打齊鼓樂伎刻於須彌座東面第二格。樂人正面盤膝而坐，右手的鼓槌已擊在鼓皮上，看起來用力並不大，鼓聲大概是清越而短促的。打羯鼓樂伎之一刻於須彌座西面第十格。樂人左手握槌，擱置在鼓邊上，右槌正敲打鼓面。打羯鼓樂伎之二刻於須彌座東面第七格。這個羯鼓比前面的略小一些。樂人和其它正坐的鼓手不同，她側身盤坐，羯鼓置於前「牙床」上，左手握著的槌已敲到鼓面，右槌剛剛擡起。彈荅臘鼓樂伎刻於須彌座東面的第九格。樂人將鼓斜懸在胸前，右掌平置於鼓面，像剛用四指彈過而伸直。左手食指伸直，中指、無名指和小指都拳曲著，又像準備用兩指再彈另一面。打雞婁鼓、搖鼗鼓樂伎刻於須彌座東面第八格。是三個連成一串的鼗鼓。擊銅鈸樂伎刻於須彌座西面第九格。				
大龕：箜篌、排簫、手鼓、羯鼓、箏、琵琶、篳篥、拍板、排簫 小龕：箜篌、排簫、杖鼓、笙、羯鼓、箏、琵琶、	灰砂岩質。刻石保存完好，因近年裝修不當，原伎樂人物性別混淆，服式不清。兩龕斜對，爲直口平頂，大龕長 1.0、高 1.5、深 0.45 米，小龕長 1.3、高 1.0、深 0.3 米。造像以人物從上至下分成 6 層，第一層爲三世佛，第三層爲伎樂，伎樂又分爲左右兩個部分。造像均爲高浮雕。 大龕伎樂造像　左一和左四爲女性，其它爲男性，均跽坐。左一梳高髻，左四梳垂掛髻，其它	22	樂至報國寺伎樂摩崖石刻（2 龕）。二龕三世佛摩崖造像中有天國樂伎造像，其中一龕岩壁存有「大蜀廣政二十六年癸亥鄭阿元題《大悲龕記》」題刻。	五代	清光緒版《潼川府志·金石·樂至縣》。

篳篥、拍板、橫笛	爲頂髻或裹巾，均穿寬袖袍服，有的外罩長褙。左一豎抱箜篌，兩手撥彈；左二吹排簫；左三雙手卷袖，左手執手鼓，右手杖擊；左四舉手帶袖作舞狀；左五雙手卷袖擊羯鼓。右一彈箏；右二斜 彈琵琶；右三手左上右下執吹篳篥；右四擊拍板；右五吹排簫。 小龕伎樂造像左四和右一、右二爲女性，其它爲男性，均跽坐。左一和右一梳高髻，左四和右二梳雙垂掛髻，均穿蹇袖袍服，有的外罩長褙。左一豎抱箜篌，兩手撥彈；左二吹排簫；左三左手執杖鼓，右手撥擊；左四吹笙；左五卷袖擊羯鼓。右一彈箏；右二斜彈琵琶；右三吹篳篥；右四擊拍板；右五吹橫笛。另外第四排人物正中樂伎騎鶴對奏樂，左騎鶴者吹橫笛，右騎鶴者吹排簫				
	矮柱體八面均有浮雕，內容爲樂伎圖。樂人爲菩薩裝，表情肅穆，儀態端莊，羽衣盤繞，坐於蓮花座上。依次爲拍板（六片板）、腰鼓（左手持杖，右手掌擊）、琵琶（曲項、撥奏）、篳篥、臥箜篌、排簫（七管）、笙、鈸		莒縣伎樂圖塔雕 1973 年出土於莒縣城關一處隋唐廟宇遺址。	唐	
拍板、毅鼓兼雞婁鼓、都曇鼓、正鼓、和鼓、阮咸、豎箜篌、排簫、笙、篳篥、角	基臺四周束腳處刻有一個個長方形小龕，其中 18 個小龕中雕刻有伎樂人物，計有南面 4 個、北面 13 個、東面 1 個。18 尊伎樂人物可分爲打擊樂、彈撥樂、吹管樂和舞蹈四類。其中打擊樂有拍板、毅牢與雞婁鼓、都曇鼓、正鼓、和鼓；彈撥樂有阮咸、豎箜篌；吹管樂器有排簫、笙、篳篥和角；舞蹈伎有「軟舞」、「健舞」安樂、胡騰等舞伎。		濟南神通寺伎樂石刻基臺。柳埠四門塔文管會・神通寺遺址。	唐	①王建浩：《濟南神通寺發現古代基臺》，《文物》1965 年第 4 期。 ②溫增源：《神通寺伎樂雕刻初考》《音樂學習與研究》（天

					津音樂學院學報）1987 年第 4 期。
右：篳篥、拍板 左：橫笛、鈸、琴、排簫	南券門右側從上至下，第一人爲篳篥樂伎，第三人爲拍板樂伎；左側從上至下，第一人爲橫笛樂伎，第三人爲擊鈸樂伎；券門上部左側第二人爲撫琴樂伎，右側第二人爲排簫樂伎。	6	濟南龍虎塔伎樂石刻。	唐	
腰鼓、琴、篳篥、腰鼓、笛、琵琶	保存較好，塔原 7 層，現存 6 層。第 3 層南部設龕，龕下有臺基狀龕座，伎樂石刻即臺基狀龕座的四面。龕座每面應皆刻有伎樂，其中北面因牆面遮擋而不知具體內容。餘 3 面分別爲：東面右側刻有 2 舞伎，曲臂扭腰，相對而舞；左側刻有 2 樂伎，皆跽坐，擊腰鼓伴奏。南面右側刻有樂伎 2 人，1 人撫琴，1 人吹篳篥。西面右側亦刻有 2 樂伎，正在奏樂；左刻有樂伎 2 人，1 人拍擊腰鼓，1 人吹笛。另外在龕座下部束腰部的西面還刻有 1 琵琶樂伎。		濟南小唐塔伎樂石刻。	唐開元五年（717）	
角、雞婁鼓； 橫笛； 答臘鼓	三件玉帶板大小有異，畫面內容不同，風格基本一致。帶板爲腰帶上的小型飾件，器作扁平長方形，背面四角各有一牛鼻孔，可穿繫綴連於革帶上。吹角伎玉帶板，正面刻一吹角樂人，坐於一方氈之上，一膝支立，一腿臥地。右手托角，左手拍鼓，鼓橫置兩腿間。身著胡服，腳蹬皮靴，風帶繞肩。畫面構圖自然。吹笛伎玉帶板，正面刻一吹笛樂人，盤膝坐於一方氈之上。雙手偏右側，作執笛吹奏狀。笛橫吹。身著胡裝，腳蹬皮靴，風帶繞肩。樂人眉目清晰，臉面豐腴。擊鼓伎玉帶板，正面刻一擊鼓樂人，盤膝坐於一方氈之上。左手抱鼓，鼓置腿上。右手上揚，作擊拍	3	伎樂圖玉帶板	唐	

	之狀。身著胡裝，足蹬皮靴，風帶繞肩。神態安祥、專注。臉頰豐滿。				
右：笙、 中：鼓、	石刻畫面採用深浮雕，近於圓雕手法。作品手法洗練，人物比例準確，刻工精細。畫面三人，均頭梳高髻，髮紋清晰可辨。體態豐盈，上身半裸，下身束裙，裙下可見赤足，肩披長飄帶。三人中一人擊鼓（中），一人吹笙，一人俯身側首，婀娜起舞。人物形象帶有濃重的宗教意味和鮮明的晚唐遺風。	2	笙鼓舞樂石刻 爲古塔壁面裝飾殘石。	五代	
右：排簫 左：拍板	器身保存完好，缺 3 足。製作精細。器作球腹、筒頸、侈口形。通體鑄有紋飾。腹部環置 3 幅柿形畫面，均爲嬰戲圖。其一爲童子樂舞圖，畫面有童子 3 人，稚氣可愛。一人坐地吹奏排簫，一人單膝跪地，雙手持拍板在肩側擊節。另一人作氈上舞蹈。舞蹈者展臂歇腿，一足尖立於圓氈之上作旋轉狀，爲較典型的「胡旋舞」姿勢。另兩幅圖亦爲童戲，一爲二童子對坐「鬥草圖」，一爲三童子表演「參軍戲」。	2	1982 年 1 月出土於鎮江市丁卯橋一唐代銀器窖藏。同出晚唐銀器 900 餘件。	唐	陸九臯、劉建國:《江蘇丹徒出土唐代銀器窖藏》,《文物》1982 年 11 期。
橫笛	器保存完好。通高 16.0 釐米。肩腹略鼓，平底，筒頸，口沿外翻。肩上置 3 枚扁環耳及一壺嘴。周身淺黃釉，腹部耳下塗棕色釉，釉中置胡人吹笛圖像。胡人纏頭裹髮，兩耳下垂，長飄帶，身穿窄袖衫子，足蹬靴子，雙臂上屈一側，坐執橫笛作吹奏狀。兩腿差互屈膝，身多飾物。神態生動，奏樂姿勢準確自然，爲盛唐胡樂風靡中國之縮影。	1	揚州胡人吹笛紋水注舊藏，唐銅官窯製品。	唐	
笙、拍板	器用 0.2～0.4 毫米厚的金箔剪製鏨刻而成。高 1.25、寬 14.5 釐米，器重 65 克。呈馬蹄形，上部	2	揚州飛天伎樂金櫛 1983 年 8 月出土於揚	中唐	徐良玉、李久梅、張容生：《揚州發現一

	弧形，下部剪成櫛齒39枚，中間齒較長，兩側漸短，齒寬2.5～4.0毫米不等。齒上端保留著剪製前的劃痕，齒端成鋒。櫛上部滿飾花紋，中間主紋凸起，以卷雲蔓草紋爲地，中心飾一組如意雲紋，上方鏨刻一對奏樂飛天。飛天身繫飄帶，其一吹笙，另一手持拍板。卷雲蔓草紋周圍飾一圈蓮瓣紋帶。主紋下有一條花紋帶，以魚鱗紋爲地，上飾兩條水波形蔓草紋，與主紋之間有聯珠紋欄界。周邊紋飾由裏向外依次爲：弦紋夾聯珠紋帶、鏤空鱗紋帶、弦紋夾聯珠紋帶、鏤空纏枝梅花與蝴蝶紋相間紋飾。內容各異，疏密有致。據敦煌莫高窟第156窯《張儀潮夫人出行圖》和唐代張萱《搗練圖》，可證該金櫛爲唐代貴婦人插在髮髻上的飾物。		州市三元路西首建設銀行工地，同出戒指、耳墜、掛飾、串飾等金銀首飾一批。出土地爲較豐富的唐代文化層，以往出土過大量的唐代文物，這批金器的造型、紋飾具鮮明的唐代特徵。據金櫛自身所飾纏枝梅花、飛天伎樂等纖細、對稱的紋飾來看，應爲金銀製造成熟階段的中唐作品。		批唐代金首飾》，《文物》1986年第5期。
笙	奏笙圖石刻長15、寬11、厚3.6釐米，青石（石灰岩）質。一面淺刻楷書6行，大部漫漶不清，僅存落款「劉三復」。劉氏可見於《舊唐書·李德裕傳》，唐杜牧、劉禹錫均與他有詩文交往。另一面淺刻奏笙圖：迦陵頻伽人首鳥身，面目豐腴，肩寬膀圓。身後雙翅上揚，頭飾高聳。雙手曲於前胸，作抱笙欲吹狀。身下及左右均以花葉圖案襯飾。與奏笙圖石刻同出的其餘三石，所刻內容均爲迦陵頻伽及花葉圖案，或持物，或持盤，爲供養之狀。	1	鎮江甘露寺鐵塔位於北固山後峰東部甘露寺長廊入口處。1960年4月至5月間因作修復進行了發掘，出土文物2576件，包括石、玉、骨、金、銀、銅、鐵、陶、瓷、琉璃、木、漆、紙、絲等14類。迦陵頻伽石刻共2對，均出土於鐵塔地宮。據與石刻同出於地宮的《李德裕重瘞禪眾寺舍利題記》等石刻內容，可知鐵塔前身爲李	唐寶曆元五年（825）	江蘇省文物工作隊鎮江分隊、鎮江市博物館：《江蘇鎮江甘露寺鐵塔塔基發掘記》，《考古》1961年第6期。

			德裕於長慶五年正月初四所建石塔，奏笙圖石刻亦爲此時遺物。石塔毀於乾符年間（874～879），至北宋熙寧九年（1076）五月開工鑄造鐵塔，重瘞唐時所葬遺物。鐵塔於明代頹於海嘯，後又重建。		
豎笛、阮	保存完好，高 46.4、腹徑 29.1 釐米。通體施釉，唯近底處無釉，平底。穀倉上部堆塑紋飾多組，內容繁雜，上半部正面爲 3 層飛簷崇樓，樓後面有伎樂人，均向外站立，作樂舞狀。下半部正面堆塑龜背馱碑，碑刻「永安三年時，富且洋（祥），宜公卿，多子孫，壽命長，千意（億）萬歲未見英（殃）」24 字。碑的左右堆塑和刻劃狗、鹿、魚、龍等圖像。堆塑伎樂人，左弄丸、中吹豎笛、右彈阮。	3	青釉穀倉 1939 年浙江紹興出土。	三國吳	①中國音樂研究所：《中國音樂史參考圖片》第 8 輯琵琶專輯，圖 2，三國吳陶塑阮，音樂出版社 1959 年版。 ②朱家溍：《國寶》圖 56，青釉壇，商務印書館香港分館 1983 年版。
琵琶	硯方形，用淺灰色細砂岩石雕成。正中爲 12 釐米見方的墨池，外飾連珠紋、連瓣紋各一道，池四周外邊寬闊。左右邊中間雕耳杯，可以貯水潤筆，兩端浮雕怪獸、蛟龍、水鳥等，均作飲水狀。上下邊中間雕長方形墨床，兩側浮雕馴猴、騎獸、相撲、樂舞等人物 4 組。四角分別爲有孔圓形蓮瓣紋座及平面圓形連珠紋座各二，當爲插筆與舔筆之用。硯四側面雕有力士、雲龍、朱雀、水禽等圖案，硯底飾大蓮花周圍 8 朵小蓮花紋。造型	1	石雕方硯 1970 年山西大同出土。	北魏	

	優美，雕刻精湛。硯面樂舞 1 組 2 人，舞者兩臂上舉彎身蹈足，手足相應，似中節拍。旁 1 人懷抱琵琶，持撥彈弦，爲之伴奏。琵琶音箱呈梨形，四弦、四軫。				
左：五弦琵琶、鈸 右：橫笛	模製，高 20 釐米。體扁，上窄下寬，敞口短頸，深腹，平底，底下有橢圓形矮圈足。兩肩各有一圓形穿孔。通體施菊黃色釉，底不掛釉。頸與肩接連處，有連珠紋一周，腹部前後兩面紋飾相同。壺腹紋飾爲 5 人樂舞場面，中間 1 人婆娑起舞於蓮座上，右手前伸，左手下垂，雙足騰跳，反首回顧。兩邊 4 人伴奏，左 2 人一彈五弦琵琶，一擊鈸；右 2 人一吹橫笛，一雙手向前作打拍狀。5 人均高鼻深目，身穿翻領或圓領窄袖長衫，腰繫寬帶，足登長靴。可能是當時西域人的樂舞形象。	3	黃釉瓷扁壺 1971 河南安陽洪河屯北齊范粹墓出土。1989 年河南省博物館撥交。同出瓷扁壺 4 件，發掘時 2 件已破碎。	北齊	①河南省博物館：《河南安陽北齊范粹墓發掘簡報》，《文物》1972 年 1 期。 ②韓順發：《北齊黃釉瓷扁壺樂舞圖像的初步分析》，《文物》1980 年 7 期。
右：瑟 左：豎笛	鏡作圓形，直徑 14.1 釐米。覆萼圓鈕，在鈕的周圍是人物故事圖案，以乳釘分爲 4 區，各區畫面不同。在主題紋飾之外，有直線紋、鋸齒紋和鳥獸紋各一圈。在 4 區紋飾中，有 1 區是樂舞場面。上方 2 人，一作長袖舞，一舉雙臂迎向舞者；下方 4 人跪坐，爲舞蹈伴奏，右 1 人在彈瑟，左 1 人吹豎笛，另 2 人難辨。	2	人物故事畫像鏡	東漢	
正中：盤、鼓 左：排簫 右上：鼓 右下：琴	鏡圓形，直徑 21.5 釐米。高圓鈕，花瓣紋鈕座，外圍雙線方欄，三角緣。主題紋飾浮雕 4 組，並以乳釘相間隔。其中 1 組爲樂舞場面。地上正中置兩排共 5 個大小不一的扁圓形物，似 3 盤 2 鼓。1 女作舞，頭戴花冠，身著直領長袖衣，下著喇叭口長褲，細腰，右腿彎曲，腳踏鼓。左腿高擡，腳下置 1 盤，揮動長袖起舞。左側 2 人戴冠，並	5	七盤舞畫像鏡 七盤舞是漢代最流行的民間舞蹈，在地上排列的道具，有盤有鼓，且數目多少不等。表演者有男有女，在音樂伴奏中邊歌邊舞。	東漢	楊桂榮：《東漢「七盤舞」雜技畫像鏡》，《中國文物報》1988 年第 38 期。

	排跽坐吹排簫。右上 1 女，頭戴花冠，身著直領長袖衣跽坐，面前置 1 鼓，她右臂長袖舒展飄揚，左手執桴，邊舞邊擊鼓爲節。右下 1 人戴冠，著長衣，坐地撫琴。				
琴	圓鏡直徑 21.5 釐米。龜鈕，主題紋飾外，在弦紋與平素鏡邊之間，有一圈篆書銘文 40 字。鏡背主題紋飾爲：正中上方有祥雲和遠山，下方爲池塘，池旁山石聳立，池中伸出一枝碩大的荷葉，葉上一龜，作爲鏡鈕。左側竹林中 1 人端坐，琴置膝上，正在彈奏。右側樹下有怪石，石上有一鳳凰，展翅翹尾，伸足試落，似聞聲而至的姿態。	1	撫琴引鳳紋鏡	唐	
琴	保存完好，鏡作方形，四邊長均爲 14.5 釐米。呈銀灰色，有極少綠鏽，畫面紋飾與撫琴引鳳紋鏡紋飾基本相同。	1	侯瑾之鏡	唐	
笙	鏡作八出葵花形，直徑 12.9 釐米。圓鈕，無鈕座。鈕上數竿修竹，鈕下一座仙山，山上有靈草瑞花點綴。左側爲神話人物王子喬，頭頂束髻，身著寬袖長衣，腰繫帶，足穿雲頭靴，端坐吹笙。右側一鳳，飛向仙人。	1	吹笙引鳳紋鏡	唐	
笙	鏡作圓形，直徑 12.2 釐米。無緣。鏡背整個畫面爲淺浮雕山水人物畫，鈕與山巒渾然一體，此鏡紋飾與造型，實屬罕見。通體無界框，山巒重疊，祥雲繚繞，山下流水潺潺。右側爲神話人物王子喬，頭頂束高髻，身著長衣坐山石上，雙手捧笙吹奏。左一鳳展翅翹尾，伸足欲落。鈕上下各飾一飛鵲。	1	吹笙引鳳紋鏡	唐	

阮	鏡裂成兩塊，用石膏做托黏合，漆地腐蝕無存。鏡作圓形，直徑24釐米。圓鈕，周邊爲帶形。鏡背紋飾由螺鈿嵌成。鈕上方爲一棵花樹，樹梢偏右有一輪明月，鈕兩側爲二老者對坐樹前，一抱阮彈奏，一持杯欲飲，其後有侍女佇立，雙手捧盒。老者面前放著一壺一鼎。席前有仙鶴、鴛鴦，樹旁有鸞鳳、鸚鵡，周圍還有小鳥、山石、花草錯落其間。是一幅優美的聽阮圖。	1	嵌螺鈿人物花鳥紋鏡 1955 年河南洛陽澗西十六工區76號墓出土。	唐	
琵琶	伎樂人盤腿坐，橫抱一曲項琵琶，右手持撥，左手握項。		孔水洞石雕像房山縣萬佛堂孔水洞石壁上，萬佛堂孔水洞位於房山西北雲煮山南麓河北鄉磁家務村。孔水洞石壁上有隋大業十年的刻經與隋唐時期石造像2尊，像大部被砸殘。在隋代菩薩雕像座下的臺基上，束腰正面，門內鐫刻一彈琵琶伎樂人	隋	
西南：排簫、拍板、笛、箜篌、篳篥、箏、阮 南：笛、篳篥、鼓、拍板、阮	西南壁一組伎樂人浮雕最爲精美，1人高揚雙手作舞，7人作樂，所奏樂器排簫、拍板、笛、箜篌、篳篥、箏、阮。南壁一組有10餘人，石雕裂斷，仍能見所奏樂器有笛、篳篥、鼓、拍板、阮等。孔水洞上萬佛堂創建於唐，此後自遼迄元「屢遭兵燹」、「修廢不一，成毀無常」。現存孔水洞上的大曆萬佛龍泉寶殿是明萬曆年間修建，將唐代雕刻、由31塊長方形漢白玉組成的「萬菩薩法會圖」	7	萬佛堂石雕伎樂人房山區雲濛山「大曆萬佛龍泉寶殿」 房山雲居寺樂舞磚、石雕雲居寺位於房山區南尚樂鄉水頭村，其旁白帶山因貯藏石經而著稱。該寺除藏佛教經典外，在寺	唐	北京市文物管理處：《北京萬佛堂孔水洞調查》，《文物》1977年11月。

	嵌於殿內牆壁上。在一段殘存的發願文中有「唐大曆五年（770）三月八日」等字，爲法會圖鑿刻年代提供了可靠的依據。在滿雕萬菩薩、供養人、侍佛者之中有兩組伎樂人。		內外還保存了多座雕刻精美的唐遼時期的磚、石塔和經幢。其中的雲居寺塔與石經，在1961年3月4日被國務院列爲第一批全國重點文物保護單位。有些遼金磚、石塔與經幢上均雕有樂舞形象，是北京地區音樂圖像最集中之地。		
篳篥、豎箜篌、法螺、大鼓、腰鼓、曲項琵琶、笙、排簫	飛天伎樂浮雕在穹部，有 8 人，所奏樂器分別爲：篳篥、豎箜篌、法螺、大鼓、腰鼓、曲項琵琶（橫抱、有捍撥子）、笙、排簫。	8	高平高廟山石窟飛天伎樂石刻高平高廟山石窟，位於高平縣城西南 10 千米唐莊鄉南陳村高廟山腰。現存石窟一座，深 240.0、寬 212.0、高約 230.0 釐米。窟內浮雕有佛、飛天、樂伎，還有經變故事以及供養人的姓氏等，窟頂作肥瓣蓮花藻井。窟內佛像頭部被盜，其它尙存。石窟北約5米處有摩崖造像三處，同一時期所作，爲縣級重點文物保護單位。	唐	①《高平縣志》，中國地圖出版社，1992 年 10 月第一版。 ②薛哲榮主編：《澤州古代文化薈萃》，經濟日報出版社 1989。 ③《晉城百科全書》，奧林匹克出版社，1995 年，北京。62 頁。

鼓、五弦、笛、篳篥、拍板、笙、羯鼓	a、擊神鼓者　此人頭戴蓮冠，身穿圓領緊袖長袍，腰束帶，身前置一神鼓，雙手執鼓槌，左手舉槌過頂，右手敲擊鼓心，神鼓置於八角架上。 b、彈五弦者　頭戴蓮冠，身穿圓領長袍，情緒飽滿，懷抱五弦，右手彈弦，左手扣弦。 c、吹笛者　頭戴蓮冠，身著寬袖道衣，腰繫帶，下著羅裙，雙手持笛吹奏，右手小指翹起，神態自然，形象逼真。 d、吹篳篥者　頭戴蓮冠，身著圓領寬袖道衣，束腰帶，下著羅裙，側身狀，雙手緊握篳篥吹奏。 e、舞者　頭戴蓮冠，身穿圓領寬袖舞衣，雙臂袒露，腰繫飄帶，雙手執於左肩，右腿上曲，左腿立於一長方形花邊舞氈之上，姿勢優美。 f、擊者　頭戴蓮冠，面向前視，身著圓領袖道衣，雙手執拍板，正在擊節演奏。 g、吹笙者　頭戴蓮冠，身穿圓領寬袖長披，腰繫帶飄於身後，雙手捧笙，彎曲的長笙嘴，神態端莊。 h、擊羯鼓者　頭戴蓮冠，身穿圓領緊袖長披，腰繫飄帶，羯鼓斜掛腰間，可見右手的鼓槌，正擊奏鼓面。 以上 8 幅樂舞雕刻，足下均飾雲紋圖案，樂人體態勻稱大方，具有典型的唐人風範。	7	浮山天聖宮樂舞人經幢。浮山縣城南 15 千米，出土一八角形柱體，柱身八面各有一個用流暢的線條刻畫的樂伎，其中七幅爲樂人，一幅爲舞女。畫面左右飾以雙道欄線，內刻人物自左而右排列。據《山西省通志・古迹考》五十七卷載：唐武德二年（619），唐高祖（李淵）認許老子爲其遠祖，於「龍角山詔建老子祠，四時備禮祭祀」。玄宗即位後，於開元十四年（726）御書額及硬碑文賜之詔改慶唐觀。宋天聖五年（1027）改觀爲宮（即天聖宮，見明王統「龍角山記」）。又據《浮山縣志》卷三十六・寺觀記載，唐高宗（李治）自以李氏老子之後，命樂工製道調，詔道士司馬承徵（禎）製《元眞道曲》，茅山道士李會元製《大羅天曲》，工	唐	浮山縣博物館：《天聖宮出土樂舞石刻》，載《山西文物通訊》第 1 期。

			部侍郎賀知章制《紫青上聖道曲》，以後奏於慶唐之觀及太清宮，太常卿韋韜製景雲九眞紫極小長壽承天順天樂六曲。加之此「樂舞經幢」出土於老子祠（後稱老君殿）遺址之中，由此證明經幢的建年最遲也在慶唐觀以前，實爲唐武德二年創建老子祠的遺物。天聖宮爲唐代著名道教聖地，有道士 300 餘人，道觀 300 餘間，從始建到擴建，均奉皇上的三道聖旨承辦，高宗曾詔名道士專爲慶唐觀配樂製調。		
排簫、笙、直項琵琶、橫笛、琴	在經幢須彌座的束腰部，刻有八面伎樂的圖像。自正北向西北方向轉爲：排簫（模糊不清）、笙、直項琵琶（向斜上方抱持）、歌者、橫笛、琴，最後一人（東北方）看不清。這一組樂伎的雕刻以寫意爲主，比較粗糙，且風化嚴重。	5	五臺佛光寺伎樂人經幢在五臺山佛光寺前院的中軸線略偏南的地方，矗立著一通功德經幢。	唐乾符四年（877）	《記五臺山佛光寺的建筑》，見《梁思成論文集》第二卷153 頁。中國建筑工業出版社，1986 年 9 月第 1 版。
橫笛、腰鼓、琵琶、排簫、法螺、鈸、拍板	該塔基座之下，有八角形須彌座，束腰八面均雕伎樂圖案。所奏樂器爲橫笛、腰鼓、琵琶、排簫、法螺、鈸、拍板，另有舞伎一名。	7	晉城青蓮寺慧峰和尙塔伎樂石刻。該塔位於晉城古青蓮寺（市區東	唐	

			南 17.5 千米處）西側，基座爲圓形，上下層各雕仰伏寶裝蓮花，中間石面雕人形鳥，圖案別致。塔身平面八角形，每角作束蓮柱，普柏枋下雕垂幛紋。前面開方門，後面刻文「唐故先師和尚，汝州襄城縣人也，俗姓賀蘭氏，法號慧峰。於中和戊申歲八月二十八日遷化去。乾寧乙卯年（895）建造靈塔，十月功畢後記耳。弟子……」。塔頂寶蓋爲八面坡式，上置山華蕉葉、伏缽、寶瓶。該塔雕刻極精，爲唐末典型石作建筑物。		
琴、笙、排簫、拍板、直項琵琶	在經幢底坐二層臺上有八面樂舞浮雕，但年代太久，有的已經看不甚清楚。但可以看出雕刻的水平還是比較高的。樂雕每幅的尺寸約爲 15.0×20.0 釐米左右。能看清者分別爲琴、笙、排簫（？）、拍板？和直項琵琶。直項琵琶斜下方抱持。	5	潞城辛安原起寺伎樂人經幢。原起寺，位於潞城市東北 22 千米處的下黃鄉辛安村鳳凰山巔。始建於唐代。現在寺中尚存有天寶六年（747）的經幢，上刻「尊勝陀羅尼經」文。寺的大殿西邊矗立北宋元祐三年（1087）	唐	

			建造的八角、七級、高17米的大聖寶塔(俗稱青龍寶塔)。殿前有4根方形石柱承託香亭一座，香亭石柱上刻有：「霧迷塔影煙迷寺。暮聽鍾聲夜聽潮」；「飛閣流丹臨極地，層巒聳翠出重宵」的讚語。		
腰鼓、篳篥、琵琶、笙、彈撥樂器、方響、橫笛、小鼓、阮咸、敲擊樂器、拍板	第一層雕寶裝蓮花，獅子，麒麟，飛馬等；第二層浮雕擊樂人。周圍共分 8 個平面，每面各雕 1 至 2 種器樂和一種舞姿。從正面始順時針方向排列爲：a、腰鼓/舞伎/篳篥；b、篳篥/舞伎/琵琶（橫抱）；c、笙/舞伎/彈撥樂器（不知其名，此器向斜方抱持，應屬琵琶類，但沒有共鳴箱）；d、方響/舞伎；e、橫笛/舞伎/篳篥；f、小鼓（夾在掖下）/舞伎/阮咸？g、敲擊樂器（似有兩層，梆子？）/敲擊樂器（與前者近似，但只有一層）；i、橫笛/舞伎/拍板。此組樂雕造型逼真，栩栩如生，演奏者神態專注，舞蹈者體態輕盈，保存完好。	11	平順大雲院七寶塔伎樂人石刻。七寶塔，位於平順縣城西北的實會鄉實會村北的雙峰山坳，距縣城25千米。雙峰山下有一座古剎，名曰「大雲禪院」，創建於五代晉天福三年（938）。七寶塔座落在大雲院院外西南角相距約 40 米處，創於後周顯德元年（954），平面八角形，直徑1.4，通高6米，是該院高僧的舍利塔。塔，由基座、塔身、塔剎三部分組成。基座是雙層須彌座，高1.48米，平面	五代後周	

			八角形，全部用青石雕造。塔身，第一層平面八角形，每轉角處雕盤龍柱，屋蓋上雕椽龍，瓦壟，簷下飛鳳、飛仙、共鳴鳥等；正面券門上浮雕二龍戲珠，門側侍立二天王，後面比丘半掩門，左右分立二力士。第二層塔身平面方形，前後雕刻假板門；屋頂爲平面八角形，上雕椽飛瓦頂，翼角略有起翹。塔剎，現有三層，爲仰蓮基座、寶珠、大園盤頂等。		
豎箜篌、笙、篳篥、篳篥、排簫、橫笛、曲項琵琶、直項琵琶	第五層樂僧有 8 人，成一組，層高 12.0、寬 75.0 釐米。樂僧自左向右排列，所奏樂器分別爲豎箜篌、吹笙、篳篥、篳篥、排簫、橫笛、曲項琵琶和直項琵琶。碑的第一層有飛天 3 人，中間有一怪獸；第二層爲 3 尊佛像；第三層有兩隻鳳鳥，分在左右。上邊各有佛的頭像 3 尊。中間爲帶有花邊的佛像 5 尊；第四層亦爲 5 尊佛，中間一尊爲坐佛。第五層爲樂僧；第六層爲 5 尊佛，中間爲坐佛，最邊的兩位其服飾爲朝官的打扮；第七層有獅子兩隻，中間有一球，球下有一人托舉，在獅子的兩邊各有一人，整體似爲舞獅的場面。	8	安澤海東村伎樂造像碑。在安澤縣城南部 40 千米處馬壁鄉的海東村口，有唐代造像碑一通。碑上刻有坐佛、侍佛、飛天、樂僧、花、樹、獸等形象。整碑可分爲七層，自上往下排列。在距此碑約 500 米處的沁河邊有摩崖石刻造像，能看清者有 90 餘尊，多爲宋代的遺	唐	

			存。可見當年佛教的興盛。		
琵琶、琴、鼓、笛、鼓	在第四室的 850 號刻石上有三處樂舞的伎樂造像，從雕刻技藝以及人物造型分析，屬北魏時期。第一處爲奏琵琶（橫抱、曲項）飛天，彈琴（箏？）飛天；第二處爲擊鼓飛天、奏琵琶飛天（橫抱）和吹笛飛天；第三處爲彈琵琶飛天（與正常抱持的方向相反）、擊鼓飛天。由於年代久遠，有風化現象。	5	沁縣南涅水飛天伎樂石刻。 1959 年，在沁縣城北 30 千米處的南涅水村出土了一批窖藏石刻造像，雕鑿年代爲北魏太和年間至北宋天聖九年（477～1031），相繼延續六個朝代約 500 餘年，出土石刻計 760 餘件。這批石刻由一塊塊近似方形的石頭迭起，佛像造型非常生動，技藝水準很高，對研究這一歷史時段的宗教藝術有著極高的價值。石刻現藏於縣城西南角的南涅水石刻館。	北魏太和年間至北宋天聖九年（477～1031）	郭勇：《山西沁縣發現了一批石刻造像》，載《文物》1959 年 3 期。
琵琶、篳篥	在殘碑的下部有 3 身伎樂人的浮雕，中間一人爲舞伎，左右二人爲早期飛天伎樂的形象。左邊爲演奏琵琶者，橫抱，琵琶曲項；右邊爲演奏篳篥者。	2	翼城下交寺飛天伎樂石刻。下交寺是翼城歷史上的寺院之一，始建年代不詳，已毀。翼城縣博物館征集造像碑一通。碑的下部已殘，從造像風格看，屬北魏時期。	北魏	

笙、琵琶、排簫、豎笛、笙、鼓、橫笛、箜篌、阮咸、篳篥	龍門奉先寺大盧舍那佛背光伎樂飛天。伎樂飛天共16人，左、右各8人。皆軀體修長，頭戴花冠，身著長衣，繁縟的飄帶飄拂於一側，圖像間隙雲紋繚繞。由於多年的風化剝蝕和人爲的損壞，今存較完整的有 11 人。右側由上及下第 1 人爲舞人，第 2 人吹笙，第 3 人不辨，第 4 人彈琵琶，第 5 人吹排簫，第 6 人吹豎笛，第 8 人吹笙。左側第 1 人爲舞人，第 2 人擊鼓，第 3 人吹橫笛，第 4 人彈箜篌，第 5 人彈阮咸，第 6 人吹排簫，第 7 人不辨，第 8 人吹篳篥	12	龍門奉先寺大盧舍那佛位於龍門西山中部。根據大佛座北側的《大盧舍那像龕記》所載，奉先寺爲唐高宗李治所創建，皇后武則天曾施脂粉錢二萬貫助建。完工於上元二年（676）十二月三十日。它是我國最宏大、最精美的一組唐代石雕佛像。大盧舍那佛依照佛經的說法爲釋迦牟尼的報身像，意爲光明普照。大佛通高17.14 米，結跏趺坐於束腰蓮花座上。圓形頭光和舟形身光的內層是寶裝蓮瓣紋，外層是卷草紋，最外爲火焰紋。伎樂人就刻在火焰紋兩側的舟形身光之上。	初唐	《中國美術全集》編輯委員會：《龍門石窟雕刻》，上海人民美術出版社 1988 年6月版。
北壁：箜篌、鈸、細腰鼓、橫笛、拍板 南壁：筝、曲項琵琶、鈸、笙、簫	龍門萬佛洞壁腳伎樂人。伎樂共 12 人，南、北兩壁各 6 人。皆頭梳高髻，頸繫項圈，腕戴寶鐲，身著緊身衣袖，盤膝坐於伏蓮座之上，長長的飄帶，飄拂於背部兩側。靠近主佛兩側的 2 人爲舞人，舞者長裙曳地，舉手投足，帔帛飛動，飄然迴旋。伎樂人共 10 人，北壁左起第 2 人彈箜篌，	11	萬佛洞位於龍門石窟西山中部。主像阿彌陀佛結跏趺坐於仰蓮束腰須彌座上，旁側雕二弟子、二菩薩，洞窟兩壁刻小佛像一萬餘	初唐	《中國美術全集》編輯委員會：《龍門石窟雕刻》，上海人民美術出版社 1988 年6月版。

	樂人側坐，箜篌豎抱於懷，雙手彈撥。第 3 人拍鈸，鈸小，樂人雙手各執一鈸，舉於頭頂拍擊。第 4 人拍細腰鼓，樂人將細腰鼓置於膝上，張雙手拍擊。第 5 人吹橫笛，樂人將笛置於右側吹奏。第 6 人擊拍板，板片不清。南壁右起第 2 人彈箏，箏置於左腿之上，樂人以左手按弦，右手彈之。第 3 人彈曲項琵琶，琵琶斜置於懷，樂人以左手按弦，右手彈之。第 4 人擊鈸。第 5 人吹笙，笙吹管較長，音管較短，樂人雙手抱笙斗吹奏。第 6 人所持樂器已殘毀，從樂人雙臂姿態看，所吹樂器應爲簫。		尊。洞頂藻井雕碩大蓮花，蓮花周圍刻題記，文曰：「大唐永隆元年（680）十一月卅日成，大監姚神表，內道場運禪師一萬五千尊像。」大監是宮中女官，運禪師是比丘尼。伎樂人刻於南、北兩壁下層。		
佛壇：竽、鼓、笛、琵琶、琴、排簫 主佛：箏、笛、排簫、豎笛、鈸	龍門古上洞伎樂人。佛壇伎樂共 12 人，其中舞伎 2、樂伎 10。分刻於佛壇南、西、北三面壁腳的壼門之中。有吹竽、擊鼓、吹笛、彈琵琶、撫琴、吹排簫等。主佛背光外圍有供養天 2 人，伎樂 10 人。有彈箏、吹笛、吹排簫、吹豎笛、執團扇、拍鈸等。	11	該洞位於龍門石窟東山中部，古陽洞之上，火燒洞南側。唐代開鑿。伎樂人刻於主佛背光外圍及佛壇南、北、西三面壁腳的菁門之中。	唐	李文生：《龍門石窟的音樂研究》，見《龍門石窟與洛陽歷史文化》，上海人民美術出版社 1993 年 6 月版。
西壁：笙 北壁：排簫、橫笛、箏 南壁：鼓、阮咸	龍門八作司佛壇伎樂人。西壁 4 人。其中舞伎二人，皆穿著長袖大衣，腰束短裙，張臂屈身，投足作舞。舞人之右，一人盤膝坐，雙手執一扇狀物抵於吻前。舞人之左，一人吹笙。北壁樂伎 4 人，左一人吹排簫；中二人吹橫笛；右一人彈箏。南壁亦爲 4 人，左邊一人面前置鼓，樂人雙手執鼓杖擊之；第二人彈阮咸，剝蝕嚴重，僅見阮咸輪廓；右兩人所持樂器不清。	6	八作司位於龍門石窟西山南部。唐代開鑿。伎樂人雕刻於洞南、西、北三壁佛壇外側的門之中。	唐	李文生：《龍門石窟的音樂研究》，見《龍門石窟與洛陽歷史文化》，上海人民美術出版社 1993 年 6 月版。
中間：腰鼓、排簫 西邊：銅鈸、笙、琵琶	鞏義石窟寺第 119 龕伎樂人。龕楣伎樂人皆立於用蓮梗相連的蓮花之上。其上身穿緊身衣袖，下著短裙，赤足，頭後有圓環狀的佛光。12 個伎樂	7	此龕鑿於第 4 窟門外右上角，龕高 1.3、寬 1.0 米。龕內刻一佛、二菩	唐龍朔二年（662）	河南省文化局文物工作隊：《鞏縣石窟寺》，文物出版社

東邊：琵琶、法螺	人，共分3組。中間一組6人，其中2人爲舞者，皆以一足立地，一足提起，扭腰舉手相對作舞。其餘 4 人奏樂，可辨者西側爲擊腰鼓及吹排簫，東側無從辨識。西邊的一組爲 3 個伎樂人，左起依次爲擊銅鈸、吹笙、彈琵琶。東邊一組亦爲 3 個伎樂人，左起依次爲彈琵琶、吹法螺，第 3 人剝蝕過甚，不能辨識。		薩、二弟子、二天王、二力士。正中阿彌陀佛坐於蓮花座上，其餘皆立於蓮蓬、蓮葉上，由蓮梗與佛座連在一起。樂人刻於龕楣上，共 12 人。龕下刻一排欄杆，再後刻魏孝文帝故希玄寺碑，正書 13 行，每行 15 字，碑銘中有「敬造阿彌陀像一□，粵以大唐龍朔二年□月八日」字樣。		1963 年版。
笙、橫笛、鈸、拍板琵琶、排簫	沁陽佛頂尊勝陀羅尼經幢伎樂人。經幢全用青石雕成，通高 4.1 米。由幢座、幢身及幢頂 3 部分組成，共 7 層，形如石塔。幢座作覆蓮花形，上部爲八角形座面，幢身作八棱形，高 1.43 米。伎樂人刻於經幢第 2 層幢盤的周邊。幢盤亦作八角形，其周邊共 8 面，南面陰刻篆書「佛頂尊勝陀羅尼經幢」9 個大字，其它 7 面各浮雕一伎樂飛天。右起第 1 幅（即東南面）雕吹笙飛天伎，頭梳高髻，身著緊身衣裙，肩披長帶飄拂，伏身仰面雙手捧笙吹奏；第 2 幅（即東面）雕吹橫笛飛天伎，姿態與前同，雙手執橫笛偏於右側吹奏；第 3 幅（即東北面）雕拍鈸飛天伎，頭梳高髻，身著緊身衣裙，兩臂半舉，雙手各執一鈸作欲拍狀；第 4 幅雕拍板飛天伎，姿態與上同，雙手舉於胸前，拍板隱約可見 5 片，右旁有題榜已殘缺不清；第 5 幅（即西北面）雕彈琵琶飛天伎，頭梳高髻，身		經幢原在沁陽市西北 20 千米的北范村興福寺內，1975 年運至沁陽縣文物管理委員會保存，今復原在沁陽市博物館內。經幢經文後刻「大唐開元十有八年」的紀年。	唐開元十八年（730）	《河南省文物志選稿》第六輯，第 138 頁。

	著緊身衣褲，腰繫長帶飄拂，伏身仰面，雙臂抱琵琶於胸前彈撥，畫面右邊有題榜一行 5 字「王處□妻高」；第 6 幅（即西面）雕吹排簫飛天伎，樂人仰臥於地，雙手持排簫吹奏，畫面右邊有題榜一行 5 字「□□□妻許」。第 7 幅（即西南面）雕拍鈸飛天伎，樂人伏臥仰首，右臂上舉，左臂向後平伸，雙手握鈸奮力拍擊，畫面右邊有題榜 5 字「□□趙八娘」。題榜當是施主姓名				
東塔：排簫、長管狀樂器、四弦曲項琵琶、腰鼓、笙、橫笛、銅鈸 西塔：笙、箜篌、拍板、笛、排簫、拍板、琵琶、細腰鼓	安陽靈泉寺石塔伎樂人。東塔高 5.22 米。由臺基、塔座、塔身、塔簷、剎頂五部分組成。塔身共 9 層，每層均有疊澀密簷，剎頂已失。伎樂人均刻於塔座的束腰處。塔座束腰處四角及每面正中均刻立柱，立柱將每面分隔成兩個方框，每框內各鑿成尖拱形龕，每龕中浮雕一樂伎。樂人皆盤膝而坐，衣帶飄拂於手臂上下左右，構成一幅 8 人樂舞圖。北壁左側樂伎，頭頂稍殘，上身赤裸，雙臂上舉作舞蹈狀；右側樂伎，兩手上下錯落握長管狀樂器作吹奏狀。西壁左側樂伎，雙手執排簫作吹奏狀；右側樂伎，懷抱四弦曲項琵琶，左手撫弦，右手作彈奏狀。南壁左側樂伎，胸前持腰鼓一面，左手下伸，右掌揚起，作雙手拍鼓狀；右側樂伎，雙手捧笙作欲吹狀。東壁左側樂伎，雙手執橫笛吹奏；右側樂伎，雙手各執銅鈸，張臂欲擊。西塔距東塔 8.6 米，保存較完整。樂伎亦雕在塔下須彌座的束腰處。束腰四角及正中各刻圓形立柱，柱身雕成 4 個上下疊壓的扁石鼓狀。柱間鑿長方形龕，每龕各雕樂伎 1 人，共 8 幅。北壁左側樂伎，肩披長巾，下著寬裳，衣帶飄拂，露足，側蹲於地，雙手捧笙作吹奏狀；右側樂伎，	16	據文獻記載，靈泉寺創建於東魏武定四年（546），原名寶山寺。隋開皇年間，文帝取群山之泉及該寺高僧靈裕法師法名之首，將其改名爲靈泉寺。它與修定寺、響堂寺一同成爲當時北方三大佛教活動中心。靈泉寺又有「河朔第一古剎」之稱。靈泉寺石塔有兩座，東西並列，均爲青石壘砌，方形。塔身東壁刻有遊人徐源、徐淮等 4 人書寫的五言詩各一首，其中有「皇唐八□大曆六年歲次辛亥夏四月旬有□日」的紀年，是知此塔當建於隋至唐初年間。	隋唐	河南省古代建筑保護研究所：《河南安陽唐代雙石塔》，《文物》1986 年第 3 期。

	側身跽坐，肩披長巾，寬裳露足，雙手左右扶箜篌，作彈奏狀，箜篌可見有 15 弦。東壁左側樂伎，上身赤裸，頸飾項圈，肩披長巾，寬裳露足，坐於一個細腰鼓形座上，雙手執笛作吹奏狀；右側樂伎，頭梳高髻，肩披長巾，寬衣大袖，盤膝端坐，雙手執排簫，端於嘴下吹奏。南壁左側樂伎，似爲一女子，頭梳雙髻，緊衣窄袖，左拍板臂上舉，右手叉腰，左腿直立，右腿屈伸於後，腰身扭動作舞狀；右側樂伎，頭紮襆頭，肩上披巾，下著長褲，雙手持拍板作拍擊狀。西壁左側樂伎，面部殘損，上身赤裸，袒胸露肚，肩披長巾，下著長褲，懷抱琵琶，左手撫弦，右手彈奏；右側樂伎，身著披巾飄拂，緊衣窄袖，頸飾項圈，胸前持腰鼓，左手下垂扶鼓，右手執杖，高舉作擊鼓狀。兩塔共 16 個樂伎，所持樂器有：豎笛、橫笛、排簫、拍板、琵琶、細腰鼓、笙、箜篌、鈸等 9 種。				
右邊：箏、笙、笛、箜篌、拍板 左邊：鼓、磬、鼗、杖鼓	畫面呈半圓形，正中刻兩舞伎，袒胸露臂，身軀呈 S 曲線，引頸側首，轉身送胯，執環繞身軀的飄帶，於圓毯上起舞。舞伎兩邊，有 9 名樂伎伴奏。右邊 5 人中，前四人一字排開，盤膝就坐，所奏樂器有箏、笙、笛、箜篌等。後一人右手在上，左手在下，持拍板，左腿直立，右腳跟著地，腳尖上翹，似與拍板相呼應。左邊 4 人中，前三人，分別演奏鼓、磬、鼗。後一人，足踏節拍，雙手拍擊杖鼓。樂舞圖下邊的拱門楣上還刻著迦陵鳥與鳳凰圖。迦陵鳥是佛教中一種人頭鳥身，會奏樂歌舞的神。此圖中迦陵鳥懷抱琵琶，展開雙翅，眉梢稍揚，含情微笑。	9	登封少林寺同光禪師塔西方淨土變樂舞圖。西方淨土變舞樂圖刻在同光禪師塔的半圓形門楣上。	唐初	蘇思文：《少林寺同光禪師西方淨土變樂舞圖，石門線刻畫「舞樂圖」試析》，《中原文物》1987 年第 2 期。

腰鼓、箏、排簫、琴、琵琶、細腰鼓	林州陽臺寺雙石塔伎樂人。西塔共刻樂伎 8 人。東面左龕爲 1 舞伎，右臂向下斜伸，左臂屈肘置於頭側，右腿跪地，腰繫長裙，衣帶繞身飄拂；右龕爲 1 樂伎，胸前繫腰鼓，雙手叉開作拍擊狀。北面左龕樂伎膝上置箏，雙手置於其邊；右側已漫漶不清。西面左龕 1 樂伎，跽坐於地，雙手執排簫吹奏；右龕樂伎，所持樂器已殘。南面兩龕可能均爲舞伎，衣帶周身飄拂，雙腿一前一後，屈膝作舞。東塔樂舞伎所刻位置形式同西塔。西面左龕爲舞伎，左手斜上舉，左腿平伸，屈其右腿作舞，衣帶飄拂，舞姿優美；右龕爲 1 樂伎，坐勢，懷中似抱一琴。南面左龕樂伎，衣帶繞臂飄於身外，懷中抱琵琶彈奏；右側樂伎已漫漶不清。東面兩龕均殘毀無存。北面左龕 1 樂伎胸前置細腰鼓，兩手作拍擊狀；右側樂伎亦漫漶不清。此雙塔與安陽靈泉寺石塔的建筑結構及樂舞雕刻均極爲相似，可能出自同一批工匠之手。	5	雙石塔，位於林州市南 42 千米的嶺後村北，南緊臨淇河，爲多層方形密簷式仿木結構石塔。兩塔相距約 5 米，形狀相同，上層已殘毀，下有須彌座，較完整。樂伎均刻於須彌座之束腰處，四面各鑿兩個尖楣拱龕，龕內各雕一樂伎，面部多殘損。西塔載有：「維大唐天寶九載……八月十八日，浮圖主孟崇仙敬造石浮圖」等字樣，塔的年代應爲唐代無疑。	唐天寶九年（750）	張增午：《河南林縣陽臺寺唐代石塔》，《考古與文物》1985 年第 2 期。
東塔：瑟、鼓、排簫、腰鼓 西塔：排簫、瑟、鈸、腰鼓、笙、箜篌	濬縣福勝寺雙石塔伎樂人。伎樂人均雕於石塔的須彌座束腰處和塔身大龕的門楣上。東塔南壁 1 人倒立，兩邊各有 1 羽人。東、北、西三面中央均雕力士，其兩邊爲彈瑟、擊鼓、吹排簫等伎樂人。塔身大龕門楣上雕雜技場面：1 人立於蓮蓬上，2 人各以一足立於其肩，另一足外撇，相應的一手臂相扶，另一臂平伸。又 1 人雙腳分開立於 2 人頭上，雙臂平伸，4 人組成菱形疊羅漢狀。其下左邊 1 人倒立，右邊 1 人屈身站立，臂面上端，還雕有擊腰鼓和吹排簫的伎樂飛天。西塔須彌座束腰處每面各鑿兩個尖頂拱龕，每龕各雕 1 伎樂人，計有吹排簫、鼓瑟、拍鈸、擊腰鼓、吹笙、	9	兩塔形制相同，爲全石板壘砌的方形單層密簷式塔。塔共 9 層。東塔身西壁刻有「浮圖頌並序」，文中有「敬造石浮圖……皇唐開元十七年，歲在己巳十月戊午□乙丑」。西塔東壁亦有銘：「維大唐天寶□□歲次□□正月壬申溯□五日。」由上銘看，東塔時代稍早，	唐開元天寶間	楊煥成：《豫北石塔紀略》，《文物》1983 年第 5 期。

	彈箜篌等。		西塔稍晚，均建於唐玄宗時期。		
箏、琵琶、板、笛、雞婁鼓、鼗牢、排簫、細腰鼓、銅鈸	洛陽龍門陀羅尼經幢座樂舞伎（8 件）。經幢座呈圓盤狀，其周圍雕刻 8 身伎樂人。其一爲彈箏伎，箏呈長方體平板狀，橫置腹前雙足上，箏體無任何雕飾，伎雙手撫於其上。其二爲彈琵琶伎，琵琶橫置於腹前雙足上，音箱呈半梨狀，曲頸，尙存有 3 個弦軫，伎左手握頸，右手彈奏。其三爲擊板伎，板由 6 塊豎板組成，伎雙手合持下部作演奏狀。其四爲吹笛伎，笛首近嘴部漫漶不清。其五爲擊雞婁鼓伎，樂人左手持鼗牢，腋挾雞婁鼓，右手執槌演奏。其六爲吹排簫伎，排簫竹管排列整齊，長短一致，伎雙手持兩端作吹奏狀。其七爲擊細腰鼓伎，樂人兩手略舉，作拍擊狀。其八爲拍銅鈸伎，銅鈸形如小瓶蓋，伎兩手各執一枚，作碰擊狀。	9		唐	李文生：《龍門石窟的音樂研究》，見《龍門石窟與洛陽歷史文化》，上海人民美術出版社 1993 版。
前排：琵琶、鈸、簫、笙 後排：拍板、簫、鼓、橫笛	宜陽韓城散樂雕磚。磚雕爲刻模印製，青灰色。奏樂 8 人分前後兩排，各 4 人。八仕女均頭梳高髻，髻前插牡丹花簪，高鼻小口，面部豐滿。身著交領寬袖曳地裙，腰繫纓絡花帶。整個面容、髮型、服飾具有盛唐之風。前排奏樂仕女從左至右依次爲：第 1 人面右稍仰視，彈曲項琵琶；第 2 人正面稍俯視，雙臂下垂，雙手在腹前擊鈸；第 3 人端坐，雙手一上一下握簫吹奏；第 4 人面右，雙手捧笙吹奏。後排從左至右依次是：第 1 人面稍向左，雙手在胸前擊拍板；第 2 人面向左仰，雙手一上一下握簫吹奏；第 3 人面向右仰，鼓置胸前，右手拍鼓；第 4 人面稍向左仰，雙手握橫	8		唐	

	笛吹奏。磚雕在人物的足下和頭頂均刻出連綿的流雲，烘托出八仕女似在雲間演奏，富有飄逸感。八仕女所奏樂器組合爲：簫 2，笙 1，笛 1，琵琶 1，銅鈸 1，拍板 1 和手鼓 1。				

樂俑中可見樂器組合

組合之樂器	說明	共 計	出 處	年 代	相關文獻
細腰鼓	泥質紅陶，高 21.5 釐米。鼓長 4.5、面徑 3.0 釐米。通身施黃綠釉。頭盤髮，唇塗朱，嘴角上翹，呈微笑狀。身著長裙，露足尖，肩披巾，一端從左肩前長垂至膝下，另一端從左肩後長垂至腰部。左手環抱一細腰鼓，右手橫置胸前，形象舒展自然。	1	黃綠釉持腰鼓俑	隋	鄭振鐸：《中國古明器陶俑圖錄》，圖版第 169，296；第 170，33。1947 年印本。
排簫	通高 32.2 釐米。俑盤髻，身著小袖口緊身衣，襉裙，雙手持排簫，作吹奏狀。馬全身施黃釉，橋鞍直角氈呢。	1	騎馬吹排簫俑	隋	鄭振鐸：《中國古明器陶俑圖錄》，圖版第 157，1947 年印本。
琴	通高 38.3、長 33.8 釐米。頭著襆頭，身穿紅綠小袖口緊身衣褲，騎在馬上，攜帶二琴置於腿兩側。馬直立，全身施黃釉，橋鞍帶氈呢，這種直角氈呢是隋代特有式樣。	2	騎馬攜琴俑	隋	鄭振鐸：《中國古明器陶俑圖錄》，圖版第 159，28。1947 年印本。
排簫、排簫、琵琶、銅鈸、鼓	樂俑 5 件，高 23.5～24 釐米。髮式服飾均相同。紅胎畫彩，頭梳平髻，身著紅色小袖短襦，下穿長裙，裙腰高及腋下，裙邊外翻，足著雲頭履。各持樂器，左起爲：排簫、排簫、琵琶、銅鈸、鼓。	5	吹排簫等樂俑（5 件）	隋	鄭振鐸：《中國古明器陶俑圖錄》，圖版第 246～248，1947 年印本。
篳篥、排簫、鼓、建鼓	太原沙溝斛律徹墓樂俑。吹奏樂俑頭繫紅色山字形襆頭，身穿半袖圓領衫，腰束帶，穿窄管的褶，烏靴。踩腳蹬，面微向左側，左臂上舉，握拳貼近嘴邊，作吹奏狀。體魄健壯的黃色馬，站立於底板上，絡頭，臀部有	5	1980 年太原沙溝村隋朝斛律徹墓出土。該墓爲由墓道、天井、甬道和墓室四部分組成的磚宣墓。出土文物有陶俑、	隋	山西省考古研究所、太原市文物管理委員會：《太原隋斛律徹墓清理簡報》，載《文物》1992 年 10 期。

	韂帶，背上鞍韉。 吹篳篥俑　頭繫紅色山字形襆頭，身穿半袖圓領衫，腰束帶，下著細腿管褶。烏靴、踩腳蹬。頭略低，雙臂彎曲於胸前，雙手緊握篳篥吹奏。馬立姿，絡頭，胸帶，韂帶，鞍韉俱全。保存良好。 吹排簫俑　頭繫山字形紅色襆頭，身穿半袖圓領衫，腰束帶，細管褶，烏靴，踩腳蹬。騎馬。面微向左側，左臂上屈，手握排簫，吹奏狀。右臂彎曲於胸前，握拳作持物狀，物已朽無存。馬站立在底方板上，絡頭，胸帶，韂帶，鞍韉俱備。保存較好。 擊鼓俑　頭繫山字形紅色襆頭，身穿半袖圓領衫，腰繫革帶，細管褶。腰左側繫一扁圓形鼓，雙手彎曲向上，左臂彎曲至胸前，握拳，拳心有圓孔，持物已朽失落。作擊鼓狀。騎馬。馬站立在方形底板上，昂頭，注視前方，絡頭，胸帶，韂帶，鞍韉俱備。保存良好。 擊建鼓樂俑　頭戴鳳帽，內穿圓領襯衫，外穿交領左衽衫，腰束帶，一條紅色寬帶繞過雙臂，在背部打結，下穿寬管褶，烏靴。雙臂彎屈於胸前，拳中所持物已失。騎馬，馬站在底板上，頸上插一扁形鼓。脖頸下飾有纓絡，朱繪繮繩，絡頭，胸帶，韂帶，鞍韉俱備。保存良好。		動物模型、釉陶生活用具和少量早期瓷器，共達 328 件。出土的陶俑中有 5 件伎樂俑，包括吹奏、擊鼓、吹篳篥、吹排簫和擊建鼓等 5 種樂伎。這是當時皇帝對有軍功者的賞賜，有顯示其身份、地位的羽葆、鼓吹等，南北朝時期極爲盛行。《宋史・鼓吹上》「鼓吹者，軍樂也。……以建威武，揚德風，厲士諷敵。……短簫鐃歌序戰伐之事，黃門鼓吹爲享宴所用」。		
琵琶、排簫	女性樂俑胎質細膩潔白，於白陶上加施低溫透明釉，釉面微閃青黃色，開細小紋片，局	2	琵琶樂俑與排簫樂俑從衣著、神態、造型、演	隋	

	部剝落。俑體模製，經對合成型，頭插接，琵琶、手臂另行堆塑黏接而成。髮式平闊，身著窄袖襦衫，束長裙，腰繫帶。造型衣飾與河南安陽張盛墓所出隋女陶俑一致，爲隋代白釉陶樂俑之典型作品。俑人雙手持琵琶，琵琶頸部朝下斜持，右手彈撥，左手按音。琵琶梨形音箱，直項，當爲五弦。俑人作站立彈奏之姿，面部神態安祥，專注。造型寫實，人體各部比例恰當。		奏樂器的姿態來看，似爲一組樂俑。		
琵琶、排簫	俑質爲白釉陶，通體遍施低溫透明釉，釉面晶瑩透亮，開細小紋片。釉厚處呈水綠色，局部有所剝落。俑人女性，通高 25.8 釐米。頭梳平頂寬大的髮式，緊身上衣，下著曳地長裙，身上有輕刻線條勾劃服飾輪廓和衣褶。裙上有 2 根貼塑而成的長飄帶。雙手執於排簫下端，作待吹奏狀。排簫簫管長短有差，歷歷可數。迄今出土或傳世的隋代樂伎俑爲數極少。該俑的服飾、髮式具鮮明的隋代特徵，且造型生動，刻畫細膩，爲隋代陶瓷雕塑中難得的珍品。	2	琵琶樂俑與排簫樂俑從衣著、神態、造型、演奏樂器的姿態來看，似爲一組樂俑。	隋	
篳篥、橫笛、豎箜篌、排簫、鈸、四弦曲項琵琶、五弦直項琵琶	安陽張盛墓樂舞俑（13 件）。舞俑 5 件。皆立姿，上著短衫，胸繫雙帶，長裙及地，揮動長袖，翩翩起舞。伎樂俑一組 8 件。白陶胎，模製，繪彩。均爲跽坐姿，裝束亦相同。頭梳平髻，腦後插梳，長裙繫於胸前，雙帶下垂，長裙曳地，衣裙原著有綠、黑、朱彩，出土後均已脫落。所持樂器有篳篥、橫笛、豎箜篌、排簫、鈸、四弦曲項琵琶、五弦直	8	1959 年 5 月出土於安陽豫北紗廠張盛墓中。該墓爲磚砌，近方形。出土遺物極爲豐富，除陶樂舞俑外，還有武士俑、儀仗俑、胡俑、僧俑以及生活用具壺、罐、盒、棋盤等 190 餘	隋開皇十五年（595）	中國科學院考古研究所安陽發掘隊：《安陽隋張盛墓發掘記》，《考古》1959 年第 10 期。

	項琵琶等。另有一俑也似作橫吹狀，樂器已殘失。		件。另外在墓的東南角還出土墓誌一合，據誌文，此墓爲隋代征虜將軍張盛之墓。張於隋開皇十四年正月卒，開皇十五年（595）十一月葬於相州安陽城北。		
細腰鼓、排簫、琵琶	4 件均爲漢白玉石所製，已殘缺不全。上身裸露，肩披長巾，下著長裙，雙腿盤坐。左 3 件線條簡練，刻劃有力，裙腰外翻，均屬隋代典型風格。其中 2 件尤爲相似，一拍細腰鼓，一吹排簫，前者殘高 35.3，後者殘高 33.8 釐米。彈琵琶雕像高 46 釐米。頭梳高髻，左臂及樂器均殘缺，右手持撥，向下斜抱琵琶，音箱呈扁長形，腹面較窄，形體較小。右無頭彈琵琶雕像殘高 13.0、寬 12.0 釐米，刀法嫻熟，刻劃細膩，衣紋自然流暢，肌膚質感強烈，爲唐代風格。右手持撥，左手握項，頂端殘缺。琵琶向下斜抱，紋飾清晰，腹面寬圓，有縛弦、捍撥、鳳眼、弦紋。	4	曲陽修德寺遺址奏樂石雕像（4 件） 1956 年河北曲陽修德寺遺址出土，可能是唐武宗滅佛時被毀，埋於地下的。	隋唐	
笛、篳篥	兩樂俑頭戴籠冠，身著闊袖長袍，騎於馬上，雙手持笛、篳篥作吹奏狀。鄭仁泰爲右武衛大將軍，卒於龍朔三年（663）。鄭仁泰墓是唐太宗昭陵的陪葬墓之一，此墓共出土騎馬樂俑 38 件，均爲男性。	38	鄭仁泰墓騎馬吹笛、吹篳篥陶俑（1972 年禮泉縣馬寨村西南唐鄭仁泰墓）	唐龍朔三年（663）	
豎笛、排簫、橫笛、篳篥、鼓	偃師柳凱墓騎馬樂俑（11 件）。騎馬樂俑皆頭戴黑色紅沿風帽，上穿紅色窄袖袍，下著黑色褲，足穿靴，雙足緊踩馬蹬。所乘之馬。	11	1988 年 4 月出土於偃師縣政府招待所 19 號唐墓內。該墓爲土洞墓，從	唐麟德元年（664）	洛陽市第二文物工作隊等：《河南偃師唐柳凱墓》，《文物》1992

	馬首皆向左下方微勾，眉骨突出，雙耳前豎，耳、鼻、口塗紅，黑眼珠。頸鬃剪成脊狀聳起，鬃毛分梳於前額兩側，胸肌突出，通身刷白粉，方腰，圓臀，軀體肥壯，短尾細結。部分馬頸、腹、腿部塗黑，頭有絡頭，背有鞍、蹬，鞍下有墊褥。吹豎笛俑 1 件，頭稍下俯，右臂屈肘，五指分開，拇指托笛後，四指向上按孔；左臂屈肘，拇指亦在笛後，四指在笛下端按孔作吹奏狀。吹排簫俑 1 件，雙臂屈肘，雙手握排簫，兩手拇指均向內，四指握排簫兩端。排簫左寬右窄，計有 12 管。吹橫笛俑 1 件，笛橫吹，頭偏左側，左臂屈肘手心向內握笛，四指朝外，在笛管中間按孔；右臂屈肘手心向外，四指在末端上方按孔演奏。笛尾上翹，俑身向左傾斜。吹篳篥俑 1 件，雙臂屈肘，雙手在胸前握篳篥下端作吹奏狀。吹口哨俑 1 件，頭偏右側仰望，右臂高舉伸直，手面朝天，左臂屈肘向上，五指併攏捂嘴作呼哨狀。擊鼓俑 6 件，按其姿態分兩式：I 式 3 件。頭稍下俯，面向左下方，均身著白色翻領窄袖緊身袍，雙臂屈肘，雙手半握於胸前，拳心持物作敲擊狀（持物已失）。其左腿盤坐在馬鞍上，面前馬背左墊氈上置鼓，鼓與杖均不存，可能爲木質，已朽，僅剩圓孔。II 式 3 件。頭稍下俯，雙臂屈肘握拳，拳心有孔，面前馬肩上放置一個三角架，架上置鼓（鼓與杖均不存），俑兩臂作上下擊鼓狀		墓誌得知爲唐光州、定州縣令柳凱夫婦墓。柳凱死於武德九年（626），其妻裴氏死於貞觀二十三年（649），合葬於麟德元年（664）。隨葬各類彩繪陶俑等 145 件，其中騎馬樂俑 11 件。		年第 12 期。

直項琵琶、笙、鈸、鼓	安陽楊偘墓伎樂俑（10 件）。樂舞俑共 10 件，其中樂俑 8 件，舞俑 2 件。樂俑高 18.3 釐米。均跽坐於方形座上，頭梳高髻，細目朱唇，上穿窄袖短衣，下著長裙及地，各執樂器演奏。有彈琵琶 2 人，均懷抱直項琵琶，以左手執頸，右手撥彈。吹笙 1 人，雙手抱笙吹奏。拍鈸 1 人，兩手各握一小鈸，雙臂張開欲擊。擊鼓 1 人，面前置鼓，雙手高舉欲擊。另 3 人樂器已失，1 人雙臂張開作拍手狀，1 人雙手於胸前空握，似吹豎笛。1 人似吹篳篥。舞俑 2 人，1 人站立、1 人跪地相對作舞。	8	1975 年 10 月出土於安陽市舊城西南火柴廠院內。墓室呈方形，其中隨葬 10 件樂舞俑，還有武士俑、儀仗俑、陶壺、鐵剪和墓誌等。據墓誌載，此墓係唐楊偘夫婦合葬墓。楊偘，死於唐永徽五年（654），其妻李氏死於唐上元二年（675），故此墓年代當為初唐。	唐上元二年（675）	安陽市博物館：《唐楊偘墓清理簡報》，《文物資料叢刊》1982 年第 6 期。
橫笛、排簫、篳篥	此墓同出騎馬吹笛俑和騎馬吹排簫俑等若干，均置於墓內過洞兩邊的小龕內。樂俑頭戴高冠，著寬袖上衣，騎於馬上，雙手持橫笛、排簫、篳篥吹奏，神態和姿勢略有不同。演奏姿勢略有不同。另，排簫形制有所不同：一種為管長不同者，另一種為管長相同者。		懿德太子墓騎馬吹笛、吹篳篥、吹排簫三彩陶俑（1971 年 7 月乾陵唐中宗長子懿德太子李重潤墓）	唐（701）	
細腰鼓、琵琶、豎箜篌、銅鈸、篳篥、笛、簫、角等	騎馬樂舞俑為灰陶質，施彩繪。5 件舞俑均為女性，高髮髻，身穿窄袖衫，下著長裙，肩搭披帛。這些舞俑著裝的顏色和花紋各不相同，或白，或綠、赭、黃、紅等。8 件奏樂俑亦為女性，但著男式服裝，頭或戴襆頭帽，或戴鸚鵡冠，或戴孔雀帽，但都留有長髮，後有髮髻。上身穿圓領窄袖長袍，腳穿尖高靴，服飾顏色花紋也不相同。	8	西安豁口唐墓騎馬樂舞陶俑（1991 年 10 月西安市東郊豁口唐墓出土。據此墓出土的墓誌銘記載，墓葬年代為唐開元十二年）	唐開元十二年（724）	
拍板、笛	鞏義潘權墓粉彩胡樂俑（4 件）。4 件樂俑均為白陶燒製而成。有擊鼓、拍板和吹笛 3 種。	4	鞏義潘權墓粉彩胡樂俑（4 件）。1995 年 5 月出	唐開元十六年（728）	

	擊鼓胡俑 1 件，通高 8.0 釐米。頭戴氈帽，尖頂前垂，深目高鼻，方臉，滿面鬍髭。身著綠色胡服，雙腿盤坐於紅色圓形底座上，綠色細腰鼓置於雙腿之上。拍板胡俑 1 件，通高 7.0 釐米。似爲女俑，頭梳雙髻，垂於兩鬢，胖圓臉，紅唇微張，深目高鼻。上身外著綠色披肩，內穿紅色胡服，雙腿盤坐於紅色圓形底座上，雙手左上，右下，執拍板並作吟唱狀。拍板由 5 塊弓形木板穿繫而成。吹笛胡俑 2 件，其形制、神態、動作和彩繪等大致相同。頭戴圓頂氈帽，帽頂前垂，圓胖臉，深目微閉，作陶醉狀。高鼻，小嘴，身著綠色短袍，外著綠色披肩，盤腿坐於紅色圓形底座上。雙手斜向執笛，笛一端置於嘴邊，左右手指按笛孔，作吹奏狀。其中一俑粉彩保存完整；另一俑粉彩脫落嚴重。4 件胡樂俑神態傳神，造型生動，頗具特色，是唐代中原地區音樂與胡樂相結合的實證之物。		土於河南省鞏義市站街鎮王溝村一座古墓中。同墓出土的還有粉彩馬、貼金鎮墓獸、駱駝、胡俑、男女侍俑和綠釉瓷罐、三彩寶相花盤、海獸葡萄鏡及墓誌傳等 48 件珍貴文物。據墓誌銘得知，該墓係唐開元十六年（728）文林郎吏部常選潘權及夫人祁氏的合葬墓。其夫人係沁州延府左果毅上柱國祁崇周之女。		
琵琶、排簫、橫笛、豎笛和答臘鼓等	這組樂俑由 6 名胡人組成，頭戴樸頭，穿窄袖長袍。中間有一滿臉鬍鬚樂人似在演唱，表情生動。其餘 5 人席地而坐伴奏。（據墓誌記載，俾失十囊爲突厥人，開元初臣服於唐朝，授右衛大將軍，封雁門郡開國公，開元二十六年卒）	6	俾失十囊墓奏樂陶俑（1983 年 7 月西安西郊棗園俾失十囊墓出土）	唐開元二十六年（738）	
遺失	孟津岑氏墓彩繪樂舞俑（10 件）。10 件俑中有女舞俑 2、男舞俑 2、樂俑 6。舞俑作立式。樂俑均跽坐於一方座之上，所持樂器可能爲	6	孟津岑氏墓彩繪樂舞俑（10 件）。1991 年 9 月出土於孟津縣西山頭東	唐大足元年（791）	301 國道孟津考古隊：《洛陽孟津西山頭唐墓》，《文物》1992

	木製，均不存。女舞俑 2 件，形制、大小相同，頭梳雙高髻，上插六瓣梅花形髮飾。面部圓潤豐滿，粉面朱唇，眉間飾紫紅色菱形花鈿，兩頰飾黑色妝靨。上身內著紫色圓領寬袖長衫，下穿黑色與銀灰色相間的豎條紋長裙，外套暗紅色大翻領半臂，足穿綠色尖頭履。身體略向左傾，雙臂平揚。男舞俑 2 件。一件，俑頭戴紫花風帽，粉面，墨眉，朱唇。身穿大翻領的紅色紫花長袍，腰繫黑帶，足蹬黑靴。全身直立，頭部左偏，雙目向前平視，右手半握拳屈於頷下，左手向左側平伸，作拉弓射箭狀。另一件，俑頭戴黑色襆頭，身穿綠色大翻領窄袖長袍，腰束黑帶，足穿朱紅色襪及暗紅色淺口翹尖靴。身體站立，上身微向左傾，左手上擡，右手屈於胸前，作舞蹈表演狀。女樂俑 6 件。頭綰雙螺半高髻，臉部豐滿，粉面朱唇，眉間飾紫色花鈿，兩頰飾黑色妝靨。身著紫色窄袖內衫，肩披綠或大紅帛，腰束紅或綠帶，下著大紅或暗紅相間的長裙，均跽坐於長方形板上，爲舞蹈表演者伴奏。有的雙手右上左下半握於胸前或捧握于口邊作吹奏狀，有的手臂微曲，五指分開，手伸腹前作彈奏狀，所執樂器均已失。		南 1.5 千米的唐岑氏墓中。隨葬器物有動物模型、俑人、瓷器、陶器等 46 件，另有墓誌一合。從墓誌文中可知該墓爲北周清菀公劉府君夫人岑氏之墓。岑氏於聖曆元年（698）卒，大足元年十一月遷葬於洛州洛陽縣清風鄉。		年第 3 期。
琵琶、鼓	伎樂俑 5 件，均爲男性。泥質灰陶。服飾相同：頭戴襆頭，身穿圓領右衽長袍，腰間束帶，盤腿而坐。琵琶俑：琵琶橫置腿上，琴頭位於體左側，略朝下，頸以上殘失，琵琶製作粗陋，未刻劃出弦絲及復手等物；俑雙	5	武昌缽盂山 216 號墓樂俑（5 件）（1956 年經發掘出土於武漢市武昌區缽盂山 216 號墓。該墓形制較大，出土隨葬	初唐	

	手亦殘失。拍鼓俑：原有一束腰小鼓橫置足面上，今失，俑人雙足上勾，以固定小鼓，雙手撫鼓，張口作邊唱邊奏狀，今雙手亦殘。俑人一臉絡腮鬍子，雙目有神。一說唱俑：長袍領扣解開，左領下翻；足蹬靴，雙腿向左側後折，左臂向上屈起，右臂向上平伸，肘以下殘失，俑人面帶微笑，作表演狀。一說唱俑：長袍領口解開，左領下翻，右臂側屈向上，左臂似前伸，臂殘，雙目微閉，張口，呈唱念之態。另一說唱俑，左手屈於胸前，右臂殘失，面部表情生動，似正作表演。		品 70 餘件，計有陶瓷器皿、陶俑、模型明器及銅飾件等。其中俑類居多，有鎭墓獸、伎樂俑、廚俑及馬、牛、駝等，造型質樸、生動，具較鮮明的初唐時期特點；同出「開元通寶」錢可爲旁證。）		
琵琶、笛	俑均爲泥質灰陶，火候較低，造型質樸，線條簡單，均爲女性。琵琶俑俑人身著圓領窄袖衫子，下著曳地長裙，披帛繞肩於臂前飄垂，足蹬圓頭履，雙髻並列於頭頂，坐下爲一束腰墩。右臂下垂至膝，掌心向上握住琵琶，作按弦狀；左手屈於胸前，懷抱琵琶，作彈撥狀。琵琶頭軫朝下，位於人體右側，軫殘，無弦；面板上做出復手。吹笛俑，服飾、履式及坐墩均同琵琶俑。頭梳單髻，高聳於頭頂，頭微向左，左臂於胸前上屈，手作持笛（橫吹）狀。右手肘以下殘失，所持樂器亦殘失，據其手式，應爲持笛吹奏俑。	2	武昌缽盂山 359 號墓樂俑（2 件） 1956 年經發掘出土於武漢市武昌區缽盂山 359 號墓。墓葬形制較大，規格較高；隨葬物品 70 餘件，隨葬品的組合及造型具鮮明的初唐特徵。	初唐	
拍板、排簫、篳篥、琵琶	陶質細膩堅硬，桔紅色，火候較高。樂俑 4 件，均爲女性。造型典雅端莊，體態豐腴，神情安詳。頭梳雙髻，併攏而高聳，外觀形似單髻。跽坐。拍板俑上穿交領窄袖衫，下著曳地長裙，腰間束帶。右臂上屈，左手下	4	武昌缽盂山 401 號墓樂俑（4 件） （1956 年經發掘出土於武漢市武昌區缽盂山 401 號墓。）墓葬形制較大，墓室用	初唐（唐代高宗、武則天時期作品）	

	托拍板。拍板共 9 片，緊密相疊，大小有序。俑人頭微低，似屏息聆聽。篳篥雙手屈於胸前，左上右下執篳篥；俑人收唇鼓腮作吹奏狀。排簫俑雙手屈於胸前執簫。排簫 13 管，長短有序，上端平齊，下端如鳳翼參差。琵琶俑上穿圓領對襟窄袖衫，下著曳地長裙，腰間束帶；頭微右側，懷抱琵琶。頭軫位於人體左側，略上斜。四弦分明，面板下部置復手，中部兩側有月牙狀音孔一對。品相刻畫清楚，頭、軫略殘。陶俑刻畫細緻、寫實。		花紋磚砌成，隨葬品豐富，多達百餘件，主要爲陶瓷器及銅器。所出陶俑包括鎮墓獸、男女侍俑及樂俑，另有動物俑，幾乎所有家禽家畜俱全。		
拍板、琵琶、腰鼓、笙	樂俑 4 件，陶質細膩堅硬，乳白色。俑人均爲女性，服飾、髮式一致：上穿無領對襟窄袖短衫，下著曳地長裙，腰間繫帶，飄於裙前；頭梳雙髻，分列於頭頂左右兩側。跽坐，表情閒雅，面帶笑容。拍鼓俑，臉略左向，腰前置鼓，右手擊鼓面，左手作欲擊勢。鼓束腰，兩頭有乳釘一周。琵琶俑，頭微右側，懷抱琵琶，左手持琵琶頸，右手置復手上方，作正在演奏狀。琵琶 4 弦，但曲項之制不明顯，應爲粗略所致。拍板俑，俑人雙手左上右下持拍板。吹笙俑俑人合手捧笙斗，斗作圓缽狀，與今笙相近；吹管接口，雙頰微鼓，作吹奏狀；笙吹管較長，笙苗簡略爲三管，長短不一。	4	武昌何家壠 188 號墓樂俑（4 件） 1956 年經發掘出土於武漢市武昌區何家壠 188 號墓。該墓爲大型墓葬，出土文物達百餘件，計有陶瓷器、銅器等類。絕大多數爲俑類，造型生動，技法嫻熟。	初唐（唐代高宗、武則天時期）	湖北省文物管會：《武昌東郊何家壠 188 號唐墓清理簡報》，《文物參考資料》1957 年第 12 期。
琵琶、篳篥	樂俑 2 件，爲火候較高的桔紅色陶，胎質較細膩。俑人女性。琵琶俑身穿圓領對襟窄袖衫，下著長裙，腰間束帶；頭梳雙髻，分置頭頂兩側；跽坐，左臂下垂，手微擡，握琴	2	武昌何家壠 444 號墓樂俑（2 件） 1956 年經發掘出土於武漢市武昌區何家壠 444 號墓。該墓	初唐（唐代高宗、武則天時期）	

	頸；右臂屈於胸前，手中握一撥子，作彈弦狀。懷中琵琶頭軫朝下，琴面上刻有四弦及復手，左右各有一半月形音孔，頸項刻有品相，十分醒目。琴軫只剩3個，琴頭飾雞心形。篳篥俑髻上留有髮穗，自然下垂於頭側。雙手屈於胸前，左上右下執一篳篥，正作吹奏狀。		爲大型墓葬，墓室結構複雜，設計考究；隨葬品約50餘種，包括陶瓷器、金器、銅器。		
腰鼓、琵琶	俑質地堅硬細膩，火候較高，呈桔紅色。女性，身穿圓領對襟窄袖衫子，下著曳地長裙，腰間繫帶；上衣置裙內，一披肩繞於頸項；跽坐，髮梳雙髻，分置於頭頂左右兩側。其一爲拍鼓俑，原件頭部殘失，腰前橫置一鼓，左手觸鼓，右手略揚，作雙手輪流拍擊狀；鼓束腰，刻有繩紋。其二俑人右手微擡至胸，作彈挑後揚起勢；左臂上屈，手殘。琵琶已失，據姿勢判斷，應爲琵琶俑無疑。該墓應爲唐代高宗、武則天時期的吏紳之墓。	2	武昌小龜山 434 號墓樂俑（2件） 1956年經發掘出土於武漢市武昌區小龜山 434 號墓。墓葬形制較大，隨葬品70餘件，主要爲陶瓷器。	初唐（唐代高宗、武則天時期）	
琵琶	俑白陶質。女性、立姿；頭頂挽丸髻，面目豐潤，首微垂；身著窄袖交領衫襦，長頸細腰，下束長裙曳地，半露雙足。琵琶用布包裹，打一十字花結；梨形音箱及曲項之制分明，器長11.0、寬4.5釐米。	1	武昌卓刀泉樂俑經發掘出土於武漢市武昌區卓刀泉一唐墓。	初唐	
琵琶、篳篥、箜篌	3俑均爲泥質白瓦胎，高 15.1～15.4 釐米。通身施黃釉，頭梳高髻，身著窄袖無領長裙，袒胸，肩披長巾，跪坐演奏。左俑橫抱琵琶，右手持撥，撥半殘缺；左手握項，上端殘缺。板面上有縛弦，弦3根，兩側有鳳眼，音箱呈半梨形。中俑雙手持握篳篥。右俑抱一箜篌，斜倚左肩，樂器造形清楚。	3	女樂俑（3件）	初唐	

琵琶、五弦琵琶、鈸	3 俑均爲泥質白瓦胎，通體施黃釉，髮型服飾相同，均頭梳高髻，髮上繫一寬帶。上著窄袖無領衣，袒胸，肩披長巾，下著長裙，各持不同樂器站立演奏。左俑高 21.3 釐米。斜抱琵琶，琴頭下傾，右手持撥，左手握項，琵琶完整，通長 12.6、寬 4.3 釐米。弦 4 條，但弦軸 3 個，面板上有縛弦和鳳眼。中俑高 21.3 釐米。斜抱五弦琵琶，琴頭下傾，右手持撥，略有殘缺，左手握項，上端殘缺。板面 5 條弦及鳳眼清晰。右俑高 21.5 釐米。雙手各持一鈸，鈸小如拳。	3	女樂俑（3 件）	初唐	
排簫、鈸	2 俑均爲泥質紅瓦胎，髮型服飾相同，均頭梳高髻，髮上繫一寬帶，身著無領窄袖衫，袒胸，長裙，肩披長巾。左俑高 20.8 釐米。雙手持排簫置於胸前，共 9 管，左 4 管短，右 5 管長。右俑高 21.0 釐米，兩手各持一鈸作敲擊狀。	2	女樂俑（2 件）	初唐	
排簫	高 10.8 釐米。泥質白胎，黃釉。頭梳高髻，著窄袖衫，肩披長巾，下著襉裙。半跪半坐，手捧排簫做吹奏狀。排簫 6 管扇形，各管頂端有小孔。	1	吹排簫俑	初唐	鄭振鐸：《中國古明器陶俑圖錄》，圖版第 181，1947 年印本。
排簫	左俑通高 30 釐米。頭戴黑色籠冠，身穿寬袖紅色長袍，黑色靴。左手持繮，右手持排簫作吹奏狀。馬四蹄平站在長方形板座上，低首張口，屈頸，上有長鬃，配有鞍韉等。此俑製作精巧，色澤豔麗。右俑通高 30 釐米。頭戴紅色披肩風帽，墨眉朱唇，左向側身騎於馬背，身穿緊袖紅色長袍，腰束帶，黑色	1	鄭仁泰墓彩繪騎馬樂俑（2 件）1972 年陝西禮泉鄭仁泰墓出土。鄭仁泰葬於麟德元年（664），同出除彩繪女樂舞俑 16 件外，還有騎馬樂俑 38 件，反映墓主	初唐	①陝西省博物館等：《鄭仁泰墓發掘簡報》，《文物》1972 年第 7 期。 ②周偉州：《從鄭仁泰墓出土的樂舞俑談唐代音樂和禮儀制度》，

	靴。雙手所持物已脫落，左腿上部有1圓孔，可能原來有鼓。		生前樂舞情況及出行的鼓吹儀仗樂隊。1973年陝西省博物館借陳2件。		《文物》1980年第7期。
排簫、銅鈸、鼓槌	樂俑5件，通高32.9～34.5、長28.5～31.5釐米。分別頭戴披肩風帽、籠冠，身著廣袖交領長袍，下穿長褲，腰束帶，足穿靴。雙手上舉，分別執排簫、銅鈸、鼓槌等，其中一人手中樂器已失。馬直立於平面長方形板座上，頭向左側，兩耳聳立，尾折繫上翹。馬身配鞍，鞍上置氈墊，兩側掛馬鐙。一褐色釉馬右側頸部掛一圓形黃色扁鼓，一白色釉馬右側置一綠色豎鼓。人、馬造型生動逼真，釉色鮮豔，體現了唐代製釉陶的高超技藝。	5	李貞墓三彩騎馬樂俑（5件）1972年陝西西安禮泉李貞墓出土。	初唐	
鼓	泥質白陶，頭戴風帽，雙目微合，雙唇緊閉，左手高舉作將奮力擊鼓狀。鼓懸掛於馬的左側。	1	騎馬擊鼓俑	初唐	
排簫、大鼓	3騎俑均泥質黃釉，從左至右3俑各通高：31.2、32.0、32.3釐米。頭戴風帽，身穿窄袖衣，下著長褲，足登長靴。左俑頭向左上方仰視，左臂平伸，右手拇指和食指放於唇邊，作吹口哨狀。中俑兩手持排簫，作吹奏狀。排簫12管，左短右長，依次遞加。右俑獨臂，右臂斷處有釉。右足在馬蹬內，左腿盤曲在馬背上。馬左側掛一大鼓，鼓徑5.7、高4.0釐米。俑左臂上舉，手拳屈有孔，應持鼓槌，今已失。	2	騎馬樂俑（3件）	初唐	

小鼓、圓形小扁鼓	泥質紅瓦胎，左俑通高 32.3，右俑通高 32.9 釐米。全身敷白粉。2 騎俑均頭戴風帽，著無領長衣，左俑衣寬袖，右手握拳於胸前，左臂上舉，腕傷斷。馬右側掛一小鼓。右俑衣窄袖，兩臂擡起，馬左側有一圓形小扁鼓。兩馬均昂首向左，立於長方形板座上。	2	騎馬擊鼓俑（2 件）	唐	
笛、笙、簫、排簫、琵琶、箜篌、拍板等	駝背平臺上坐有樂俑 7 個，手持樂器。臺中立一歌女，右手前舉，右臂略向後撇，作歌舞狀。	8	西安中堡村唐墓駱駝載樂陶俑（1959、6 西安西郊中堡村唐墓）	唐	
橫笛、豎箜篌、琵琶、笙 等	6 樂俑都身著圓領袍衫，繪黑彩，盤腿而坐，一樂俑頭微左偏，雙臂屈於胸前，十指微屈，從姿態和神情看，似在吹奏橫笛；一樂俑頭身略向左側，右手伸於前下方，左手略高，似在彈奏豎箜篌；一樂俑左手臂略直伸於前下方，四指合併與拇指分開，虎口微張，右手臂微屈，手指殘斷，似在彈奏琵琶；一樂俑雙手握笙；一樂俑頭略左側，雙臂彎屈置於胸前，似在奏樂；一樂俑雙臂彎屈置於胸前，右手僅存一拇指，其餘九指殘缺，從其手勢和神態觀察，似在歌唱。	6	西安唐墓彩繪樂俑（6 件）（ 6 件樂俑係銅川市博物館舊藏，傳出於西安市一座唐墓）	唐	
樂器無法辨清	5 件樂舞俑紅泥陶質，原施粉彩，由於年久而脫落。一舞俑左手高舉，右肩下垂，仰首，左腿躍起，右腳蹬地起舞旋轉。4 個演奏俑跽坐，其姿勢不一，表情不同。有的低首持樂器，有的挺胸昂首，有的注目觀看舞者。	5	西安大興路唐墓粉彩樂舞陶俑（5 件）（1964 年西安市大興路鋁製品廠唐墓出土）	唐	
排簫，其餘不詳	同墓出土騎馬奏樂俑共 26 件，手中所持樂器多已佚。	26	西安郭家灘唐墓騎馬吹指、吹排簫陶俑（1984 年西安市東郊郭家灘唐	唐	

	一樂俑騎於馬上，頭戴風帽，身穿交領寬袖長袍，一手置口邊吹奏。另一樂傭雙手持排簫吹奏。		墓出土）		
琵琶	女性，坐姿。右臂、右膝以下及琵琶頸項以上殘失。俑人面目端莊，兩頰豐腴；頭挽岐頭高髻，身著窄袖圓領衫子，下束曳地長裙，裙腰高及胸乳，裙下露足尖。琵琶殘長 12.0、寬 6.8 釐米；梨形音箱，扁平；面板飾兩個對稱而相背的月牙形音孔，陰刻四弦，繫於復手之上；頸部有陰刻橫紋 8 條，二二成組，當爲四相之意；從頸上殘部看，應爲曲項琵琶。	1		唐	
樂舞俑	黑陶胎，表面施彩。保存較完整。一個爲輕盈起舞的仕女形象：頭梳螺髻，上著緊身大袖舞衣，罩綠色無領半臂，肩搭披帛；下著紫色曳地長裙，腰帶緊束，齊於胸背；足蹬綠色雲頭履。身肢豐滿，神態安詳；眉目清秀，朝右前方凝望；身體向右後稍仰，左手揚袖，右手作「小垂手」。另一個與前者服飾相近，姿態略異：頭微昂，衣裙後飄，給人一種意欲前行的動感。該俑所著舞衣具顯著中原特徵，近於北京故宮博物院藏唐彩繪女舞俑，又與河南洛陽北邙唐墓女舞俑相類，被認爲是盛行於漢魏六朝的《清商樂》中的《白紵舞》所用服裝。《白紵舞》原爲民間舞蹈，後入隋唐宮廷。	2	彩繪女　（2 件）	唐	
琵琶、笙	彩繪琵琶女俑飾雙高黑髮髻，著長裙，盤坐於方形座上，彩色披肩下垂，紅裙帶飄至膝	2	彩繪琵琶女俑(2 件）青州古墓出土。	唐	

	前，面部豐滿，姿態端莊，豐肌秀骨，具有盛唐時代婦女的形象特徵。樂人懷抱紅色琵琶，左手撫琴，右手揮撥。琵琶直項，不見軫、首和品相，可見復手和四弦，音箱略近阮咸。另一彩繪吹笙女俑飾雙高黑髮髻，著長裙，大紅披肩垂至腿部，兩條大紅裙帶至膝前。雙手托住笙的底部，置笙於面前吹奏。笙塑製寫意，約略可辨苗、斗。				
鼓	俑用瓷土直接捏塑成形，實心胎呈赭紅色。因形小，於窯中燒成時未爆裂。通體施青釉，釉色青中閃灰藍，呈乳濁狀。釉面開片，釉層較厚。該瓷俑通高 7.6 釐米，頭梳雙髻，席地跪坐，腿上置一細腰鼓，雙手作拍打狀。臉部及身體各細部較粗略模糊，製作者以簡練的藝術手法，抓住了擊鼓藝人的整體動態形象，不失爲一件傳神之作。		爲唐代頗負盛名的「邛窯」產品。邛窯在今四川省邛崍縣，其除生產各種日常器皿外，特別擅長小型陶瓷雕塑工藝品的製作，器形具濃厚的地方色彩。	唐	
殘失	樂舞俑均爲女性，可辨認的舞俑 2 件，均立姿。其一雙臂殘失，上衣著金，下配綠色長裙，巾帶飄逸，頭梳雙髻，面目端莊豐潤，彎腰側首，似作舞步徐行。另一件僅存腰以下部分，綠色長裙上褶紋線條流暢。從其腰肢斷面看，可判其上身向後側彎曲，作「臥魚」之姿。伎樂俑 5 件，成一組，但手臂與所持樂器均殘失。5 俑作跽坐勢，上著合領衫子，下穿曳地長裙，裙腰高及胸乳，頭梳雙髻或高髻，面目豐腴，神態安祥。其中一雙髻女俑額上及面頰有朱色「花子」，即六朝、隋、唐婦女化妝所喜用的「梅花妝」和	7	揚州城東唐墓樂舞俑（7 件）1977 年 5 月經發掘出土於揚州城東一座唐墓。墓早年已遭破壞，並有一五代墓疊壓。出土物中，除青釉碗、銅錢、石硯等少量遺物外，另有大批陶俑，經修復成形的達 60 餘件，分爲舞俑、伎樂俑、文吏俑、胡俑、騎俑及駱駝、牛俑等。	唐	李萬、張亞：《揚州出土一批唐代彩繪俑》，《文物》1979 年第 4 期。

	「髻鈿」。可與劉禹錫詩「花面丫頭十三四」之句相印證。這批唐俑以模製爲主，有些俑的造型和衣褶線條完全一致，僅色彩稍有差異。俑坯入窯燒製後，再進行彩繪。施彩前先用鉛粉打底，故色彩豔麗。有些俑身上紋飾非常精細，色彩多達 10 餘種。尤其是女俑，多處用金色點綴服裝，或作鞋、髮飾和巾帶等，顯得更爲富麗。樂舞俑的造型，既有大膽誇張，又注意合度。如其面頰豐滿而身材纖秀，上身緊窄而下擺寬大。正合《唐書·令狐德棻傳》:「江左女士皆衣小而裳大」的記載。但從整體看來，人身各部比例仍顯得協調而自然，而且放置穩重。其已盡脫六朝之纖巧柔弱，然又未形成盛唐以後之雍容華貴，而是豐滿中見俊秀，瑰麗中寓典雅。該墓出土的青釉碗、石硯均具唐代前期的特徵，所出錢幣亦爲開元之前，故其年代應爲唐代前期。對研究唐代音樂舞蹈及造型藝術來說，這批樂舞俑就更顯得珍貴。				
篳篥	通高 14.5 釐米。兩臂斷裂，經黏合修復，右手缺姆指、食指、中指。俑人女性，頭梳半翻髻，上身穿緊身窄袖衫子，下著長裙，作跽坐之姿。雙手置於胸前，左上右下，執持篳篥（已失），呈吹奏狀。面目豐腴，神態生動。	1	揚州李家巷樂俑 1950 年出土於揚州市西鄉七里甸李家巷唐墓。	唐	
殘失	泥質青瓦胎。粉面，彩繪，頭紮雙丫髻，身穿窄袖無領長裙，雙手攏置胸前，右手握有一截管狀物，管已殘缺。	1	持管俑	唐	鄭振鐸：《中國古明器陶俑圖錄》，圖版第 230，1947 年印本。

扁圓鼓、笙、銅鈸	樂俑 3 件，髮型服飾均相同。頭梳雙髻，身上著窄袖衣，外罩短襦，下著長裙，跪坐。左樂俑左手持一扁圓鼓，中間一俑吹笙，右側一俑兩手各持一銅鈸。	3	彩繪女樂俑（3 件）	唐	
排簫、豎箜篌、曲項琵琶	長治唐代樂俑。樂俑 10 件，基調爲白色，部分著彩。其中坐俑 8 件，立俑 2 件。坐俑中，有奏樂器者 3 人，分持排簫、豎箜篌和曲項琵琶。豎箜篌的演奏形態爲倒置，琵琶爲豎抱，靠於演奏者的左肩之上。樂俑均爲女性，比較豐滿，裙衣蓋地而坐；站立 2 人，似在歌唱，而坐俑中非演奏樂器者，似在與站立的歌唱者應和。	3	長治市博物館約 60 年代在市區東門外發掘出土一批唐代樂俑，當時置放於老館倉庫，90 年代搬遷新館時清理發現，原始材料已不十分清楚。	唐	
	洛陽徐村樂舞俑（7 件）。舞俑 2 件，均頭梳高髻，上身穿圓領長袖短衣，下著曳地長裙。腰略向左傾，右手上擡，左手下垂向外，作舞蹈表演狀。樂俑 5 人，頭梳雙高髻，上穿圓領短袖衫，下繫長裙，雙膝跪地。從樂俑姿態來看，或撫琴、或吹簫、或擊鼓、或彈琵琶，爲舞蹈伴奏。		洛陽徐村樂舞俑（7 件）。1976 年出土於洛陽市邙山徐村唐墓中。共出土樂舞俑 7 件，其中舞俑 2 件，樂俑 5 件。	唐	洛陽市文物工作隊：《洛陽出土文物集粹》，朝花出版社 1989 年版。
簫、鼓	騎馬樂俑共 3 件，其中 2 件爲吹排簫俑，1 件爲擊鼓俑。騎馬吹排簫俑，2 件形式相同，俑頭戴籠冠，身著寬袖緊身束腰長袍。足蹬靴，端坐於馬背之上，雙手持排簫作吹奏狀。簫 10 管。馬昂首豎耳，立於長方形板座之上，通體施淡黃釉，頸鬃爲黃褐釉。俑衣著綠釉，冠、髮原著黑彩，現已脫落。騎馬擊鼓俑，頭戴白色風帽，身著褐紅色緊身束腰長袍，足蹬靴。面頰微凸，口唇微陷，雙手	2	三彩騎馬樂俑（3 件）	唐	洛陽市博物館：《洛陽唐三彩》，文物出版社 1980 年版。

	各執鼓杖，作敲擊狀，神態怡然自得。馬施褐紅釉，昂首豎耳立於方板座上，馬頭左側置一扁圓形鼓。				
排簫	舞陽迦陵頻伽吹排簫銅俑。迦陵頻伽銅俑，俑人首、鳥身，背有雙翅，臀部有長尾，其中左翅及尾已斷裂。兩腿直立，雙手執排簫舉於吻部吹奏。排簫爲 11 管，右邊管較長，左邊管較短，呈弧形排列。	1	1956 年出土於舞陽縣吳城鄉北高村西地小學附近的一古寺廟遺址中。從銅俑冠飾及面部風格看，應爲唐代遺物。	唐	
嗩吶	泥質紅陶，通高 34.4 釐米。頭戴風帽，身著窄袖無領長衫，雙手持一嗩吶作吹奏狀。	1	騎馬吹嗩吶俑	唐	
琵琶	通高 66.5、長 42.0、寬 19.9 釐米。駱駝昂首直立於長方形平板座上，駝身爲白色釉，頸部上下及前腿上端和尾部爲黃色，背上墊菱格紋圓氈，氈上以木架成平臺，上鋪長氈，兩側垂至腹下，長氈爲藍、黃、白、綠、赭黃等五色彩條紋，邊爲黃色，並有圓白點連珠形圖案，周邊垂綠色穗。平臺上有樂舞俑 5 人，中立 1 歌舞男胡俑，面向前視，右手向前，左手向後。左右兩側各坐 2 樂俑，一手托琵琶作彈狀，一雙手舉於頸間，作吹奏狀；另 2 俑均兩手於胸前作拍擊狀。後 3 者的樂器均已缺失。樂舞俑均頭戴軟巾，足蹬短靴。3 胡俑，2 漢人形象。此俑是首次出現的載樂駝俑，造型生動，題材新穎，爲罕見之精品。	2	鮮于庭誨墓三彩駱駝載樂俑 1957 年陝西西安鮮于庭誨墓出土。	唐	馬得志、張正齡：《西安郊區三個唐墓的發掘簡報》，《考古通訊》1958 年第 1 期。
琵琶、箜篌、笛、排簫、笙、拍板	樂俑 6 件，高 11.0～11.5 釐米。細泥紅陶燒製而成。各俑均戴襆頭，巾角繫於腦後，面頰豐滿，身穿圓領緊袖長衣，腰束帶，席地	6	插秧村唐墓樂俑（6 件）1955 年陝西西安插秧村唐墓出土。	唐	

	演奏。所持樂器爲：琵琶、箜篌、笛、排簫、笙、拍板。				
排簫、笙、琵琶	3 俑均泥質灰陶，各高：34.0、35.5、34.5 釐米。塗粉彩繪。內著窄袖衣，外罩短袖衫，長裙曳地，露雲頭翹尖鞋。左俑頭梳單髻，雙手持排簫於胸前。排簫 11 管，等長。中俑亦梳單髻，雙手捧笙。右俑頭梳雙髻，嘴角施星靨。斜抱琵琶於胸前，琴頭下傾，左手下垂托項部，右手持撥彈弦。琵琶完整，頂端向後，弦軸 3 個，弦似 4 條。	3	女樂俑（3 件）	盛唐	鄭振鐸：《中國古明器陶俑圖錄》，圖版第 192；第 190，1947 年印本。
細腰鼓、小鈸	2 俑泥質灰陶，高 20.5、20.0 釐米。頭梳雙髻，內著窄袖衣，外罩短袖衫，跪坐。左俑腿上橫陳細腰鼓，雙手拍擊，鼓長 10、面徑 3 釐米。右俑雙手持小鈸，作碰擊狀。	2	女樂俑（2 件）	盛唐	鄭振鐸：《中國古明器陶俑圖錄》，圖版第 185、第 186，1947 年印本。
腰鼓、似爲撫琴、似爲吹奏樂器、似爲歌唱、舞俑 2 件	樂舞俑通高 18 釐米左右。原有彩繪多剝落，殘留遺迹上可見金、紅、白等多種色彩。俑人均著窄袖衫子，下配曳地長裙，裙腰高及胸乳。其中伎樂俑 8 件，一件殘存頭部，餘較完整。均作跽坐狀，通高 18 釐米左右。面目清秀，動態不一。一件頭略低，面向左，胸前置鼓，兩手張開，成拍擊之勢；其二頭左向略低，左手臂向左側前下方伸展，右臂屈肘，小臂平於胸際，手殘，樂器不存，似爲撫琴者；其三正面端坐，屈肘，手半握拳，手心向內，其動態似爲吹奏樂器者；其四正面端坐，屈肘，右手殘，左手半握；其五正面端坐，頭稍仰，揮左臂，右臂殘；其六正面端坐，雙臂下垂，交手於腹，手籠於袖，	10	邗江楊廟樂舞俑（10 件）1980 年出土於揚州西門外邗江縣楊廟鄉一唐墓。墓中出土了大批陶俑，較完整的有 67 件，計有吏俑、侍俑、騎俑、生肖俑、馬俑、駝俑及樂舞俑等類。據該墓的結構、規模及隨葬陶俑制度來看，墓主應爲中晚唐一中級官員。	唐中晚期	揚州市博物館：《揚州邗江縣楊廟唐墓》，《考古》1983 年第 9 期

	似爲歌者；其七頭向左側略低，左臂屈平於胸腹間，袖口下垂，右小臂向上，手殘。另有舞俑2件。一件殘存頭部和下肢，一件可復原：通高27釐米，頭梳雙鬟髻，體態修長，左臂向左上方輕揚，長袖隨勢向右飄動；右臂自體後向左揮動，長袖則向左飄動；腰部向右側仰，舞姿婀娜。				

敦煌莫高窟的唐代洞窟中所見樂器組合

組合所用樂器	共計	出處	時代
箏、腰鼓	2	71 窟不鼓自鳴圖	初唐
雞婁鼓、羯鼓	2	71 窟不鼓自鳴圖	初唐
左側：箏、笙、琵琶、方響、豎箜篌、豎笛、排簫、？ 右側：羯鼓、腰鼓（毛員鼓）、齊鼓/鼗鼓兼雞婁鼓、橫笛、答臘鼓、豎笛、塤、排簫 （兩側樂隊各 8 人）	16	220 窟樂舞圖（南壁）	唐貞觀十六年（642）
左側：（前組）羯鼓、腰鼓（都曇鼓）、答臘鼓、鼗鼓兼雞婁鼓、橫笛、拍板（四頁）、貝、鑼 （後組）豎箜篌、銅鈸、笙、豎笛、拍板（四頁）、篳篥、？ 右側：（前組）杖鼓、腰鼓（都曇鼓）、腰鼓（毛員鼓）、橫笛、尺八、拍板（五頁）、鑼 （後組）花邊阮（五弦）、方響、篳篥、排簫、豎笛、箏	28	220 窟樂舞圖（北壁）	唐貞觀十六年（642）
答臘鼓 6 件、雞婁鼓 2 件、羯鼓 2 件、腰鼓 2 件、鼗鼓 4 件、箏 2 件、琵琶 2 件、琴 1 件、豎箜篌 1 件、笙 2 件、篳篥 3 件、橫笛 6 件、豎笛 2 件、排簫 4 件、銅鈸／鐃 1 件、	40	321 窟不鼓自鳴圖（北壁）	初唐
箏、箜篌、琵琶、五弦、排簫、答臘鼓	6	322 窟不鼓自鳴圖（南壁）	初唐
豎笛、腰鼓、琵琶、鼗鼓、箏、箜篌、小鐃、排簫、篳篥 等	12	329 窟飛天伎樂圖	初唐
琵琶、小鐃、箏、方響、簫、豎箜篌、豎笛 等	23	331 窟飛天伎樂圖	初唐
左側：曲項琵琶、箜篌、排簫、豎笛 等（以弦樂、吹奏樂爲主） 右側：羯鼓、腰鼓、橫笛、豎笛、鼗鼓兼雞婁鼓（以吹奏樂、鼓樂爲主） （每側前三後二共 5 身）	10	334 窟《阿彌陀經變》伎樂圖（北壁中部）	初唐

箜篌、琵琶、排簫、橫笛 等		338 窟供養伎樂圖（南壁）	初唐
琵琶、腰鼓、鈸、號筒 等（樂人頭戴尖帽，足穿長靴，高鼻深目，胡人裝，均作立姿）		341 窟供養伎樂圖（北壁）	初唐
橫笛、腰鼓、篳篥、鈸/鼗鼓兼雞婁鼓、拍板、豎箜篌	6	23 窟《法華經變》伎樂圖（北壁西側）	盛唐
豎箜篌、腰鼓、鼗鼓兼雞婁鼓、曲項琵琶、篳篥/豎笛、排簫、「另一人似在引吭高歌」	7	45 窟《觀無量壽經變》伎樂圖（北壁）	盛唐
匏笙（壁畫中極爲少見）	1	83 窟不鼓自鳴圖（北壁）	盛唐
左側：箏、鈸、方響、雞婁鼓、鼗鼓、答臘鼓、腰鼓、羯鼓 右側：小鐃、豎箜篌、拍板、笛、笙、曲項琵琶、排簫	15	172 窟不鼓自鳴圖（北壁上方）	盛唐
左側：羯鼓、鈸、方響、腰鼓、豎箜篌 中部：阮咸、拍板、箏、鈸 右側：排簫、拍板、曲項琵琶、答臘鼓、雞婁鼓、曲項琵琶	15	172 窟不鼓自鳴圖（南壁上方）	盛唐
中間二舞伎：一反彈琵琶、一擊腰鼓 左側：答臘鼓、腰鼓（毛員鼓）、鼗鼓兼雞婁鼓、羯鼓、橫笛、海螺、拍板、排簫 右側：箏、琵琶、阮咸、豎箜篌、拍板、篳篥、篳篥、笙 （16 身樂伎分列兩廂，呈雙排八字排，趺坐毯上演奏）	18	172 窟樂舞圖（南壁）	盛唐
東側：橫笛、豎箜篌、琵琶、排簫、竽、篳篥 西側：羯鼓（由一少年童子身背，後由一身菩薩樂伎持雙槌擊奏）、答臘鼓、鼗鼓兼雞婁鼓、橫笛、鈸 （菩薩伎樂兩組，各 6 身，列行站立演奏）	11	445 窟菩薩伎樂圖（南壁）	盛唐
橫笛、琵琶（對稱演奏）　笙		445 窟迦陵鳥伎樂圖（南壁）	盛唐

簫、拍板、鈸、擊掌拍節（「典型的民間樂隊組合形式」）	4	445 窟嫁娶圖（北壁）	盛唐
左側：箏、琵琶、拍板（三頁）、竽 右側：腰鼓、鼗鼓兼答臘鼓、拍板（五頁）、橫笛 （兩廂各 4 人，列坐演奏）	8	112 窟《報恩經變》樂舞圖（北壁西側）	中唐 （吐蕃時期）
左側：琵琶（直項四弦）、豎箜篌、排簫、拍板 右側：答臘鼓、方響、腰鼓、橫笛 （兩廂各 4 人，列坐演奏）	8	112 窟《藥師經變》樂舞圖（北壁東側）	中唐 （吐蕃時期）
上層（兩廂各 3 人呈人字形列坐演奏，中間一樂舞伎反彈琵琶） 左側：拍板、橫笛、鼗鼓兼雞婁鼓、 右側：四弦琵琶、長頸阮咸琵琶、豎箜篌 下層（4 身份兩廂相背而坐，正中前方一身迦陵鳥樂伎持場景阮咸琵琶彈奏起舞） 左側：拍板、篳篥 右側：琵琶、笙	10	112 窟《觀無量壽經變》樂舞圖（南壁東側）	中唐 （吐蕃時期）
左側：橫笛、海螺、篳篥、拍板 右側：笙、豎箜篌、羯鼓、琵琶 （分兩側各 4 人趺坐演奏，中一舞伎）	8	112 窟《金剛經變》樂舞圖（南壁西側）	中唐（吐蕃時期）
異形笛（其吹口部位下方突出一段枝杈狀物）		158 窟不鼓自鳴樂器（東壁南側上方）	中唐
腰鼓、橫笛（相對之，邊奏邊舞）	2	158 窟外道謗佛歡慶圖（西壁北側）	中唐
上層（樂伎 18 身等列兩側相對而坐，一側 9 身中，前 6 身爲淨土菩薩伎樂，後 3 身爲迦陵頻迦鳥伎樂） 左側：（前）羯鼓、鼗鼓兼雞婁鼓、腰鼓、答臘鼓、橫笛、拍板 （後）排簫、豎笛、笙	26	159 窟《觀無量壽經變》樂舞圖（南壁）	中唐

右側：（前）箏、阮咸、豎箜篌、篳篥、排簫、笙 （後）琵琶、篳篥、拍板 下層（8身樂伎於左、右分兩組單行排列，相背而坐） 左側：曲項琵琶、笙、排簫、拍板 右側：箏、橫笛、豎箜篌、銅鐃			
橫笛、笙、拍板 （於儀仗行列中，站立演奏）	3	159窟《文殊變》伎樂圖	中唐
左側：笙、橫笛、曲項琵琶、方響 右側：五弦琵琶、拍板、篳篥、豎箜篌 （樂伎8身份列兩側，相對而坐）	8	201窟伎樂圖（北壁）	中唐
左側：箏、曲項琵琶、五弦、豎箜篌、橫笛、篳篥、笙、拍板（右側缺）	8	201窟伎樂圖（南壁）	中唐
一菩薩持琵琶趺坐演奏，琵琶爲梨形音箱，直項，四軫，面板上有捍撥和縛手。		231 窟千手觀音菩薩伎樂圖	中唐
左側：羯鼓、羯鼓、羯鼓、拍板 右側：篳篥、異形笛、琵琶、豎箜篌 （8身伎樂分坐兩廂。「羯鼓如此集中，獨佔樂隊一廂，在敦煌壁畫中僅見。」）	8	358窟《藥師經變》樂舞圖（北壁西側）	中唐
左側：拍板、橫笛、篳篥、排簫 右側：琵琶、笙/竽、豎笛/簫、琴 （8身伎樂分坐兩廂）	8	359窟《金剛經變》樂舞圖（南壁東側）	中唐
琵琶爲梨形音箱，曲項，四軫，面板上有捍撥和縛手。		360窟迦陵鳥伎樂圖	中唐
左側：豎笛、拍板、篳篥、腰鼓 右側：拍板、琵琶、豎箜篌、不清 （兩組化生童子伎樂，兩坐兩立）	8	9窟化生童子伎樂圖（南壁）	晚唐

南壁右側菩薩樂伎懷抱曲項琵琶趺坐持撥彈奏，其面板呈黑色，通欄捍撥，花瓣形扶手上張四弦，短頸，大方頭，四軫； 北壁左側菩薩樂伎懷抱琵琶趺坐持撥彈奏，音箱近圓形，捍撥寬大，有縛手，短頸，方頭，五柱，琴弦不清		14 窟菩薩伎樂圖	晚唐
琵琶（2 件）、排簫、豎箜篌、拍板（2 件）、琴、小鑼、阮、方響、篳篥、鼗鼓兼雞婁鼓、鳳首彎琴、笙、竽、鈸、豎笛、箏等 （飛天伎樂 22 身，演奏之樂器可辨認者有 17 件，15 種之多）	22	85 窟藻井飛天伎樂圖（窟頂）	晚唐
上層（各組 5 身伎樂，前二後三） 左側：腰鼓、羯鼓、鑼、答臘鼓、鼗鼓兼雞婁鼓 右側：羯鼓、腰鼓、鼗鼓兼雞婁鼓、鑼、答臘鼓 下層（各組 9 身伎樂，三人一排，各三排） 左側：曲項琵琶、笙、橫笛、豎笛、排簫、拍板、腰鼓、海螺、篳篥 右側：直項琵琶、阮咸、豎箜篌、豎笛、橫笛、拍板、腰鼓、銅鈸、海螺 （兩部大型樂隊分坐兩層平臺上，四組樂隊高低錯落，兩兩相對。「規模如此之大的樂隊，在很大程度上是唐代宮廷音樂生活的眞實寫照。」）	28	85 窟《藥師經變》伎樂圖（北壁）	晚唐
左側：曲項五弦琵琶、曲項四弦琵琶、羯鼓、豎箜篌、箏、篳篥、鳳首彎琴（此琴一弦，以手指掐彈）、長頸阮 右側：橫笛、篳篥、拍板、笙、曲項四弦琵琶、鈸、鼗鼓兼雞婁鼓、海螺 （16 身伎樂分兩廂呈雙列趺坐演奏）	16	85 窟《思益凡天請問經變》伎樂圖（北壁）	晚唐
拍板、橫笛 （「世俗的娛樂場景，具有濃厚的生活氣息。」）	2	85 窟《楞加經變》百戲圖（窟頂東坡）	晚唐
前（8 人騎吹軍樂，分列左右）：兩人擊鼓，兩人吹長角（各側） 後（10 人樂隊，站立演奏）：琵琶、豎笛、篳篥、拍板、腰鼓、杖鼓、笙、箜篌等 （「張議潮出行圖是繼漢代騎吹、鼓吹、鹵薄制度之後，唐代軍營音樂的現實寫照，可與文獻相對照，有極珍貴的史料價值。」）	18	156 窟張議潮出行伎樂圖	唐咸通五年（864）

前：一吹笙，一擊拍板，一背節鼓，一人持雙槌擊奏（鹵薄 4 人組成的鼓吹樂隊。「此圖重點表現百戲場面，從一則反映了當時雜技及音樂伴奏相結合的形式和流行情況。」） 後：豎笛、琵琶、橫笛、笙、腰鼓、杖鼓、拍板 （樂工 7 人，分持站立爲舞伎伴奏）	4 7	156 窟宋國河內郡夫人宋氏出行圖	唐咸通五年（864）
「其一橫抱一樂器，音箱呈扁圓形，面板黑色，指板寬長，紅色，上有品柱，但位置隨意。樂伎左手扶頸按弦，右手持拔彈奏。此樂器形似印度彈撥樂器錫塔爾，爲敦煌壁畫中少見。另一化生伎樂持豎箜篌於右脅撥奏，箜篌似爲七絃。」	2	156 窟化生伎樂圖（西壁）	唐咸通五年（864）

參考文獻

一、專著

1.《詩經》，十三經注疏本，北京，中華書局 1980 年版。
2.《周禮》，十三經注疏本，北京，中華書局 1980 年版。
3.《儀禮》，十三經注疏本，北京，中華書局 1980 年版。
4.《禮記》，十三經注疏本，北京，中華書局 1980 年版。
5.《呂氏春秋》，北京，學林出版社 1984 年排印陳奇猷校釋本。
6.《十六國春秋》，北京，商務印書館 1958 年排印清湯球輯本。
7.《春秋左傳》，十三經注疏本，北京，中華書局 1980 年版。
8.〔戰國〕司馬穰苴：《司馬法》，石家莊，河北人民出版社 1995 年排印李零譯注本。
9.〔漢〕班固：《白虎通》，北京，中華書局 1994 年排印清陳立疏證本。
10.〔漢〕班固：《漢書》，北京，中華書局 1962 年校點排印本。
11.〔漢〕董仲舒：《春秋繁露》，北京，中華書局 1992 年排印清蘇輿義證本。
12.〔漢〕劉安：《淮南子》，北京大學出版社 1997 年排印張雙棣校釋本。
13.〔漢〕司馬遷：《史記》，北京，中華書局 1959 年校點排印本。
14.〔漢〕應劭：《風俗通義》，北京，中華書局 1981 年排印王利器校注本。
15.〔漢〕應劭：《漢官儀》，叢書集成初編本。
16.〔晉〕陳壽：《三國志》，北京，中華書局 1999 年校點排印本。
17.〔晉〕劉徽注，〔唐〕李淳風注釋：《九章算術》，西安，陝西科學技術出版社 1993 年排印李繼閔校證本。
18.〔梁〕蕭子顯：《南齊書》，北京，中華書局 1972 年校點排印本。

19.〔梁〕沈約：《宋書》，北京，中華書局 1974 年校點排印本。
20.〔梁〕蕭統編 〔唐〕李善注：《文選》，北京，中華書局 1977 年影印胡刻本。
21.〔陳〕徐陵編：《玉臺新球》，北京，中華書局 1985 年校點排印靖吳兆宜等箋注本。
22.〔陳〕釋智匠：《古今樂錄》，本書用樂府詩集引文。
23.〔北魏〕酈道元：《水經注》，蘇州，江蘇古籍出版社 1989 年排印楊守敬、熊會曾注疏本。
24.〔北魏〕楊炫之：《洛陽伽藍記》，上海古籍出版社 1978 年排印范祥雍校注本。
25.〔北周〕庾信：《庾子山集》，四部叢刊本。
26.〔北齊〕魏收：《魏書》，北京，中華書局 1974 年校點排印本。
27.〔北齊〕顏之推：《顏氏家訓》，北京，中華書局 1993 年排印王利器集解本。
28.〔唐〕白居易：《白居易集》，北京，中華書局 1979 年顧學頡校點本。
29.〔唐〕白居易：《白孔六帖》，北京文物出版社 1987 年影印傳增湘舊藏本。
30.〔唐〕長孫無忌：《唐律疏議》，北京，中華書局 1983 年校點排印本。
31.〔唐〕崔令欽：《教坊記》，北京，中華書局 1962 年排印任半塘箋訂本。
32.〔唐〕杜牧：《樊川文集》，四部叢刊本。
33.〔唐〕杜佑：《通典》，北京，中華書局 1984 年校點排印本。
34.〔唐〕段安節：《樂府雜錄》，上海，古典文學出版社 1957 年校點排印本。
35.〔唐〕段成式：《酉陽雜俎》，北京，中華書局 1981 年校點排印本。
36.〔唐〕樊綽：《蠻書》，北京，中華書局 1962 年排印向達校注本。
37.〔唐〕范攄：《雲溪友議》，上海，古典文學出版社 1957 年校點排印本。
38.〔唐〕房玄齡等：《晉書》，北京，中華書局 1974 年校點排印本。
39.〔唐〕封演：《封氏聞見錄》，北京，中華書局 1958 年排印趙貞信校注本。
40.〔唐〕馮翊子：《桂苑叢談》，北京，中華書局上海編輯所 1958 年校點排印本。
41.〔唐〕高彥休：《唐闕史》，文淵閣四庫全書本。
42.〔唐〕韓愈：《韓愈文集》，上海，古典文學出版社 1957 年馬其昶校注本。
43.〔唐〕胡璩：《譚賓錄》，濟南，泰山出版社，中華野史陳尚君輯校本。
44.〔唐〕皇甫枚：《三水小牘》，北京，中華書局上海編輯所 1958 年校點排印本。
45.〔唐〕瞿曇悉達：《開元占經》，文淵閣四庫全書本。

46.〔唐〕康駢：《劇談錄》，上海，古典文學出版社 1958 年校點排印本。
47.〔唐〕匡義：《資暇集》，叢書集成初編本。
48.〔唐〕李翺：《李滅公集》，文淵閣四庫全書本。
49.〔唐〕李翺：《卓異記》，叢書集成初編本。
50.〔唐〕李百藥：《北齊書》，北京，中華書局 1972 年校點排印本。
51.〔唐〕李綽：《尚書故實》，叢書集成初編本。
52.〔唐〕李德裕：《會昌一品集》，文淵閣四庫全書本。
53.〔唐〕李德裕：《李文饒文集》，四部叢刊本。
54.〔唐〕李涪：《刊誤》，瀋陽，遼寧教育出版社 1 998 年校點排印本。
55.〔唐〕李吉甫：《元和郡縣圖志》，北京，中華書局 1983 年校點排印本。
56.〔唐〕李絳：《李相國論事集》，文淵閣四庫全書本。
57.〔唐〕李浚：《松窗雜錄》，北京，中華書局上海編輯所 1958 年校點排印本。
58.〔唐〕李林甫等：《唐六典》，北京，中華書局 1992 年校點排印本。
59.〔唐〕李泰等：《括地志》，北京，中華書局 1980 年排印賀次君輯校本。
60.〔唐〕李廷壽：《南史》，北京，中華書局 1975 年校點排印本。
61.〔唐〕李延壽：《北史》，北京，中華書局 1974 年校點排印本。
62.〔唐〕李肇：《翰林誌》，文淵閣四庫全書本。
63.〔唐〕李肇：《唐國史補》，學津討原本。
64.〔唐〕林寶：《元和姓纂》，北京，中華書局 1994 年校點排印本。
65.〔唐〕令狐德棻：《周書》，北京，中華書局 1971 年校點排印本。
66.〔唐〕劉貺：《太樂令壁記》，本書用《玉海》引文。
67.〔唐〕劉肅：《大唐新語》，北京，中華書局 1984 年校點排印本。
68.〔唐〕劉知幾：《史通》，上海古籍出版社 1978 年排印清浦起龍通釋本。
69.〔唐〕劉餗：《隋唐嘉話》，北京，中華書局 1979 年校點排印本。
70.〔唐〕柳宗元：《柳宗元集》，北京，中華書局 1979 年校點排印本。
71.〔唐〕陸贄：《翰苑集》，文淵閣四庫全書本。
72.〔唐〕馬縞：《中華古今注》，北京，商務印書館 1956 年校點排印本。
73.〔唐〕馬總：《通歷》，太原，山西人民出版社 1992 年校點排印本。
74.〔唐〕南卓：《羯鼓錄》，上海，古典文學出版社 1957 年校點排印本。
75.〔唐〕歐陽詢：《藝文類聚》，上海古籍出版社 1999 年排印汪紹楹校本。
76.〔唐〕裴庭裕：《東觀奏記》，北京，中華書局 1994 年校點排印本。
77.〔唐〕權德輿：《權文公集》，文淵閣四庫全書本。

78.〔唐〕闕名：《大唐傳載》，北京，中華書局上海編輯所 1958 年排印本。
79.〔唐〕闕名：《玉泉子》，上海古籍出版社 1988 年校點排印本。
80.〔唐〕蘇鶚：《杜陽雜編》，學津討原本。
81.〔唐〕孫棨：《北里志》，上海，古典文學出版社 1957 年校點排印本。
82.〔唐〕王涇：《大唐郊祀錄》，北京，民族出版社 2000 年影印適園叢書本。
83.〔唐〕魏徵、房玄齡、長孫無忌等：《隋書》，北京，中華書局 1973 年校點排印本。
84.〔唐〕溫大雅：《大唐創業起居注》，上海古籍出版社 1983 年校點排印本。
85.〔唐〕吳兢：《樂府古題要解》，學津討原本。
86.〔唐〕武則天：《樂書要錄》， 叢書集成初編本。
87.〔唐〕蕭嵩等：《大唐開元禮》，北京，民族出版社 2000 年影印洪氏公善堂刊本。
88.〔唐〕徐堅：《初學記》，北京，中華書局 1962 年校點排印本。
89.〔唐〕徐景安：《歷代樂儀（樂書)》，本書用《玉海》引文。
90.〔唐〕許敬宗編：《文館詞林》，北京，中華書局 2001 年版日藏弘仁本書館詞林校證本。
91.〔唐〕許敬宗等：《翰林學士集》，西安，陝西人民教育出版社 1996 年唐人選唐詩新編本。
92.〔唐〕許嵩：《建康實錄》，上海古籍出版社 1987 年校排印本。
93.〔唐〕玄奘：《大唐西域記》，北京，中華書局 1985 年排印季羨林等校注本。
94.〔唐〕顏眞卿：《顏魯公集》，四部各要本。
95.〔唐〕姚汝能：《安祿山事迹》，藕香零拾本。
96.〔唐〕姚思廉：《陳書》，北京，中華書局 1974 年校點排印本。
97.〔唐〕姚思廉：《梁書》，北京，中華書局 1973 年棱點排印本。
98.〔唐〕虞世南：《北堂書鈔》，中國書店 1989 年影印孔廣陶本。
99.〔唐〕元稹：《元稹集》，北京，中華書局 1982 年冀勸校點本。
100.〔唐〕袁郊、汪辟疆校：《時澤謠》，唐人小說本。
101.〔唐〕張固：《幽閒鼓吹》，北京，中華書局上海編輯所 1958 年校點排印本。
102.〔唐〕張九齡：《曲江文集》，四部叢刊本。
103.〔唐〕張說：《張說之文集》，四部叢刊本。
104.〔唐〕張鷟：《朝野僉載》，北京，中華書局 1979 年校點排印本。

105.〔唐〕鄭處誨：《明皇雜錄》，北京，中華書局 1994 年校點排印本。
106.〔唐〕鄭棨：《開天傳信記》，叢書集成初編本。
107.〔後晉〕劉昫等：《舊唐書》，北京，中華書局 1975 年校點排印本。
108.〔南唐〕尉遲偓：《中朝故事》，文淵閣四庫全書本。
109.〔後周〕竇儼：《大周正樂》，本書用《太平御覽》、《玉海》引文。
110.〔五代〕何光遠：《鑒誡錄》，學津討原本。
111.〔五代〕邱光庭：《兼明書》，文淵閣四庫全書本。
112.〔五代〕王定保：《唐摭言》，上海古籍出版社 1978 年校點排印本。
113.〔五代〕王仁裕：《開元天寶遺事》，歷代小史本。
114.〔宋〕晁公武：《郡齋讀書志》，上海古籍出版社排印 1990 年孫猛校證本。
115.〔宋〕陳暘：《樂書》，文淵閣四庫全書本。
116.〔宋〕陳振孫：《直齋書錄解題》，上海古籍出版社 1987 校點排印本。
117.〔宋〕陳騤等 趙士煒輯考：《中興館閣書目》，中國歷代書目叢刊本。
118.〔宋〕程大昌：《演繁露》，學津討原本。
119.〔宋〕程大昌：《雍錄》，文淵閣四庫全書本。
120.〔宋〕范曄：《後漢書》，北京，中華書局 1965 年校點排印本。
121.〔宋〕范鎮：《東齋記事》，北京，中華書局 1980 年校點排印本。
122.〔宋〕范祖禹：《唐鑒》，北京，商務印書館 1958 年排印本。
123.〔宋〕高承：《事物紀原》，北京，中華書局 1989 年校點排印本。
124.〔宋〕高似孫：《史略》，叢書集成初編本。
125.〔宋〕勾延慶：《錦里耆舊傳》，叢書集成初編本。
126.〔宋〕官修、趙士煒輯本：《宋國史藝文志》，北京，商務印書館 1957 年排印宋史藝文志附編本。
127.〔宋〕郭茂倩輯：《樂府詩集》，北京，中華書局 1979 年校點排印本。
128.〔宋〕洪邁：《容齋隨筆》，上海古籍出版社 1996 年校點排印本。
129.〔宋〕計有功：《唐詩紀事》，北京，中華書局上海編輯所 1965 年校點排印本。
130.〔宋〕李昉等編：《太平廣記》，北京，中華書局 1961 年校勘排印本。
131.〔宋〕李昉等編：《太平御覽》，北京，中華書局 1960 年影印本。
132.〔宋〕李昉等編：《文苑英華》，北京，中華書局 1966 年影印本。
133.〔宋〕李燾：《續資治通鑒長編》，北京，中華書局 1985 年校排印本。
134.〔宋〕劉敞：《公是集》，叢書集成初編本。

135.〔宋〕劉義慶 〔梁〕劉孝標注：《世說新語》，上海古籍出版社 1993 年排印余嘉錫箋疏本。
136.〔宋〕陸游：《南唐書》，叢書集成初編本。
137.〔宋〕呂夏卿：《唐書直筆》，叢書集成千刀編本。
138.〔宋〕馬令：《南唐書》，叢書集成初編本。
139.〔宋〕歐陽修：《歸田錄》，學津討原本。
140.〔宋〕歐陽修：《歐陽修全集》，北京，中國書店 1986 年影印世界書局 1936 年排印本。
141.〔宋〕歐陽修：《新唐書》，北京，中華書局 1975 年校點排印本。
142.〔宋〕歐陽修：《新五代史》，北京，中華書局 1974 年校點排印本。
143.〔宋〕歐陽修：《瑩盤垂》，四部叢刊本。
144.〔宋〕歐陽修等：《太常因革禮》，叢書集成千刀編本。
145.〔宋〕錢易：《南部新書》，學津討原本。
146.〔宋〕沈括：《新校正夢溪筆談》，北京，中華書局 1957 年胡道靜校注本。
147.〔宋〕石介：《徂徠石先生文集》，北京，中華書局 1984 年校點排印本。
148.〔宋〕司馬光：《稽古錄》，四部叢刊本。
149.〔宋〕司馬光：《涑水記聞》，北京，中華書局 1989 年校點排印本。
150.〔宋〕司馬光：《資治通鑒》，北京，中華書局 1956 年校點排印本。
151.〔宋〕司馬光：《資治通鑒目錄》，北京，學苑出版社 1998 年影印通鑒史料別裁本。
152.〔宋〕司馬光：《資治通些考異》，北京，學苑出版社 1998 年影印通鑒史料別裁本。
153.〔宋〕宋敏求：《長安志》，文淵閣四庫全書本。
154.〔宋〕宋敏求：《春明退朝錄》，北京，中華書局 1980 年校點排印本。
155.〔宋〕宋敏求編：《唐大詔令集》，北京，商務印書館 1959 年排印本。
156.〔宋〕宋祁：《宋景文集》，文淵閣四庫全書本。
157.〔宋〕孫甫：《唐史論斷》，學津討原本。
158.〔宋〕孫復：《春秋尊王發微》，文淵閣四庫全書本。
159.〔宋〕孫復：《孫明復小集》，文淵閣四庫全書本。
160.〔宋〕王讜：《唐語林》，北京，中華書局 1987 年周勳初校注本。
161.〔宋〕王溥：《唐會要》，北京，中華書局 1955 年版。
162.〔宋〕王溥：《五代會要》，北京，中華書局 1998 年排印本。
163.〔宋〕王若欽等編：《冊府元龜》，北京，中華書局 1988 年影印宋刻本。

164.〔宋〕王堯臣、歐陽修等清錢東垣輯釋：《崇文總目》，北京，現代出版社，1987 年影印中國歷代書目叢刊本。
165.〔宋〕王應麟：《困學紀司》，四部叢刊本。
166.〔宋〕王應麟：《通鑒地理通釋》，蘇州，江蘇古籍出版社 1988 年影印浙江書局本。
167.〔宋〕王應麟：《玉海》，蘇州，江蘇古籍出版社、上海書店 1988 年影印本。
168.〔宋〕王灼：《碧雞漫志》，成都，巴蜀書社 2000 年排印岳珍校正本。
169.〔宋〕吳淑：《事類賦注》，北京，中華書局 1989 年校點排印本。
170.〔宋〕吳縝：《新唐書糾謬》，叢書集成初編本。
171.〔宋〕薛居正等：《舊五代史》，北京，中華書局 1976 年校點排印本。
172.〔宋〕姚鉉編：《唐文粹》，四部叢刊本。
173.〔宋〕尤袤：《遂千刀堂書目》，中國歷代書目叢刊本。
174.〔宋〕張攀等 趙士煒輯考：《中興館閣續書目》，中國歷代書目叢刊本。
175.〔宋〕張唐英：《蜀檮杌》，成都，巴蜀書社 1999 年排印王文才、王炎校箋本。
176.〔宋〕趙紹祖：《新舊唐書互證》，叢書集成初編本。
177.〔宋〕趙彥衛：《雲鈔漫錄》，北京，中華書局 1996 年校點排印本。
178.〔宋〕鄭樵：《通志》，北京，中華書局 1995 年排印通志二十略本。
179.〔宋〕李好文：《長安圖志》，文淵閣四庫全書本。
180.〔宋〕馬端臨：《文獻通考》，北京，中華書局 1986 年影印萬有文庫十通本。
181.〔元〕辛文房：《 唐才子傳》，北京，中華書局 1987 年排印傅璇琮校箋本。
182.〔元〕脫脫：《遼史》，北京，中華書局 1974 年校點排印本。
183.〔元〕脫脫：《宋史》，北京，中華書局 1977 年校點排印本。
184.〔明〕馮惟訥：《古詩紀》，文淵閣四庫全書本。
185.〔明〕郝敬：《舊唐書瑣瑣》，明郝洪範刻草山堂集本。
186.〔明〕胡震亨：《唐音癸籤》，上海古籍出版社 1981 年校點排印本。
187.〔明〕焦啦：《國史經籍志》，明代書目題跋叢刊本。
188.〔明〕解縉等奉敕編纂：《永樂大典》，北京，中華書局 1959 年影印明嘉靖本。
189.〔明〕李東陽：《新日唐書雜論》，清鈔本。
190.〔明〕陶宗儀編：《説郛三種》，上海古籍出版社 1988 年影印本。

191.〔明〕楊士奇編：《文淵閣書目》，北京，書目文獻出版社 1994 年明代書目題跋叢刊本。
192.〔清〕岑建功、羅士琳等：《舊唐書校勘記》二十五史三編本。
193.〔清〕丁丙輯：《善本書室藏書志》，清光緒錢塘丁氏刊本。
194.〔清〕顧炎武：《日知錄》，長沙，嶽麓書社 1994 年排印清黃汝成集釋本。
195.〔清〕董誥：《全唐文》，北京，中華書局 1983 年影嘉慶內府刊本。
196.〔清〕胡培翬：《儀禮正義》，蘇州，江蘇古籍出版社 1993 年校點排印本。
197.〔清〕孔尚任：《聖門樂志》，濟南，山東友誼書社影清光緒刊本。
198.〔清〕勞格、趙鉞：《唐尚書省郎官石柱題名考》，北京，中華書局 1992 年校點排印本。
199.〔清〕厲鶚輯：《宋詩紀事》，上海古籍 1983 年棱點排印本。
200.〔清〕淩廷堪：《校禮堂文集》，北京，中華書局 1998 年校點排印本。
201.〔清〕彭定求等纂輯：《全唐詩》，北京，中華書局 1980 年排印本。
202.〔清〕錢大昕：《廿二史考異》，蘇州，江蘇古籍出版社 1997 年排印錢大昕全集本。
203.〔清〕邵懿辰 邵章續錄：《增訂四庫簡明目錄標注》，上海古籍出版社 2000 年排印本。
204.〔清〕沈炳震：《唐書合鈔》，北京，書目文獻出版社 1992 年影印海昌查氏刊本。
205.〔清〕沈炳震編：《唐書合鈔》，北京，書目文獻出版社 1992 年影印海昌查氏刊本。
206.〔清〕孫希旦：《禮記集解》，北京，中華書局 1989 年校點排印本。
207.〔清〕孫詒讓：《周禮正義》，北京，中華書局 1987 年校點排印本。
208.〔清〕王鳴盛：《十七史商榷》，北京，中國書店 1987 年影印上海文瑞樓本。
209.〔清〕王聘珍：《大戴禮記解詁》，北京，中華書局 1983 年校點排印本。
210.〔清〕吳任臣：《十國春秋》，北京，中華書局 1983 年校點排印本。
211.〔清〕徐松：《登科記考》，北京，中華書局 1984 年校點排印本。
212.〔清〕徐松：《唐兩京城坊考》，叢書集成初編本。
213.〔清〕徐松輯：《宋會要輯稿》，北京，中華書局 1957 年影印本。
214.〔清〕嚴可均校輯：《全上古漢魏秦漢三國六朝文》，北京，中華書局 1958 年斷句影印本。
215.〔清〕張道：《舊唐書疑義》，清刊本。
216.〔清〕章學誠：《文史通義》，北京，中華書局 1994 年排印葉瑛校注本。

217.〔清〕趙翼：《陔餘叢考》，北京，商務印書館1957年排印本。
218.〔清〕趙翼：《廿二史劄記》，北京，中華書局1984年排印王樹民校證本。
219.〔清〕趙鉞、勞格：《唐御史臺精舍題名考》，北京，中華書局1997年校點排印本。
220.〔清〕朱彝尊：《經義考》，北京，中華書局1998年影印本。
221.《舊唐書佚文》，清揚州岑建功刊本。
222.《律書樂圖》，本書用教訓鈔、文獻通考引文。
223. 葉德輝考證：《秘書省續編到四庫闕書目》，中國歷代書目叢刊本。
224.〔日〕岸邊成雄，王小盾、秦序譯：《燕樂名義考》，北京，中國藝術研究院油印本。
225.〔日〕岸邊成雄、林謙三：《唐代的樂器》，東洋音樂學會編音樂之友社1968年版。
226.〔日〕岸邊成雄著，梁在平、黃志炯譯：《唐代音樂史的研究》，臺北，臺灣中華書局1973年版。
227.〔日〕池田溫：《唐代詔敕目錄》，西安，三秦出版社1991年版。
228.〔日〕林謙三，郭沫若譯：《隋唐燕樂調研究》，北京，商務印書館1936年版。
229.〔日〕林謙三，錢稻孫譯：《東亞樂器考》，北京，人民音樂出版社1962年版。
230.〔日〕拍近真：《教訓抄》，日本內閣文庫本。
231.〔日〕平崗武夫、今井清編：《唐代的長安與洛陽》，上海古籍出版社1991年版。
232.〔日〕仁井田陞、池田溫編集：《唐令拾遺補》，東京大學出版社1993年版。
233.〔日〕仁井田陞撰，粟勁等編譯：《唐令拾遺》，長春出版社1989年版。
234.《高平縣志》，北京，中國地圖出版社，1992年10月第一版。
235.《河南省文物志選稿》第六輯。
236.《晉城百科全書》，北京，奧林匹克出版社1995年版。
237.《日本國見在書目》，古逸叢書本。
238.《新疆藝術》編輯部編：《絲綢之路樂舞藝術》，1985年9月版。
239.《中國歷代繪畫·故宮博物院藏畫集》Ⅰ，北京，人民美術出版社1978年版。
240.《中國歷代繪畫·故宮博物院藏畫集》Ⅰ，北京，人民美術出版社1978年版。
241.《中國美術全集》（雕塑編12·四川石窟雕塑）。

242.《中國美術全集》編輯委員會：《龍門石窟雕刻》，上海人民美術出版社 1988 年 6 月版。
243.《中國音樂文物大系・北京卷》鄭州，大象出版社，1996 年 11 月版。
244.《中國音樂文物大系・甘肅卷》鄭州，大象出版社，1998 年 9 月版。
245.《中國音樂文物大系・河南卷》鄭州，大象出版社.1996 年版。
246.《中國音樂文物大系・湖北卷》鄭州，大象出版社，1996 年 10 月版。
247.《中國音樂文物大系・山東卷》鄭州，大象出版社，2000 年 6 月版。
248.《中國音樂文物大系・山西卷》鄭州，大象出版社，2000 年 6 月版。
249.《中國音樂文物大系・陝西、天津卷》鄭州，大象出版社，1996 年 11 月版。
250.《中國音樂文物大系・上海、江蘇卷》鄭州，大象出版社，1996 年 12 月版。
251.《中國音樂文物大系・四川卷》鄭州，大象出版社，1996 年 12 月版。
252.《中國音樂文物大系・新疆卷》鄭州，大象出版社，2000 年 6 月版。
253. 岑仲勉：《岑仲勉史學論文集》，北京，中華書局 1990 年版。
254. 岑仲勉：《郎官石柱題名新考訂》，上海古籍出版社 1984 年版。
255. 岑仲勉：《隋書求是》，二十五史三編本。
256. 岑仲勉：《隋唐史》，北京，中華書局 1982 年版。
257. 岑仲勉：《唐史餘瀋》，上海古籍出版社 1960 年版。
258. 岑仲勉：《通鑒隋唐紀比事質疑》，北京，中華書局 1964 年版。
259. 常任俠：《漢唐時期西域琵琶的輸入和發展》，民族音樂研究論文集第一集，民族音樂研究所編，北京，音樂出版社 1956 年版。
260. 常任俠：《絲綢之路與西域文化藝術》，上海文藝出版社 1981 年版。
261. 陳尚君：《唐代文學叢考》，北京，中國社會科學出版社 1997 年版。
262. 陳尚君輯校：《全唐詩補編》，北京，中華書局 1992 年版。
263. 陳戍國：《中國禮制史（隋唐五代卷)》，長沙，湖南教育出版社 1998 年版。
264. 陳萬鼐：《清史樂志研究》，臺灣，國立故宮博物院 1978 年版。
265. 陳寅恪：《陳寅恪讀史劄記》，上海古籍出版社 1989 年版。
266. 陳寅恪：《唐代政治史述論稿》，上海古籍出版社 1982 年版。
267. 陳寅恪：《元白詩箋證稿》，北京，文學古籍刊行社 1955 年版。
268. 陳寅恪：《隋唐制度淵源略論稿》，上海古籍出版社 1982 年版。
269.《陳寅恪魏晉南北朝史講演錄》，合肥，黃山書社 1987 年版。

270. 陳垣：《二十史朔閏表》，北京，中華書局 1962 年版。
271. 陳垣：《舊五代史輯本發覆》，石家莊，河北教育出版社 1996 年中國現代學術經典本。
272. 陳垣：《史諱舉例》，石家莊，河北教育出版社 1996 年中國現代學術經典本。
273. 陳垣：《校勘學釋例》，石家莊，河北教育出版社 1996 年中國現代學術經典本。
274. 戴念祖：《中國聲學史》，石家莊，河北教育出版社 1994 年版。
275. 段文傑：《敦煌壁畫中的衣冠服飾》，《敦煌研究文集》，蘭州，甘肅人民出版社 1982 年版。
276. 敦煌文物研究所編：《敦煌壁畫故事》一、二、三輯，蘭州，甘肅人民出版社 1984 年版、1988 年版。
277. 敦煌文物研究所編：《敦煌壁畫集》，北京，文物出版社 1957 年版。
278. 敦煌文物研究所編：《敦煌飛天》，北京，中國旅遊出版社 1982 年版。
279. 敦煌文物研究所編：《中國石窟——敦煌莫高窟》（三）、（四）卷，北京，文物出版社與日本平凡社 1981 年合作版。
280. 敦煌研究院編輯部編：《敦煌藝術小叢書》（6～9，初唐　盛唐　中唐　晚唐），蘭州，甘肅人民出版社 1986 年版。
281. 方建軍：《中國古代樂器概論》，西安，陝西人民出版社，1999 年版。
282. 馮漢驥：《前蜀王建墓發掘報告》，北京，文物出版社 1964 年版。
283. 傅璇琮：《唐代詩人叢考》，北京，中華書局 1980 年版。
284. 傅璇琮主編：《唐五代文學編年史》，瀋陽，遼海出版社 1998 年版。
285. 傅芸子：《正倉院考古記》，瀋陽，遼寧教育出版社 1998 年版。
286. 葛劍雄主編：《中國移民史》，福州，福建人民出版社 1997 年版。
287. 郭正忠：《中國的權衡度量》，北京，中國社會科學出版社 1993 年版。
288. 洪本健編：《歐陽修數據彙編》，北京，中華書局 1995 年版。
289. 胡忌：《宋金雜劇考》，上海，古典文學出版社，1957 年版。
290. 黄翔鵬：《樂問》，北京，中央音樂學院學報社 2000 年版。
291. 姜學勤：《敦煌藝術宗教與禮樂文明》，北京，中國社會科學出版社 1996 年版。
292. 金毓黻：《中國史學史》，石家莊，河北教育出版社 2000 年版。
293. 李文生：《龍門石窟的音樂研究》，見《龍門石窟與洛陽歷史文化》，上海人民美術出版社 1993 年 6 月版。
294. 劉忠貴：《試論敦煌壁畫中的箜篌》，《1983 年年全國敦煌學術討論會文集——石窟藝術編》下，蘭州，甘肅人民出版社 1987 年版。
295. 逯欽立輯：《先秦漢魏晉南北朝詩》，北京，中華書局 1958 年版。
296. 洛陽市博物館：《洛陽唐三彩》，北京，文物出版社 1980 年版。
297. 洛陽市文物工作隊：《洛陽出土文物集粹》，北京，朝花出版社 1989 年版。
298. 南京博物院：《南唐二陵發掘報告》，北京，文物出版社 1957 年版。
299. 牛龍菲：《雷公電母考》，《中國文化研究集刊》第三輯，上海，復旦大學出版社 1986 年版。
300. 牛龍菲：《義觜笛考》，《1983 年全國敦煌學術討論會文集——石窟藝術編》，蘭州，甘肅人民出版社 1987 年版。
301. 丘光明：《中國歷代度量衡考》，北京，科學出版社 1992 年版。
302. 丘瓊蓀：《歷代樂志律志校釋》，(第一、二分冊)，北京，人民音樂出版社 1999 年版。
303. 丘瓊蓀著，隗芾輯補：《燕樂探微》，上海古籍出版社 1989 年版。
304. 任半塘：《居聲詩》，上海古籍出版社 1982 年版。
305. 任半塘：《唐戲弄》，上海古籍出版社 1984 年版。
306. 任半塘編：《敦煌歌辭總編》，上海古籍出版社 1987 年版。
307. 任二北：《敦煌曲徊探》，上海文藝聯合出版社 1954 年版。
308. 沈冬：《唐代樂舞新論》，臺灣里仁書局 2000 年版。
309. 譚其驤王編：《中國歷史地圖集》，北京，地圖出版社 1982 年版。
310. 田青：《中國宗教音樂》，北京，宗教文化出版社，1997 年版。
311. 王純五、甘紹成：《中國道教音樂》，成都，西南交通大學出版社，1993 年版。
312. 王昆吾：《漢唐音樂文化論集》，臺灣學藝出版社 1991 年版。
313. 王昆吾：《隋唐五代燕樂雜百歌辭研究》，北京，中華書局 1996 年版。
314. 王昆吾：《唐代酒令藝術》，北京，東方出版中心 1995 年版。
315. 王昆吾：《中國早期藝術與宗教》，北京，東方出版中心 1998 年版。
316. 王運熙：《樂府詩述論》，上海古籍出版社 1996 年版。
317. 吳承洛：《中國度量衡史》，上海書店 1984 年影印商務印書館 1937 年版。
318. 吳玉貴：《資治通鑒疑年錄》，北京，中國社會科學出版社 1994 年版。
319. 席臻貫：《古絲路音樂暨敦煌舞譜研究》，蘭州，敦煌文藝出版社，1992 年版。
320. 向達：《唐代長安與西城文明》，北京，三聯書店，1957 年版。
321. 項陽：《弓絃樂器史》，北京，國際文化出版公司，1999 年版。

322. 謝保成：《隋唐五代史學》，廈門大學出版社 1995 年版。
323. 修海林、李吉提著：《中國音樂的歷史與審美》，北京，中國人民大學出版社，1999 年版。
324. 修海林、羅小平：《音樂美學通論》，上海音樂出版社，1999 年版。
325. 修海林：《古樂的沉浮》，濟南，山東文藝出版社，1989 年版。
326. 徐邦達：《顧閎中畫韓熙載夜宴圖》，《中國文物》，北京，文物出版社 1980 年版。
327. 嚴耕望：《唐僕尚丞郎表》，北京，中華書局 1986 年版。
328. 楊蔭瀏：《中國古代音樂史稿》，北京，人民音樂出版社 1984 年版。
329. 楊蔭瀏：《中國古代音樂史稿》，北京，人民音樂出版社，1990 年版。
330. 楊蔭瀏：《中國古代音樂史稿》，北京，人民音樂出版社，1990 年版。
331. 尹榮玉編：《韓國古詩歌（資料篇） 》，學文社 1996 年版。
332. 張元濟：《校史隨筆》，上海古籍出版社 1998 年版。
333. 趙超：《新唐書宰相世系表集校》，北京，中華書局 1998 年版。
334. 鄭振鐸：《中國古明器陶俑圖錄》，1947 年印本。
335. 中國美術全集編輯委員會編：《中國美術全集繪畫編 14、15〈敦煌壁畫〉》上、下冊，北京，人民美術出版社 1987 年版。
336. 中國美術全集編輯委員會編：《中國美術全集繪畫編 14、15〈敦煌壁畫〉》上、下冊，北京，人民美術出版社 1987 年版。
337. 中國舞蹈藝術研究會編：《全唐詩中的樂舞資料》，北京，人民音樂出版社，1958 年版。
338. 中國藝術研究院音樂研究所編：《中國音樂史圖鑒》，北京，人民音樂出版社 1988 年版。
339. 中國音樂研究所：《中國音樂史參考圖片》第 8 輯琵琶專輯，北京，音樂出版社 1959 年版。
340. 周勳初主編：《唐人軼事彙編》，上海古籍出版社 1995 年版。
341. 周一良、趙和平：《唐五代書儀研究》，北京，中國社會科學出版社 1995 年版。

二、期刊論文類

1. 301 國道孟津考古隊：《洛陽孟津西由頭唐墓》，《文物》1992 年第 3 期。
2. 安陽市博物館：《唐楊 F822 墓清理簡報》，《文物資料叢刊》1982 年第 6 期。
3. 北京市文物管理處：《北京萬佛堂孔水洞調查》，《文物》1977 年 11 月。
4. 常任俠：《漢唐間西域音樂的東漸》，《音樂研究》1980 年第 2 期。

5. 戴寧：《隋唐朝的打擊樂史》，《黃鍾》1995 年第 4 期。
6. 鄧仲元、高俊英：《仁壽縣牛角寨摩崖造像》，《四川文物》1990 年 5 期。
7. 鄧仲元、高俊英：《仁壽縣牛角寨摩崖造像》，《四川文物》1990 年第 5 期。
8. 鄧仲元、高俊英：《仁壽縣牛角寨摩崖造像》，《四川文物》1990 年第 5 期。
9. 浮由縣博物館：《天聖宮出土樂舞石刻》，載《由西文物通訊》第 1 期。
10. 高德祥、呂殿生：《敦煌石窟壁畫中的吹奏樂器》，《樂府新聲》1989 年第 4 期。
11. 高德祥：《從敦煌壁畫看古排簫的發展》，1986 年《西北師範學院學報》增刊《敦煌學研究》。
12. 高德祥：《敦煌壁畫的〈鳥歌萬歲樂〉》，《中國音樂》1991 年第 1 期。
13. 高德祥：《敦煌壁畫中的反彈琵琶與反彈箜篌》，《音樂愛好者》1989 年第 5 期。
14. 高德祥：《敦煌壁畫中的童子伎》，《中國音樂》1991 年第 2 期。
15. 高德祥：《敦煌石窟壁畫的各種鼓》，《樂器》1988 年第 2 期。
16. 高德祥：《敦煌石窟壁畫中的打擊樂器》，《民族民間音樂》1988 年第 2、3 期。
17. 高德祥：《敦煌石窟壁畫中的唐代經變伎樂隊》，《新疆藝術》1987 年第 5 期。
18. 高德祥：《簡談琵琶形制的發展變化過程》，《樂器》1987 年第 3 期。
19. 高德祥：《唐樂西傳的若干蹤迹》，《敦煌研究》1987 年第 1 期。
20. 郭勇：《由西沁縣發現了一批石刻造像》，載《文物》1959 年 3 期。
21. 韓順發：《北齊黃釉瓷扁壺樂舞圖像的初步分析》，《文物》1980 年 7 期。
22. 郝毅：《敦煌壁畫中的古樂器——方響》，《敦煌研究》1985 年第 12 期。
23. 郝毅：《敦煌石窟壁畫中的古樂器羯鼓》，《樂器》1986 年 4、5 期。
24. 河南省博物館：《河南安陽北齊范粹墓發掘簡報》，《文物》1972 年 1 期。
25. 河南省古代建筑保護研究所：《河南安陽唐代雙石塔》，《文物》1986 年第 3 期。
26. 河南省文化局文物工作隊：《鞏縣石窟寺》，文物出版社 1963 年版。
27. 河南省文物研究所、魯由縣天民文化館：《河南魯由段店窯的新發現》，《華夏考古》1988 年第 1 期。
28. 賀梓城：《唐墓壁畫》，《文物》1959 年第 8 期。
29. 湖北省文物管會：《武昌東郊何家壟 188 號唐墓清理簡報》，《文物參考資料》1957 年第 12 期。
30. 黃翔鵬：《唐宋社會生活與唐宋遺音》，《中國音樂學》1993 年第 3 期。
31. 霍旭初、王小云：《龜茲壁畫中的樂舞形象》，《新疆藝術》1982 年第 2 期。
32. 江蘇省文物工作隊鎮江分隊、鎮江市博物館：《江蘇鎮江甘露寺鐵塔塔基發掘記》，《考古》1961 年第 6 期。
33. 蔣詠荷：《敦煌壁畫中的隋唐樂器及其組合形式》，《泉州歷史文化中心工作通訊》1985 年第 1 期。
34. 李萬、張亞：《揚州出土一批唐代彩繪俑》，《文物》1979 年第 4 期。
35. 梁濟海：《韓熙載夜宴圖的現實意義》，《文物》1958 年第 6 期。
36. 陸九皐、劉建國：《江蘇丹徒出土唐代銀器窖藏》，《文物》1982 年 11 期。
37. 洛秦：《民族音樂學作用於歷史研究的理論思考和實踐嘗試》，《中國音樂學》1999 年第 3 期。
38. 洛陽市第二文物工作隊等：《河南偃師唐柳凱墓》，《文物》1992 年第 12 期。
39. 馬得志、張正齡：《西安郊區三個唐墓的發掘簡報》，《考古通訊》1958 年第 1 期。
40. 秦方瑜、朱舟：《試論王建墓石刻的藝術史價值》，《社會科學研究》1994 年第 2 期。
41. 泉聲：《反彈琵琶小議》，《樂器》1988 年第 2 期。
42. 山東省博物館：《由東嘉祥英由一號隋墓清理簡報》，《文物》1981 年 4 期。
43. 山西省考古研究所、太原市文物管理委員會：《太原隋斛律徹墓清理簡報》，《文物》1992 年 10 期。
44. 陜西省博物館等：《鄭仁泰墓發掘簡報》，《文物》1972 年第 7 期。
45. 陜西省文物管理委員會：《西安羊頭鎮唐李爽墓的發掘》，《文物》1959 年第 3 期。
46. 蘇思文：《少林寺同光禪師西方淨土變樂舞圖，石門線刻畫「舞樂圖」試析》，《中原文物》1987 年第 2 期。
47. 田進：《唐戲弄俑》，《文物》1959 年第 8 期。
48. 王建浩：《濟南神通寺發現古代基臺》，《文物》1965 年第 4 期。
49. 溫增源：《神通寺伎樂雕刻初考》《音樂學習與研究》（天津音樂學院學報）1987 年第 4 期。
50. 修海林：《在歷時中展開共識》，《中國音樂》2000 年第 2 期。
51. 徐良玉、李久梅、張容生：《揚州發現一批唐代金首飾》，《文物》1986

年第 5 期。

52. 薛哲榮主編：《澤州古代文化薈萃》，經濟日報出版社 1989。
53. 揚州市博物館：《江蘇邗江蔡莊五代墓清理簡報》，《文物》1980 年第 8 期。
54. 揚州市博物館：《揚州邗江縣楊廟唐墓》，《考古》1983 年第 9 期。
55. 楊森：《敦煌石窟藝術中的箜篌樂器形態簡析》，《敦煌研究》1991 年第 1 期。
56. 楊森：《莫高窟壁畫中的異形笛》，《敦煌研究》1988 年第 1 期。
57. 楊桂榮：《東漢「七盤舞」雜技畫像鏡》，《中國文物報》1988 年第 38 期。
58. 楊煥成：《豫北石塔紀略》，《文物》1983 年第 5 期。
59. 葉棟：《敦煌壁畫中的五弦琵琶及其唐樂》，《音樂藝術》1984 年第 1 期。
60. 陰法魯：《從敦煌壁畫論唐代的音樂和舞蹈》，《文物參考資料》1951 年第二卷第 4 期。
61. 陰法魯：《絲綢之路上的音樂文化交流》，《人民音樂》1982 年第 2 期。
62. 袁荃猷：《談箜篌》，《音樂研究》1984 年第 4 期。
63. 張增午：《河南林縣陽臺寺唐代石塔》，《考古與文物》1985 年第 2 期。
64. 鄭汝中：《敦煌壁畫樂器分類考略》，《敦煌研究》1988 年第 4 期。
65. 鄭汝中：《敦煌壁畫樂器研究》，《敦煌研究》1988 年第 2 期。
66. 鄭汝中：《敦煌壁畫中的幾種特異樂器》，《新疆藝術》1988 第 5 期。
67. 中國科學院考古研究所安陽發掘隊：《安陽隋張盛墓發掘記》，《考古》1959 年第 10 期。
68. 周偉州：《從鄭仁泰墓出土的樂舞俑談唐代音樂和禮儀制度》，《文物》1980 年第 7 期。
69. 莊壯：《敦煌壁畫樂隊排列藝術》，《新疆藝術》1986 年第 2 期。
70. 莊壯：《敦煌壁畫樂伎形式》，《音樂研究》1993 年第 3 期。
71. 《仁壽縣文化志・第八編・文物》，1989 年。
72. 《仁壽縣文化志・第八編・文物》，1989 年。
73. 〔日〕岸邊成雄：《關於前蜀始祖王建棺座石雕之二十四樂伎》，《國際東方學者會議論文》，1956 年。

致　謝

時光荏苒之間，我的博士學習生活在每天的忙碌中，已了無痕迹地滑過了它三年的時光。面對這厚厚的一本書稿，不禁思緒萬千……感慨萬千……

由於自童齔之年就學習琵琶，所以音樂幾乎成爲我生命中不可或缺的一個部分。在記憶中，少年的時間大多是隨著彈琴的汗水與淚水而悄然流過，大學階段的學習更使我的一生與音樂結下了不解之緣。在苦練琴藝的同時，音樂學，特别是音樂史學類的課程彷佛爲我打開了另一扇大門，使我認識到，在專業之外尚有這樣一片廣闊的空間。那時的我執拗而義無反顧地踏上了這條艱辛、漫長的求學之路。大學畢業後兩次考研的經歷更加堅定了我要應屆考上博士的決心。當我踏入西安音樂學院的那一刻，我便深知這裡僅僅是我心中那雄偉、壯觀的萬里長城的第一座烽火臺。自那時起，楊蔭瀏、黃翔鵬、李純一、秦序等衆位先生的著作漸入我的視野，深入我的腦海。當我得知這些前輩均來自於同一所研究機構時，進入中國藝術研究院音樂研究所學習就成爲我在相當長的一段時間裏最強烈的渴望。有幸，2005 年能夠求學於此，拜師於秦序先生的門下。

第一次面對秦老師的時候，之前的種種忐忑與惴惴不安轉眼被他慈善的笑容與儒雅的談吐所消散。一番教誨之後，不禁暗暗爲老師的精專與廣博所折服，其剖析問題角度之獨到，引用典據之精準，彷佛信手拈來一般解我困惑於無形。這樣的感覺一直陪伴我博士三年的學習過程。三年中，無論是博士論文的選題、文章總體結構的確立、資料的甄別取捨以及每一段落的論證過程，無不傾注著秦老師的心血。特别是初稿完成後，秦老師逐字逐句的修改更使我看到，爲師者在學識之外所應具有的品德。這一份修改稿我會珍藏一生，就像珍惜先生的教誨，成爲我今後努力與進步的鞭策。學習之餘，曾